Maker
& Witkey

创客与威客

黄国华　王强　编著

厦门大学出版社

国家一级·出版社
全国百佳图书出版单位

XIAMEN UNIVERSITY PRESS

图书在版编目(CIP)数据

创客与威客/黄国华,王强编著.—厦门:厦门大学出版社,2017.11
ISBN 978-7-5615-6681-7

Ⅰ.①创…　Ⅱ.①黄…②王…　Ⅲ.①创业-研究②电子商务-商业经营
Ⅳ.①F241.4②F713.365.1

中国版本图书馆 CIP 数据核字(2017)第 228033 号

出 版 人	蒋东明
责任编辑	吴兴友
封面设计	蒋卓群
技术编辑	朱　楷

出版发行	厦门大季出版社
社　　址	厦门市软件园二期望海路 39 号
邮政编码	361008
总 编 办	0592-2182177　0592-2181406(传真)
营销中心	0592-2184458　0592-2181365
网　　址	http://www.xmupress.com
邮　　箱	xmup@xmupress.com
印　　刷	厦门集大印刷厂

开本	787mm×1092mm　1/16
印张	17.75
插页	3
字数	255 千字
印数	1~3 000 册
版次	2017 年 11 月第 1 版
印次	2017 年 11 月第 1 次印刷
定价	58.00 元

本书如有印装质量问题请直接寄承印厂调换

厦门大学出版社
微信二维码

厦门大学出版社
微博二维码

前言　创客是一种时代的精神

中国人为什么现在如此爱创业呢？

首先应该归因于近三十年来中国持续高速增长的经济。正是由于经济持续高速发展，中国市场机会多多，创业者信心满满，毕竟即便创业失败，再就业风险也相对较低。

其次跟中国政府对自主创业的政策支持有关。从中央到地方各级政府都出台了大量优惠政策，鼓励自主创业。

最后则要归因于中国新兴行业的快速崛起。中国政府大力培育的新能源、新材料、高端制造等新兴行业迅速崛起，进一步激发了广大中国人民的创业热情。另外，这些新兴行业，尤其是互联网行业，催生了一批创业成功的年轻富豪，这激发了年轻人通过创业而赢得财富和地位的愿望。

另外，2008年爆发的全球经济震荡造成了大量企业业务萎缩，对于面临职业生涯瓶颈的人才来说，自己创业必然是选择之一。

还有，中国经济高速发展也会有负面效应，那就是生活成本增加，不少人特别希望通过创业赚钱，以缓解生活压力。

可以说现在是中国创业者最好的时代：

宽带成本降低了；

互联网创业成本达到历史最低；

开源软件的发展可以减少项目所需要的工程师数量；

威客网站的发达使得创业者很容易物色到各个领域的顶尖人才，以最低的人力成本，远程、兼职的灵活合作方式帮助创业者去完成自己的短板环节；

产品可以放在网上店铺里销售；

营销推广可以采用社交平台与搜索引擎；

市场上有足够的资金,创业者比过去更容易找到投资人。

目前处于一个商业变革的时代,传统行业一切不必要的、损耗效率的环节都是变革对象——凡是能让用户以最低的成本获得更好的服务和产品的都是创业者的机会。

当雇员给别人打工与当创客是截然不同的两种活法:

一边是日久生倦、怀疑人生;一边是焕然新生,每天兜售的不是产品,而是自己的梦想。

一边是稳定的工资、几十年也买不起的房子;一边是上市的诱惑,人生追求的无止境。

一边是平淡无奇的生活;一边是冒险、刺激和创新,即使是失败破产也无非是重新去打工。

从中国创业人才储备的角度来看,通过多年专业化的积累,中国储备了一批职业人才,他们技能专业,经验丰富,客户资源和经营理念也都不错,这批职业人才成为中国创业热潮的群众基础。

从政府层面来说,中国政府正在勇于自我革命,简政放权,以体制创新推动科技创新,通过政府放权让利的"减法",来调动社会创新创业激情的"乘法",为市场主体创新创业搭好舞台。中国人口有 13 亿之巨,其中劳动人口占 9 亿,企业和个体工商户只有 7 000 万,可谓潜在创造力无穷。各级政府正在大力扶持创新创业,鼓励利用闲置厂房等多种场所、孵化基地等多种平台、风险投资等多种融资渠道开展创新创业,努力形成小企业"铺天盖地"、大型企业"顶天立地"的格局。政府及各相关部门不断支持企业更多参与重大科技项目实施、科研平台建设,推进企业主导的产学研协同创新。

在中国,鼓励大胆探索、包容失败的宽松氛围正在逐步形成,创新创业正在成为全社会共同的价值追求。各类创业服务正在从政府为主发展到市场发力。各类市场化、专业化的众创空间,不仅能够提供投资路演、交流推介、培训辅导、技术转移等增值服务,还能搭建天使投资、创业投资、互联网金融等投融资服务平台,为创新创业提供了强大的资本推力。各类创业活动从内部组织走向开放协同,互联网、开源技术平台降低了创业边际成本,促进了更多创业者的加入和集聚，创新创业要素加速流动，技术成果与社会需求有效匹配、与资本充分互动对接，创新创业蓬勃发展！

在如此优越的政策环境和市场环境中，创业主体正在由"小众"变为"大众"，出现了所谓的"创业新四军"，即以大学生为主的"90后"年轻创业者、大企业高管及连续创业者、科技人员创业者、留学归国创业者，这支"创业新四军"队伍正在不断壮大，越来越多人投身到创业大潮之中。

这是一个令人兴奋的时代，创新创业已经成为我们的生活方式；这是一个催人奋进的时代，创新创业已经成为我们的价值导向；这是一个大潮涌动的时代，创新创业已经变身为我们脚下的冲浪板，引领着我们冲向浪尖！

来吧，跃跃欲试的中国创客们，让我们一起做这个美妙时代的弄潮儿！

来吧，跃跃欲试的创客们！我们怀揣着奇思妙想，我们享受着创业的澎湃激情，我们也承载着各界的殷切期望，我们挥汗如雨，我们披荆斩棘，我们决意前行，我们在路上！

目 录

◎ 第一章

什么是创客

创客概念的出现

"创客"一词来源于英文单词"Maker",最初的含义是指出于兴趣与爱好,专注于利用数字技术设计产品原型的、具有创新天赋的、努力把各种创意转变为现实的人。创客以用户创新为核心理念,是创新 2.0 模式在设计制造领域的典型表现。

说到创客,不能不说到克里斯·安德森(Chris Anderson)。

克里斯·安德森是现任《连线》杂志主编。在他的带领下,《连线》已多次获得国家杂志奖提名,并赢得了 2005 年、2007 年及 2009 年卓越新闻奖最高奖项。2009 年,该杂志被《广告周刊》杂志的各位编辑评为"十年最佳杂志"。安德森是 3D Robotics 和 DIY Drones 的联合创始人。3D Robotics 是一家发展迅速的空中机器人制造企业。安德森也是畅销书《长尾理论》及《免费:商业的未来》的作者,目前住在旧金山湾区。

安德森自己创办的空中机器人公司 3D Robotics 表现也不错。第一年收入是 25 万美元,第三年已经突破 300 万美元。互联网经济的基本模式之一是免费,而硬件经济的基础则是"无法免费"——在新一代制造业革命中,开源硬件模式显然吸取了看起来完全矛盾的二者的优势。安德森为开源硬件的崛起定义为"新工业革命",并以开源硬件产品为核心写了《创客:新工业革命》一书。

在《创客:新工业革命》一书里,安德森花了大量篇幅介绍他如何运营自已创建的创客社区 DIY Drones。因为在安德森看来,相比于其他产品,开源硬件产品唯一关键的优势在于生态系统——不是产品,不是技术,甚至不是品牌,而是与产品相关的公司和创新者社区①。

《创客:新工业革命》的作者安德森预测,在接下来的十年里,人们会将网络的智慧用于现实世界之中。未来不仅属于建立在虚拟原则之上的网络公司,也属于那些深深扎根于现实世界的产业。

周鸿祎写的推荐序里有这样几句话:"每一个进行或参与创造的人都可以叫创客……网络时代最重要的改变就是我们有了可以在线分享的新工具。这无疑将大众的进入门槛大为降低,使创新的速度和频率加快(xii 页)。""在线分享为他人带来了灵感,也创造了合作机会(xiii 页)。"

"创客运动"是让数字世界真正颠覆现实世界的助推器,是一种具有划时代意义的新浪潮,全球将实现全民创造,掀起新一轮工业革命。

安德森的《创客:新工业革命》是他前两本书《长尾理论》和《免费》的有机延展,安德森自己创建的 3D Robotics 也是他三本书核心理念的体现:才能长尾+免费设计与营销+创客生产出的产品精准地抵达长尾市场。创客们正通过比特世界开启原子革命。

安德森指出了"创客运动"的三大变革力量:

1.使用数字桌面工具设计新产品。

2.在开源社区中分享设计成果、进行合作。

3.任何人都可以通过通用设计文件标准将设计传给商业制造服务商,以任何数量规模制造所设计的产品,也可以使用桌面工具自行制造。

在此基础之上,他给出了对第三次工业革命全新的解读——"创客

---

① 小米手机算是一个典型,MIUI 会根据用户反馈决定最新版本的 ROM 将更新哪些功能,MIUI 论坛的讨论也十分活跃。

运动"的工业化,即数字制造和个人制造的合体,数字世界颠覆实体世界的时代似乎正在到来。

这本书讨论了全球最关注的领域——制造业。

在这本书中,克里斯·安德森深入新工业革命的前沿阵地,深入考察了创业者是如何使用开源设计和 3D 打印,将制造工厂搬上自家桌面的。在这个定制制造、"自己动手"设计产品、创新的时代,数以百万计发明家和爱好者的集体潜力即将喷薄而出,全球制造业将由此而掀开新的一页。

安德森预测,随着数字设计与快速成型技术赋予每个人发明的能力,"创客"一代使用互联网的创新模式,必将成为下一次全球经济大潮的弄潮儿。

开源创新是创客运动的标志性大旗,产品设计对大众开放,任何人均可对设计进行修改,极度依赖集体自发奉献的智慧。安德森对"山寨"文化大加赞赏,他认为"山寨"推动了创客革命。但商业社会的现实是,苹果、三星打专利战,"山寨机"打价格战。创客信奉的极端开源精神跟商业社会注重知识产权保护的传统格格不入。

开源产品绕不开产品"盗版"问题。安德森举例说社区曾碰到被中国"山寨"的案例,这些"山寨品"制作精良、功能完善。社区成员发现后对这种赤裸裸的"盗版"表示震惊,安德森对此的反应则是"不用理会"。他的解释是:其他人能够克隆产品的可能性是这一模式的天然特点,在我们开源许可下尤为如此。理想情况下,人们修改或改进产品("衍生式设计"),满足他们发现的市场需求,而这样的需求是我们目前的产品尚未满足的。这是开源旨在推进的一种创新。但如果人们只是简单地克隆产品,以更低的价格出售,我们也无话可说。竞争是好事,一切由市场决定。

对于"创客运动"的精神内涵:DIY、分享、协作,安德森不确定他们能否在中国落地生根。

　　安德森认为："创客是指出于兴趣爱好努力把各种创意转变为现实的人，也是指一群酷爱科技，热衷于实践的人群。他们虽然为个人理想而奋斗，但也为大家带来了许多方便之处，也改变了大家的生活。"创客运动是一种具有划时代意义的新浪潮，将实现全民创造，推动新工业革命。其中，每一个进行或参与创造的人都可以被称作"创客"。

　　安德森如此总结全民创造的魅力：在线分享为他人带来了灵感，也创造了合作机会。全球"单打独斗"的创客因为这样的方式而联结在一起，"制造"本身也就形成了一种运动。制造和技术可以说是创客运动的核心，因为创客运动就需要不断地制造，不断地将自己的想象力和智慧用制造和技术展现出来，所以可见制造和技术在创客运动中的作用非常大。

　　创客也需要收集信息，完善的信息可以使他们在制造的道路上走得更加顺畅。目前互联网的信息量非常巨大，所以创客也需要在互联网上学习和收集资料，创客的发展也离不开互联网。而且网络对于创客的帮助也不仅仅是收集资料，更重要的是激发灵感在线分享为他人带来了灵感的同时，也可以给自己带来灵感，创造了合作的机会。成百上千万热爱DIY的人们因此突然由各自为政变成了携手向前。创意因为分享而被放大，个人项目由于分享发展为团队项目，其发展前景是任何个人都无法企及的。而这些项目有可能就是产品甚至产业的种子与萌芽，即便初衷并非如此，但"大家一起动手"，确有成为创新引擎的可能。创意就是如此简单，在分享中传播。所以互联网对于创客的影响是至关重要、必不可少的。

　　新一波创客运动中的重大机遇就在于保持小型化与全球化并存的能力，既有手工匠人的原始，又具创新性，做出低成本的高技术产品。创客也不要眼高手低，一切都要从最开始的小事做起，这样才会慢慢取得成功。如果只看重大事物而忽略小事物，那么就会因小失大，不要想着空中楼阁，一切都要有稳固的基础，毕竟"九层之台，起于累土"。

不过,安德森的观点并未得到所有人的一致认同,像他奉若神明的"3D打印技术"就被其他研究者质疑已面临如下几个挑战[①]:

消费端:消费集中,导致长尾的尾部商业价值不大

长尾理论是指商业和文化的未来不在于传统需求曲线上那个代表"畅销商品"的头部,而是那条代表"冷门商品"经常为人遗忘的长尾。制造它,传播它,帮助我找到它,这是长尾的三种力量。在当时亚马逊被视为长尾理论的成功实践:在书和影音等文化/数字消费领域,依靠"无尽的货架",所有产品都能够被人获得,消费者无尽的选择需求都能得到满足,长尾商品往往可以累积起一个足够大的量,与主流热门商品相匹敌。

长尾得以存在要有三个前提:热卖品向窄众/细分/利基市场的转变,经济发展到富足阶段,众多小市场聚成一个大市场。但不管在网店还是实体店铺,消费在大多数时间内都是趋同的,每个卖家都希望做爆款;实体世界并不存在"无尽的货架";在长尾形成后,也会面临选择过多的问题,要在鱼龙混杂的市场里为每个消费者挑出合适的商品,还需要一个强力过滤器来筛选。

长尾面临的最大挑战是:消费集中,导致长尾的尾部商业价值不大。长尾并不能帮助商家很好地获得利润,因为尾部可能会极其扁平,里面充斥着各种冷门产品,而这些产品不过是消费者偶尔的消遣。事实上,消费者对热门产品的热情总是有增无减。智能手机产业就是最好的例子。以前有很多做长尾的电商,现在都不信长尾了。

生产端:C2B无法规模化也无盈利模式

①卖家缺少参与的动力。大规模生产的优势在于重复制造与标准化,而3D打印则有利于个性化与定制化。但C2B是以聚合消费者需求为导向的反向商业模式,面临着用户需求主导不可控的情况,如果大规模需求姗姗

---

① 虎嗅.http://www.huxiu.com/article/7731/1.html.

来迟,很容易因为资金链断裂而死去。而且普通企业和个人想在 C 端组织和发起完成需求聚合,相当困难。

②C2B 是大平台的游戏。安德森认为定制和小批量才是制造业的未来,这和马云希望平台上企业"小而美"的理念不谋而合。工业社会的一个特点就是规模经济,但 C2B 走的是反规模经济的路子,也只有淘宝、天猫这样坐拥庞大用户和资源的大平台能玩得转。普通的中国制造很难跟得上脚步,即使跟得上,商业想象力也是有限的。甘心做小卖家的话或许有机会,可是谁甘心呢?

③消费者不买账。消费大多是冲动性的,3D 打印速度慢,制造还需要建模,设计离生产太远,这个漫长的生产周期就会撇掉一大群消费者;即便可以快速响应,相比同类产品高昂的成本和粗糙的精度又得撇掉一群消费者;另外一个问题便是,消费者可能并不知道自己真的想要什么,如何主动去找你商量?

制造端:3D 打印机普及还有许多问题要解决

①最大的难题是技能。安德森认为创客运动在发展过程中最大的难题是技能,从少数人的技能发展到大多数人都能掌握的技能。建模软件需要学习,建模也需要对产品有深入了解,而在设计环节之后还需要和相关人士建立联系、计算产品的市场需求,其投入生产比较困难,这需要对生产企业进行设计,此技能还需要很长时间才能掌握。

②耗材的扩展决定了 3D 打印机的能力边界。目前 3D 打印的耗材非常有限,现有的市场上的耗材多为石膏、塑料、可黏结的粉末颗粒、光敏树脂、沙土等,制造精度、复杂性、强度和质感都达不到高要求,目前主要应用于模型、玩具等轻工业民用产品领域,离"打印"汽车、人体器官还差得很远。而且即便耗材研发成功,规模化生产、材料配比等都是问题。可以说,耗材对 3D 打印技术应用和发展起决定作用。

③对待知识产权的态度。开源创新是创客运动的标志性大旗,产品设计对大众开放,任何人均可对设计进行修改,极度依赖集体自发奉献的智

慧。创客信奉的极端开源精神跟商业社会注重知识产权保护的传统格格不入。另外,开源的弊端和危险是客观存在的,安卓用户的隐私受到威胁。

④生产率低,成本高。3D打印机的成本已经降了下来,但单个商品的制造成本依然较高。使用3D打印机制造商品,一个跟一万个的单位成本没区别。单独制造一件商品的成本,远高于大生产企业制造一万件商品后均摊到每一件商品的成本。消费者为什么不选择价格更低、质量更有保证的那个?再者,3D打印前期需要大量投资,但是利润很低,也无法规模化,很难吸引资本力量大规模加入推动。在可预见的将来,3D打印技术也不可能取代传统的机械加工。

可以看一下实体世界走在潮流前头的大企业的玩法。IBM从2008年提出"智慧地球"战略,即把新一代IT技术充分运用到各行各业中;通用电气在不断为"工业互联网"吹风,预言一个开放、全球化的网络,将人、数据和机器连接起来;思科将"物联网"列为未来十年最重大的技术趋势。这三家似乎都对物联网更感兴趣,无一将3D打印列为重中之重。而且在当下,除了3D打印之外,正在直接推动工业进步的技术至少还有机器人、人工智能和新型材料等技术。对制造业来说,3D打印技术是革命性的,但不是颠覆性的。3D打印只是互联网对制造业的一次拓展,其意义不会比互联网更大。

创客的典型代表

创客的典型代表是日本的孙正义。他在美国加州大学伯克利分校经济系读书期间,要求自己在一年内每天进行一项发明。一年之后在他的"发明研究笔记"里就记载了250项发明。其中的一项发明——多国语言翻译机——的专利卖出后,孙正义赚了100万美元的巨额专利费。那时他才19岁。

孙正义不是工程师,不可能自己制造多国语言翻译机。于是他毫不犹豫地决定去找专家(也就是专业的"威客"),而且必须是在小型电脑领域一流的科学家。孙正义的思维方式也是本书所要提倡的一个观点:创客在威客的帮助下将会如虎添翼,取得通常模式无法想象的巨大成就。

孙正义立刻列出一张小型电脑领域中著名的大学教授名单,一一向每一位说明自己的构想,请他们协助他制作原型机。理所当然,他遭到大多数教授的拒绝,只有一位摩萨教授愿意提供帮助。孙正义的创客本领在于他居然说服摩萨教授同意等取得专利费之后再支付给教授报酬——一个在校大学生居然可以通过画张饼就雇佣教授为自己工作当威客!

创客、创业与创新

创客们作为热衷于创意、设计、制造的个人设计制造群体,最有意愿、活力、热情和能力在创新 2.0 时代为自己,同时也为全体人类去创建一种更美好的生活。

当人们接受了"创客"这个词语后,它已经从以 3D 打印为代表的数字制造领域延伸到了软件、教育、农业等各行各业,成为所有"热爱科技、热衷于实践、以分享技术和交流思想为乐的创新者"的统称。

在本书中,更强调"创"所包含的创业这层含义,把创客视为"运用了创新技术或创新模式的创业者"的别名。

北大毕业生陆步轩卖猪肉是不是创业呢?答案可能不尽相同,因为"业"的含义十分宽广,所以对创业的定义也会因此而不同。从最狭义层面上来说,陆步轩从无到有地承办了"眼镜肉店"是一种创业,他还因此被母校请回去做了创业心得的报告。而目前在我国进行的创业很多都属于这种类型,但这种创业在本书看来仅仅是实现了就业,因为创客应当是做一些"与众不同"的事情,要有新意。

实际上,到目前为止,对于什么是创业并没有统一的答案,不同的时代对其含义的理解也有所不同,例如奈特(Knight,1921)认为承受不确定性和风险而获取利润就是创业;科尔(Cole,1959)将发起和创建以营利为目的的企业的活动视为创业;卡森(Casson,1982)认为创业是对稀缺资源的协调整合;德鲁克(Durker,2002)指出只有那些能够创造出一些新的、与众不同的产品或服务,并能创造价值的活动才能称之为"创业"。

理论总是源于观察和实践,有多少种关于创业的界定就有多少种关于创业的实践。考察不同定义中的共同点可以发现,大多数研究者都认为创业应该具有创新的特征,并主张"创业是实现创新的过程,而创新是创业的本质和手段",但也有学者不完全赞同以上观点。"72小时创新"理念的发明者瑞典管理学家凯伊·米克斯(Kaj Mickos)(2004)就认为:"创业不是创新,创新也不是创业。创业可能涉及创新,也可能不涉及;创新可能涉及创业,也可能不涉及。"

结合实际可以发现,米克斯的主张与中国现实更加吻合,"创新型创业"只是"创新"和"创业"的交集部分,却是创业中最具可持续发展性的类型。通过对比我们可以发现,人们都肯定了基于创新的创业更具生命力和竞争力,而创新型创业既可以基于技术创新,也可以基于商业模式的创新,或者两者的结合;既可以源于突破式创新,又可以来自渐进式创新。而源于创新的创业不拘泥于某一种形态,变化多端,其中蕴含着无限的商业机会和利润。从工业革命时代到移动互联网时代,整个世界源于创新的创业就从未停止过。

而对于创业者来说,除了一股浇不灭的创业热情,首先要面对的就是"凭什么"去创业,是否有好的创意、前沿的技术或者不同于他人的赚钱模式,说得学术点儿,就是你是否拥有技术创新或商业模式创新,有了创新才更有创业成功的底气。今天,在满足我们多元化需求的万千企业中,随手就能找出一个源于创新的创业案例。索尼、宝洁、谷歌、IBM、李维斯、通用电气、苹果、阿里巴巴等企业的创业历程,都验证了这个道理,即只有源于创新的创业才更具有生命力和竞争力。

就拿世界最早开创便携式数码产品的索尼来说,它生产的"Walkman"随身听曾是伴随中国"80后"一代成长的"潮流玩意"。20世纪90年代后期之前,凭借陆续推出半导体收音机、可携带黑白电视机、随身听、3.5英寸软盘驱动器等多项划时代技术和诸多"世界第一"的产品,索尼成为世界视听、电子游戏、通信产品和信息技术等领域的先导者,成为世界上最大的电子产品制造商之一,世界上最大的电影公司和音乐版权公司,曾经的索尼在这些领域中一直扮演着时尚与潮流的引领者,它的产品也成为高科技与品质的代表而风靡全球。可以说,技术创新成就了索尼的创业之路。而如今,索尼曾经的辉煌不再,无论是彩电、笔记本、游戏机等传统优势领域,还是智能手机等新兴市场,曾经的"巨人"在不断地丧失自己的领地,难以招架苹果、三星、微软等"传统巨头"以及华为、小米等"后起之秀"的强烈攻势。而对于索尼神话的破灭,很多人将原因归咎为索尼忘记了创业之本,放弃了"技术的索尼"路线,没能抓住科技创新浪潮中的机遇,沦落为技术的追赶者,这一切使索尼变得太过于平庸,甚至有人认为索尼的创新基因"已死"。

商业模式创新

索尼的创业成于创新,也败于创新,技术创新的缺乏终将使这个曾经以"技术至上"作为立身之本的"巨人"走向毁灭。而就在我们为索尼的倒下惋惜不已的同时,我们也为曾与索尼展开直面竞争并获得胜利的苹果公司所折服。不可否认,"技术狂人"乔布斯所创立的苹果公司取得成功,必然源于其强大的技术创新,不过若是仅凭借技术上的创新,或许还不足以帮助苹果取得今天的成就,而它的常胜法宝,实际上在于它的"双核驱动":技术创新＋商业模式创新。特别是在技术创新具有明显的周期性约束下,要想在激烈且多变的竞争环境中生存发展,商业模式创新就更为重要。就如管理大师彼得·德鲁克所说:"当今企业之间的竞争,不是产品的竞争,而是商业模式的竞争。"那么商业模式究竟是什么呢?简单地说,商业模式是指价值如何被创造和获取,也就是企业如何赚钱。而商业模式的创新就是将新的商业模式引入社会的生产体系,并为客户和企业自身创造价值,通俗地说就是企业以新的有效方式去赚钱。

在移动互联网时代,商业模式将呈现多元化发展趋势,商业模式的竞争将成为企业最高形态的竞争,也会产生更多成功的商业模式。例如苹果公司创立了"终端＋应用"软硬一体化的商业模式,打造出极具竞争力的一体化的"生态系统",为苹果赢得了大批忠贞不渝的粉丝;谷歌采用"搜索免费＋广告服务收费"的商业模式,获得了搜索引擎领域的霸主地位;阿里巴巴采用 B2B(企业对企业)电子商务发展模式,成为全球最具品牌影响力的电子商务平台之一;腾讯以强大的免费社交软件等吸引庞大的用户群,在此基础上利用增值业务和游戏来实现盈利。在当今瞬息万变的移动互联网时代,依靠简单的模式或者生硬地套用别人的模式已经很难自立,只有不断进行商业模式的创新才能使企业获得核心竞争力,取得创业的成功。

自 20 世纪 90 年代中后期我国开始进入到互联网时代以来,已经有大量有志之士追随着 BAT(百度、阿里巴巴、腾讯)的创业足迹,投身于中国第五次创业浪潮之中。"互联网＋"的时代将是全民创业的时代,各个领域结合移动互联网进行的创业,带来了颠覆式的变化和作用,一部接入互联网的手机,以及安装在手机上的各种 App,已经完全改变了我们的生活。而十几年前的我们完全无法想象,今天成为"低头族"的我们,过着"指尖上的生活",想要吃美食了点开"美团",想买衣服了点开"淘宝",想要出去旅游点开"途牛",想要和朋友聊聊自己的经历就可以把内容分享到"微信朋友圈"……而这些企业创业的成功,并不是依赖让人望尘莫及的"高精尖"技术创新,只是凭借商业模式的创新就取得了举世瞩目的商业成绩。例如在中国"团购网""千团大战"创业热潮中取得头把交椅的"美团",与淘宝、京东代表的传统 B2C 不同,它采用 O2O 模式,深耕于服务产品领域,只需我们手指轻轻一点,就可以通过美团 App,实现吃喝玩乐完整需求的满足,就好像身边随时有个移动生活小秘书一般。

而说起美团的创业路其实也是始于模仿,模仿对象是美国最大的团购网 Groupon,主要就是以网友团购为经营卖点,为网友提供商品折扣,并达成各利益方共赢的电子商务和线下消费模式。美团在发展过程中将 Groupon 的模式与中国的国情相结合,在执行中与 Groupon 相比存在许多不同。例如,率先从 Groupon 的"一日一团"变为"一日多团",吸引了更多消费者参与团购,迅速扩大了市场份额;使用第三方支付弥补了 Groupon 上只能使用信用卡支付方式的不足;利用手机短信通知团购信息,解决了 Groupon 的团购券需要打印的不便;采用第三方评论模式,在消费者体验评价和引导消费决策上,比 Groupon 做得更好;最值得一提的是,为了最大限度地保障消费者利益,在推出"7 日无条件退款＋消费不满意美团就免单"服务后,美团在业内首次推出团购券过期包退服务,这一举措在全球尚属首例,这套被称为"团购无忧"的消费者保障计划也使美团形成了业界最为完善的服务保障体系,同时也为美团获取了一大批忠实的用户。

如今,美团选择在垂直细分领域进行独立深耕,猫眼电影＋美团酒店＋美团外卖的新业务发展迅猛,美团也加快利用 O2O 商业模式对其 B2C 的团购模式进行有益补充,这也将使作为服务电商的美团获得一个比线上实物电商规模更大、波及面更广、参与人数更多的互联网新领域。而在我们关注商业模式创新对美团创业产生的积极效应的同时,也不能忽略其在技术创新上所做的努力。其创立者王兴也许在"千团大战"的时候就已经知道,如果没有技术创新的支撑,即使拥有互联网商业模式的创新,团购网站也只是昙花一现。他曾经说过:"美团专注技术驱动,而非人海战术。团购最大的价值在于,激活了很多传统服务业,而技术是其中的关键要素。与其他团购网站不同,美团网有着天然的技术基因。"

回过头看前人走过的创业之路,我们发现创业的成功不仅来源于技术创新,也来源于商业模式上的创新。特别是身处充满机遇和挑战的移动互联网时代,无论是在传统领域,还是新兴领域,从立业、建业到守业,从技术到产品到产业,若能双剑合璧将会带来更大的收获。只有在创新的基础上才可能有更多的人能够创业并成功创业,只有源于创新的创业才更加具有潜力和希望。

创客运动

发明革命催生"创客运动",重塑制造业:创客运动最重要的标志是掌握了自生产工具,他们是一群新人类,是坚守创新、持续实践、乐于分享并且追求美好生活的人。简单地说就是:玩创新的一群人。

任何一个国家想要真正强大,就必须有坚实的制造业基础。即便发展至今,美国经济的1/4仍然是制造实体产品的制造业,可见制造是一个国家经济发展的基础力量,所以我们应该重视制造。随着计算机网络的发展,制造本身正处于向数字化转变的过程中,实体物品已经成为屏幕上的种种设计,而这些设计可以文件形式在线共享。过去几十年间,工厂和工业设计工作室经历了这样的转变;时至今日,这样的转变终于发生在客户的电脑上和地下室里。从零售业到出版业,一旦某一行业转向了数字化,就将经历深远的变革。最大的变化不是制造过程本身,而是谁在做。只要可以在电脑上完成,也就意味着人人可以参与,这正是制造业内正经历的改变。

创客运动的准确定义到底是什么? 安德森在书中说:"应该说它包含了非常宽泛的内容,从传统的手工艺到高科技电子产品,无所不包,很多活动已经存在了相当长的时间。但创客们却在做着完全不同的事情,首先,他们使用数字工具,在屏幕上设计,越来越多地用桌面制造机器、制作产品;其次,他们是互联网一代,所以本能地通过网络分享成果,通过将互联网文化与合作引入制造过程,他们联手创造着DIY的未来,其规模之大前所未见。互联网教我们懂得网络效应的力量,将人与想法联结起来,它们就会发展壮大。这是一个虚拟的循环,更多的人可以产生更多的想法与创意,反过来又吸引更多的人参与其中;如此循环往复,生生不息。"从中可见互联网和创客运动是密不可分,所以我们在实现自己的梦想进行创客运动时应该更加注重于互联网的应用,多去网络上学习和分享。

创客运动成功与否不仅要看其如何改变产品的种类和创业机会,也要看它对整体经济的影响有多大。如果对于经济的影响很大,则说明很成功;反之,则说明创客运动不是很成功。

创客运动最大的优势在于以下两点:第一,在数字空间内,无论产品规模大小,都有存在的空间;第二,无论产品受众面大小,都有欣赏的群体。

现在有许多厂商为了廉价的劳动力而选择将工厂设立在廉价劳动力聚集的地方,其实制造业的地理位置比单纯追求低劳动力成本更加重要。苹果公司已经证明,越靠近消费者所处的地理位置,公司的产品设计越能更好地满足消费者需求。越接近消费者就会越了解和掌握消费者的心理,所以选址不应仅仅停留在廉价的劳动力上。

创客的特点

最初狭义"创客"是以用户创新为核心理念,是面向知识社会的创新2.0模式在设计与制造领域的典型体现。Fab Lab 及其触发的以创客为代表的创新2.0模式,基于从个人通信到个人计算,再到个人制造的社会技术发展脉络,试图构建以用户为中心的,面向应用的融合从创意、设计到制造的用户创新环境。在中文里,"创"的含义是:开始做,创造,首创,开创,创立。它体现了一种积极向上的生活态度,同时有一种通过行动和实践去发现问题和需求,并努力找到解决方案的含义在里面。

本书的创客是采取了"创业者"这样广义的定义,细分的话,至少可以区分为三类群体:(1)父辈已有财富积累,使得他们的创业有了比其他人更优越的资源基础,也即"富二代创业者";(2)纯粹出于自己的兴趣爱好,希望把一个产品做出来,但又没有成为企业家的那种追求;(3)不愿意像一颗螺丝钉那样地打工,而希望可以主导自己的生活。第二类人最接近最初国外出现"创客"时的那个小群体,但这绝对是小众人群,本书不会花太多篇幅去涉及。第三类创业者所占的比例最大,每个创客都很务实,实现财务自由就是这一类创客的原始动力。他们之所以创业,就是为了更快乐、更有尊严、更幸福地生活。本书后面的章节所讨论的内容主要是这类普通创业者。

　　也有人把创客按照不同的层级来划分：入门创客、协作创客和职业创客。

　　入门创客（zero-to-maker）指刚开始对创客行为产生兴趣的人，来自各种不同的背景，可能并不知道如何真正开始，但是很希望尝试，并寻找一些创客空间，试图从中找到能够指导自己的导师、兴趣相同者或可用的资源，从而慢慢学会利用共享的创新工具，制作向往的产品，实现美好的创意。

　　协作创客（maker-to-maker）是那些已经自命为创客的人，他们不一定制作能力很强，但是会主动学习他们需要的东西，并能认识到创客空间里的其他人是做什么的，而且可以跟他们形成资源互补，愿意一起合作完成团体的项目。说白了，协作创客是可以当下手的创新辅助者，自己可以动手开展活动，不再是创客空间的菜鸟学徒工，而是能够有所作为的创客。

　　职业创客是创客群体中最接近市场的一群，类似"偶然的创业者"，可能开始只是为了制作自己所喜欢的作品。当其他人对其成果产生购买意愿时，他们开始萌生把这个市场化的想法，从而发展成把喜欢的东西，变成准备一生奉献于其中的事业，由创新转为创业，在市场上展示自己作品的巨大魅力。也许他们对创业不是很感兴趣，而是将自己的作品卖给有兴趣的创业者，或者将其作为知识产权入股，让有能力做市场的人去发展。职业创客是创客的最高境界，是创客空间的核心和灵魂，是支撑创客空间的支柱，有职业创客在，众创空间才能够凝聚更多的创客，才能够带着大家一起奔向光明的未来。

　　还有人把创客分为研发型创客、工程型创客、创业型创客和金融型创客。研发型创客是更多地关心创新想法的人，他们注重创新知识的创造和分享，以知识创新为主要创新内容，核心能力在于其研究能力。工程型创客是一群关注工程化的人，他们更多地依赖数字技术个性化创新传统工业产品，其核心优势在于其工程技术能力、产品化和产业化能力。创业型创客则是一群以创业或投资为使命的人，他们关注创客空间里新型项目的商业化或创新产品的推广，其核心优势在于创业的冲动和强烈愿望，他们懂得创新商业模式。金融型创客主要是一些天使基金投资人和风险投资人，他们的核心价值在于了解融资方式和创客项目成果的市场价值。国内外很多创客空间,集聚了这四种类型的人,我们也可统称他们为创客,所集聚的空间,就是创客空间似乎也只有集聚了研发型创客、工程型创客、创业型创客和金融型创客的众创空间,才是真正有生命力的创客空间。

创客具有草根性特征。创客跟传统创新者有很大的区别,草根性算是一个首要标志。笔者小的时候一直很景仰大科学家、像爱迪生这样的发明家,长大以后,发现创新是需要条件的,在一个非常封闭的环境下(也即所谓的"象牙塔"),只有少数人才能够从事创新活动。或者说,在传统创新模式下,创新的权利属于企业的工程师或者科研单位的专家们,他们在相对固定的创新任务下进行创新工作。随着信息技术革命、制造革命和融资模式的变革,特别是现代互联网技术的普及,我们每个人都可以低成本地完成解决研发平台、寻找合作伙伴、解决创新难题、寻求在线融资等一系列工作,这个世界就变得更加好玩了,我有一个想法、一个点子、一个创意,或者一个梦想,就可以自己动手来实现它。创新的实践者从专业人士逐渐向普通大众过渡,大众都可以参与创新就是"长尾理论"中所说的,从正态分布曲线的顶端"VIP"的少数,变成了更为广阔的两端,创新不再是顶尖级人才(科学家、发明家、工程师)的专权。创新民主化时代的到来,让我们大众草根普遍开始发挥长尾效应,实现自己的创新梦想。

创客具有心态开放性特征。创客群体喜欢创新的个性决定了他们往往是风险偏好者,他们享受自由的工作方式,乐于探索新鲜事物,乐意以开放的心态寻求合作的小伙伴,可以与小伙伴们分享自己的想法、创意,这种分享和交流的精神往往能得到有共同趣味的伙伴认同,并使他们一起开始"DIY"。

第三类创业者的草根性,决定了其手头资源的有限性,必须借助于互联网、众创空间来获取、共享开放的资源,以降低创业的成本。每人有各自的资源、人脉、技能、知识,大家彼此互补,围绕着创业成功这个共同的愿景一起行动,完全有可能开创出一项伟大的事业。

开放共享成为创客们的需要,成为共同完成梦想的必需。创客具有乐于分享的精神,而开放与包容体现在行动上就是乐于分享,没有分享,就没有人类社会的整体进步,作为人类社会的一分子,分享和传播知识是每个人应尽的义务,将分享作为乐趣则是一种良好的品格和习惯。

创客具有共同兴趣驱动性特征。活跃于国外众创空间的创客,多数为业余创客,他们平日有自己的正式职业,但是由于趣味相投、兴趣一致,利用业余时间聚集在一起开展创新工作。很多创客设计出创新性科技作品后,第一时间通过交流平台分享给大众,在这个过程中,创客们收获的是自我价值实现、学习和分享的快乐。不少创客坚持创新和设计,是源于创业成功的执着信念,选择的创新方向是基于自己的兴趣。常言道:"兴趣是最好的老师。"兴趣所在,其乐无穷;兴趣不在,窘迫无尽。

创客不需要天天打卡上班,不需要人脸扫描以确认你的存在。创客们高度灵活的工作方式激发了人的自由本性,自由地工作才能激活人的创新本性。带着时间和空间的枷锁,难以激活人们创新的基因,自然也就无法实现创新的梦想。

创客尊重首创。创客的分享建立在尊重首创精神的坚实基础上,否则创新会变成建立在流沙上的建筑。创客鼓励创新各种分享盈利模式,在分享的同时,保护首创者的利益和积极性。

中国创客与国外创客有何差异?

中国创客不仅包含了"硬件再发明"的科技达人,还包括了软件开发者、艺术家、设计师等诸多领域的优秀代表。

"创客"这个概念在中外之间是一个存在巨大误解的词[①]。本书认为创

---

① 中国人跟外国人的对话经常存在误解。比如对于"学习型组织"这个概念,中国人望文生义,以为是重视学习、培训的组织,结果是邀请外部培训师来企业上课,买《把信送给加西亚》发给每个职工学习……但其实提出"学习型组织"理论的彼得—圣吉在他的经典著作《第五项修炼》里是说学习型组织里每个人都可以活出生命的意义和价值——其实更接近我们现在说的"幸福企业"。让员工幸福,绝对不是仅靠重视学习、培训就可以做到的。

客是采用比较有创意的技术或形式创业的人,也即有创意的创业者。

国外的创客,英语是 Makers,最适合的翻译其实是"工匠",不知被哪个"秀才"翻译成了"创客"。

我们看《创客:新工业革命》一书,写推荐序的两位牛人对于"创客"的定义跟此书作者克里斯·安德森对"创客"的定义就完全不是一回事。

周鸿祎认为"每一个进行或参与创造的人都可以叫创客",姜奇平认为"创客本质上是进行意义创造的人"(xxi 页)。按照周、姜的定义,笔者就是创客:笔者已出版的 10 多本书,都是在普及创新、创意和创业知识,属于创造性的工作,也是极其有意义的。

克里斯·安德森说的"Makers",是"使用数字桌面工具设计新产品并制作模型样品;在开源社区中分享设计成果、进行合作;通过通用设计文件标准将设计传给商业制造服务商,以任何数量规模制造所设计的产品,也可以使用桌面工具自行制造"。

百度百科里说:"创客是一群喜欢或者享受创新的人,追求自身创意的实现,至于是否实现商业价值、对他人是否有帮助等,不是他们的主要目的。"可见,本书对创客的定义是跟百度百科有显著不同的。笔者相信本书关于创客的观点会比百度百科的观点更接近李克强总理的初心:试想,如果创客只是自娱自乐而不关心是否实现商业价值,国家总理还有必要花这么多的时间和精力去关注、去提倡吗?

对比中国和美国创客文化的兴起,两国都是在数字革命和制造革命融合的大背景下,出现一批勇于创新和实践的群体。但是,相比美国多年积淀的鼓励创新的氛围和利于创新创业的外部环境,中国的创客们面临更多的门槛和挑战。可以认为,美国的创客文化是"技术+市场→政策",即新一代数字和制造技术革命的契机,加上市场对创客们的追捧,带来了国家创新政策的重视和发展。而中国则是"技术+政策→市场"模式,即新一代数字和制造技术革命的契机,加上国家一系列有利于创新创业的政策的实施,推进了市场对创客们的重视,促进了创客文化的发展。对中国而言,创新创业政策的支持,对于创客的发展起着至关重要的作用。

对于"创客空间",中外的理解也是差异巨大。中国的创客空间,经常是把废弃的厂房简单装修一下,布置长条的办公桌,上面密密麻麻的计算机,无数年轻人坐在屏幕前,不知是在干活还是在跟网友聊天……墙壁上则一定悬挂李开复、马云、蔡文胜、徐小平、薛蛮子等"大V"的大幅照片和极其励志的心灵鸡汤语录。

克里斯·安德森说的"创客空间",则是那些可以分享生产设备的"技术工坊"(TechShop),由社区创立,配备3D打印机和激光切割机等数字制造工具设备(该书第27页),也即"开源硬件"。

而在国内,我们看到一些酒店把自己一层的房间也改名"吃喝创客空间",婚纱摄影店改名"婚纱创客空间",自驾游的车友改名"自驾创客群"……似乎只要取名"创客空间",就有向政府申请创业补贴的机会了。结果是现在全国的创客空间比创客还要多。

成功的创客需要具备的特质

成功的创客需要具备以下十大特质:

1.激情。激情是创客最重要的特质:对你的创意、客户、生意以及工作都要饱含激情。激情让你感觉你所做的事情不仅有趣还有意义,愿意把它分享给每一个人。激情能激发你把事情做得更多、更好,能帮你度过艰难时刻,最终实现你的目标。

2.独立。大多数成功的创客喜欢独立,乐于为他人负责,他们强烈希望自己当老板,非常讨厌给别人打工。这种独立性使人更加积极主动、富有责任感,还能让人更加果断、机智。

3.创造性。成功的创客会跳出框框思考问题;会提出"要是……就会……"的假设,然后遐想;会看见他人没看到的关系、机会和解决方案。创业者就要与众不同——无论是产品设计、品牌营销、解决问题,还是企业经营。

4.乐观。成功的创客对自己和自己的创意充满信心,他们积极乐观,相信自己能够找到成功的秘诀、资源和契机。对自己有信心也会让你的客户、员工和销售商有信心。积极乐观的态度能让你在面对挑战、解决问题时,决策更明智、行动更富有建设性。

5.愿意承担风险。成功的创客会评估风险,目的性强。他们能够识别、评估机遇和风险,进取心是他们的制胜法宝。你可以学习如何识别、评估和减少风险;学习如何发现、带来和衡量机会;学习如何设计一个伟大的行动计划,但是你需要自愿承担风险。机会从不等待任何人,有时达到目的的唯一方法就是进行一次信心大冒险。

6.思想开放。在奋斗的过程中需要创客们思想开放、灵活多变、学会学习与适应。你永远无法知道所有的答案,事实上,很多时候你都需要有根据地做出预测。因此,你要适应那些不确定的事,对机会敞开怀抱,愿意在奋斗的过程中学习、适应。

7.良好的沟通。虽然成功的创客自主性很强,但是他们也喜欢与人沟通。他们不断地想办法与人建立联系,并适当地利用这些联系。他们敢于提出问题,也敢于寻求帮助。拥有良好的沟通技巧能让其周围的人愿意并能够提供支持,还能让他们同客户与供应商之间建立牢固的关系。

8.韧性。所有的成功创客都曾失败过,也曾犯过错,但是他们能吃一堑长一智,很快恢复斗志。他们都很注重实现目标和解决问题,所以他们会尽可能地寻找解决问题的办法,避免再犯相同的错误,不会轻言放弃。用简单的创意从小投资做起能减小风险,还能让你更迅速地、有效地应对随之出现的问题。尽管他们一定会犯错,一定会遇到挫折,但他们相信自己能够战胜困难并从中成长。

9.有毅力。成功的创客很清楚,将创意推向市场并创立事业是需要一番心血的,他们也十分愿意为了实现目标投入时间和精力。他们在解决问题时执着而坚毅,把困难看作成功的垫脚石而不是障碍物,对任何答案都不会轻易否定。如果一种策略失败了,他们会不断尝试其他策略,直到用尽所有方法得到想要的结果。激情能让他们保持昂扬的斗志,而毅力则会让他们越走越远。

10.动力十足。所有成功的创客都有十足的动力追求成功,或者是为了挣大钱或者是给世界带来积极的影响,或者是向他人证明自己,或者是渴望改变自己或仅仅想做一些自己喜欢的事情。当一个人知道自己想要什么并竭尽全力去争取的时候,更有可能获得成功。

当然,拥有上述特质也未必成功,因为有些特质可能带来一些问题。比如过于独立,可能就难以听进别人的意见建议;过于执着,也许经历、时间和金钱最终都会竹篮打水一场空。

创客与威客的异同

本书作者于两年前出版的《众包与威客》一书,对"威客"概念的来龙去脉有很详细的阐述。你如果已经读过该书,相信你对于"创客与威客的异同"已然有了自己的判断;如果没有读过该书,这里就带你回顾一下威客。

Witkey 是由 wit(智慧)、key(钥匙)两个单词组成,也是 The key of wisdom 的缩写,是指那些通过互联网把自己的智慧、知识、能力、经验转换成实际收益的人,他们在互联网上通过解决科学、技术、工作、生活、学习中的问题,从而让知识、智慧、经验、技能体现经济价值。

按照威客(witkey)概念提出者刘锋给出的定义:威客模式是"人的知识、智慧、经验、技能通过互联网转换成实际收益,从而达到各取所需的互联网新模式"。主要应用于包括解决科学、技术、工作、生活、学习等领域的问题,体现了互联网按劳取酬和以人为中心的新理念。

信息免费共享是促使互联网蓬勃发展的重要因素,例如维基类网站以人的自我价值体现为动力,把人类已有的杂乱信息结构化,形成可免费共享的知识,搜索引擎对互联网中的信息和数据进行索引,人们可以免费使用其搜索功能,新闻类、电子商务、博客类网站为互联网源源不断地提供免费信息。但是从知识管理的角度看,知识的产生本身是要花费大量的时间和经济成本的,完全免费的知识共享不符合经济学的规律和理性人的假设。这种情况最终会阻碍互联网的发展,导致共享知识的质量由于个人保护自己核心能力的原因到了某个高点就很难再提升。

威客理论认为互联网上的知识(各种文章、资料、回答问题的答案等)都具有或多或少的经济价值,应该可以作为商品出售。它符合经济学的价值规律,也是互联网走出困境的一种途径。

另外,随着互联网支付手段的逐步完善,通过互联网为知识、智慧、能力、经验进行定价就成为可能。

因此,互联网已经度过了完全免费共享的时代,开始进入互联网的知识价值化时代,知识、智慧、能力、经验通过互联网也具备商业价值的理念将逐步被人接受。在互联网的知识价值化时代,知识、智慧、经验、技能都可以成为商品通过互联网进行交易。

这是威客模式理论提出的重要前提和基础。知识的价值化一方面使人们参与到智力互动问答中,并提供高质量的知识产品;另一方面通过问题的提出和解答,知识、智慧、能力、经验也真正成为商品被交易。从知识管理的角度看,智力问答的知识价值化过程也就是人的隐性知识显性化过程。

目前,国内大大小小的威客网站有几百家之多。国内的威客网站上的任务已由最初的起名、LOGO 设计、网站设计、程序设计、FLASH 设计、写文章等,扩展到 APP 的开发、WAP 网站开发,创意、装修、影视动画等多元化的服务领域之中。

根据参与的方式不同,威客(witkey)可分为:A 型威客、B 型威客、C 型威客、M 型威客。

• Ask witkey(知道型威客)、知识问答型威客,例如百度知道、爱问等,称为 A 型威客。

• Bid witkey(悬赏型威客),通过对某个项目进行投标,并争取中标从而获得项目开发机会,最终产生价值,称为 B 型威客。例如:一品威客网、孙悟空威客、时间财富网、智八星威客网、K68 威客网、九流工厂、精英 e 族网、全球设计网、创易网、百脑汇威客网、卓创威客网、中国赏金写手网、任务中国、八客网等。

　　•C2C witkey(点对点威客),通过对自身能力进行展示、证明和良好的经营,将能力转化为能力产品,与需求者之间建立 C2C 的买卖交易关系,这样的威客人群被称为 C 型威客,例如:时间财富网。

　　•witkey map(威客地图),威客地图的定义是通过互联网将人的地理位置、专业特长或兴趣、联系方式、威客空间这四个最重要的属性(不排除其他次要的属性如年龄、职业、性别等)聚合在一起,从而形成的关于人的搜索引擎。这样的威客人群被称为 M 型威客。

　　目前威客类目主要集中在创意设计、平面设计、网站建设、网络营销、翻译以及文案策划。

　　威客主要分布在一线城市和沿海城市。按职业分布看,在校大学生占 40%、兼职占 30%、全职占 20%、其他类占 10%。其中,月收入最高者能达几十万上百万元,一般是 B 端威客。而现活跃在我们威客网站的在校大学生,未来就是引导市场发展的主力军,随着他们的毕业、就业、创业和时代的发展,威客的模式还将颠覆整个线下创业交易市场。

　　我们可以这样说:威客中的相当一部分已经具备了创客的性质,也就是占据了威客总人数两成的全职人员;另外的七八成威客也正走在创客的路上。随着在校大学生的毕业,不少人会把当全职威客作为自己的职业选择;兼职的这部分威客,当他们的威客兼职收入超过了本职收入时,肯定会有相当一批兼职的转变成全职威客。

　　威客是体验、锻炼创业的一种零风险形式,因为它不需要注册公司、不需要租赁办公场地,只要相信自己的智慧,零投入就可以先干起来,在干的过程中学习创业。如果业务做大了,订单自己一个人忙不过来,那时可以再招兵买马、组建工作室,最终成立自己的公司。笔者去大学给在校的大学生们做创业讲座时,经常建议他们采取"零风险的创业形式",也就是先从一名威客干起,从在校读书期间就开始体验。

创客往往会自己设计出一种通用型的产品销售给客户,往往从一开始的小批量到追求大规模生产的规模效益。威客则不同,他们通常是根据威客网站上不同雇主的不同需求去进行设计开发,量身定制自己的作品,谈不上规模效益。这就导致单枪匹马的一个威客要想发大财,难度会相当之大。威客当久了,往往会动脑筋朝创客方向发展——组建团队、开发出通用型的产品。

> 只有2种威客才能赚大钱:工作室/公司、二次外包。一个人的力量、精力和时间是有限的,所以要么是工作室或者公司可以给雇主提供完善的解决方案,以质量来挣大钱;要么就是二次外包,直接倒手任务,以数量来挣大钱。
>
> 如果你在一线城市,又想在威客行业做大,即便没有成熟的团队,也可以在各大高校、IT圈写字楼拉一些专业的人才,快速地组建自己的团队,只是需要一段时间的磨合而已。反之,如果在一个三四线城市,那么组建一个颇具规模且具有竞争力的团队是非常难的,毕竟现在人才回流难是全国性的普遍问题,除非你在异地拉起团队,然后团队又愿意和你回到三四线城市发展。
>
> 二次外包的人才流动性太大,很有可能今天这个威客接你的订单,而明天你想找人接单却发现无人可用。所以一个威客想要做大,一个固定的团队是非常有必要的。
>
> 一个好的威客团队一定要有一个合理的人才配置,首先要有一个统筹大局的人,这个人一定对威客团队运营的全过程都有很深的了解,这样才能保证各个领域大方向不会出现错误。

其次要配备以下人才：专业的推广人才，负责团队的宣传推广，也就是俗称的业务员；专业的客服，对团队内的收费情况、各个方面的能力和人员配备、成熟案例全部了解；还有文案策划、美工设计、程序员等专业型人才，负责具体方案的创作和实施。

再好的项目也是要有资金启动的，主要包含场地费、设备费、前期广告投入、人员开支（最好是备足3个月的）以及流动资金，此时如果你的资金量充足，完全可以全资入股成立一个公司；相反，建议你可以采用合资入股的形式，先从一个小型的工作室开始，每一个成员负责一块领域，同时出一部分资金，然后按能力和资金的占比确定每个人的股份。

创客在创业的一路上都可以借力于威客的帮助，以降低创业的成本。无论是产品开发还是营销推广，在企业价值链的各个环节，创客都可以找到实力强大的威客同盟军以助自己一臂之力。本书的后面章节还会提到这一点。

威客网站平台是一个汇聚了众人聪明才智的社区，从逻辑上分析，它肯定会比单一的公司更有效率、成果更好、成本更低。这也就意味着，正在创业中的创客未必需要一上来就招兵买马、组建自己的公司，完全可以到威客网站上去寻求威客们的支持。

案例：创客采取众包方式靠威客来设计电动车[①]

纵观行业发展历史，对于任何想要闯入汽车行业的玩家来说存在着三个主要障碍：

第一，他们需要一支富有经验的工程师队伍；

第二，他们需要在工厂和零件上进行庞大的资本投入；

---

① ［美］克里斯·安德森.创客：新工业革命［M］.北京：中信出版社，2015，根据第163—177页内容整理而成。

第三，他们需要覆盖全国的经销商网络。

即使是上述三点都能被满足，这一切也并不会变得简单——问问特斯拉就知道了。而 Local Motors(LM)则将三个极具威力的概念结合在一起，将这些障碍扫到旁边：众包设计、3D 打印和依据订单进行运转的微型制造工厂。

美国 Local Motors 汽车设计公司是一家不到 10 人的小型汽车公司，他们最大的特色就是"让顾客自己生产汽车"。Local Motors 公司的网站上聚拢了约 121 个国家超过 8 000 名汽车设计爱好者。每款产品设计遵从创意共享许可，消费者可积极参与设计和生产自己的零部件，还能相互出售，以填补市场对独特设计的需求。他们宣称："我们的顾客购买的不是一辆汽车，他们购买的是拥有的过程。"

通过众包设计，Local Motors 为所有想要完成这项工作的人提供了一个挑战的机会。它也会让知识社群协同他们自己的一小群专家，来帮助选出最好的设计。这也意味着 LM 不需要持续为一群工程师付工资账单。如果 LM 用了你的设计，你将会在之后卖出的每一辆车上得到抽成。

Local Motors 公司位于美国马萨诸塞州 Wareham 市的工业园区内，是第一家完全对外开放零部件，并进行正规化生产的汽车制造企业，他们已经推出过名为 Rally Fighter(拉力战神)的越野赛车。该车全部设计都以众包给社区的方式完成，大多数零部件是市场上的成品，最终装配是由该车的用户在公司的装配中心完成。2009 年，Rally Fighter 的设计从 3.5 万个提交方案中被挑选出来的。在确认有 500 名以上的顾客有意购买"Rally Fighter"后，Local Motors 建立了一个微型工厂，所有零配件均从外部采购，并公布了投产信息。顾客在该公司网站上支付 1 000 美元定金，就能获取一个顺序号，确定制造日期，一旦制造日期确定，顾客按合同支付余款后，不管你认不认识汽车零件，你都必须花上 6 天的时间，下到车间里生产自己的汽车，不然你拿不到成品。

不用那些大家都在用的冲压模型、冲压线、夹具、固定件、工业机器人和焊接设施，通过 3D 打印，LM 就可以制造出汽车车身。这意味着他们使用现有小部分的成本就可以组装出一辆车来。对了，这些车身也能够达到 FMVSS（美国汽车安全技术法规）的碰撞标准，因为他们在车身的外层和内层都打印了格状结构。这些格状结构组成了碰撞区间，为了增加额外的强度还可以用成型的泡沫填充其中。

LM 不需要天文数字一样的规模，它的投资以百万美金衡量，而不是数十亿。

通过微型制造工厂，Local Motor 想要在美国分散建造数百家迷你工厂，每家工厂一年打印大约 3 000 辆车。拿传统整车厂的数据作为对比：在组装工厂投入 10 亿美元能够换来一年 25 万辆的产能。这样的前期投入就是传统整车厂需要达到极大规模的原因，而生产成本只有通过制造销售更多的汽车才能完成，观致就是一个不甚成功的例子。

而 LM 不需要天文数字一样的规模，它的投资以百万美元衡量，而不是数十亿。第一辆车耗费的成本和最后一辆车一样。作为折中，虽然每个迷你工厂不能生产许多汽车，但它能够在每辆车上提供更多个性化选择，有多达 5 种完全不同的车身风格可供订制。

另外一个至关重要的不同点就是，这些迷你工厂只会依据订单进行生产。主要的想法是让顾客来到工厂自己选择车身风格、动力总成和其他自己想要的选项，接着 LM 连夜将他们打印出来，随后消费者第二天到工厂提车。

这种方式意味着 LM 不需要经销商的介入。再也不用将生产的汽车批售到经销商数以亩计的停车场里等上消费者几周或几个月了，也不用组织年度清仓甩卖来倒卖积压的库存，甚至连大面积的二手车停车场也能省了。当你的老旧 LM 车开不动了，你可以把它送回去，厂家回收之后再给你打印一辆新的。

这也不是什么昙花一现的 PPT 造车公司。LM 已经完成了几个项目来证明其商业模型能够奏效。它曾经用这种方式开发了沙漠拉力车,还有为美国国防部先进研究项目局开发的一款可能代替现有 HUMVEE 军用悍马的模型车。不久前他们刚揭开了 Olli 的面纱,一辆 12 座电驱动无人驾驶公交车,由一位在意大利学习的 22 岁哥伦比亚大学学生进行设计。LM 现在正从全世界接到这辆车的订单。

Local Motors 公司造出了世界第一辆用数字方式制造的 3D 打印汽车 LM3D Swim(原型车),这款车美国市场零售价估计约 5.3 万美元。整个车辆制造过程将被专业的摄像机记录,Local Motors 制造教练会在每一个关键环节提供具体的专业指导。大概两个星期之后,你就能拥有一辆亲自参与制造的汽车,并且像了解自己的孩子一样了解这辆车。但该公司并不仅仅满足于 DIY,他们与美国制造技术协会(AMT)达成了协议,共同制作 3D 打印电动汽车。

据称,LM3D Swim 将采用"直接数字制造"(DDM,一种直接依据 CAD 图像文件的 3D 打印形式)的方式在诺克斯维尔的微型工厂进行打印。在生产流程的第一阶段,3D 打印机先创造出汽车的车身和框架。然后,一台 CNC(电脑数控)机对外观进行打磨,直至达到理想的形状。最后一步是组装,装上座椅、方向盘和电动马达等零件。Local Motors 的首席执行官兼联合创始人杰伊·罗杰斯说,LM3D Swim 的材料 80% 为 ABS 塑料,20% 为碳纤维,但依然能够达到现有钢质汽车的安全标准。不同于传统汽车公司,这家公司将非常灵活。"产品投向市场的速度至关重要。"42 岁的罗杰斯说,"过去 120 年汽车行业一直用同样的方法制造汽车,我们将加快这个行业技术发展的速度。"按传统方式,从设计开发到将汽车推向市场一般需要 7 年时间,LM3D Swim 只用了两个月。

如果用一个词概括 Local Motors 的思维方式,那就是"小",更准确说是"微型"。这家公司想要以单笔订单为基础,用 3D 打印的方法彻底改变汽车生产方式。

与之形成对比的是,大汽车制造商必须通过批量生产的方式才能维持经营。"仅工具的投入就要数百上千万美元,"罗杰斯说,"因此,每年必须生产 24 万至 25 万辆车,每一款车的投资就高达 6.4 亿美元。"按需打印汽车可大幅提高设计灵活性。罗杰斯说:"你可以打印一次,如果不喜欢,再打印一辆不同款式的,不会增加丝毫成本。"正是本着这种实验精神,公司迁往柏林,在那里,下一间微型工厂将测试不同版本的 3D 打印汽车,并专注于低速邻里电动车(NEV)的开发。"在思考如何发展车辆生态系统时,我们发现柏林是一个人口密集的城市,技术化程度相当高,是我们进军欧洲大陆的理想地点。"罗杰斯说:他相信为城市街道设计的小型电动车 NEV 将是解决城市交通堵塞的答案之一。

旧车不想要了,或者零件坏了要更换,还可以把其打回原形——塑料颗粒,然后再用来打新车。和普通汽车相比,3D 打印汽车还有另一个优势:它们能够不断更新。LM3D 的主人可不断更新每个零件,回收利用材料,基本上相当于创造一辆新车。罗杰斯相信,由于这种车尤其适合柏林之类的人口密集城市,这种快速的生产模式正是汽车工业所需要的。也许你还半信半疑,但是这家公司已经以个性化的快速制造能力和超前的众包式制造方式得到了航空工业巨头空客的青睐。空客在 2015 年春天成立了资本额为 1.5 亿美元的独立风险基金 Airbus Ventures,该基金第一个风险投资项目就是 Local Motors 公司。

创业比就业更幸福

创业折腾或当威客比就业会更加幸福,因为创业是自己当老板,可以更好地把控自己的工作内容,更有热情投身于工作。哲学家伯特兰·罗素说:

"真正令人满意的幸福总是伴随着充分发挥自身的才能来改变世界。"

老太太说：当你不去旅行，不去冒险，不去谈一场恋爱，不去尝试没试过的生活，只是每天挂着 QQ，刷着微博、微信、逛着淘宝，干着我 80 岁都能做的事情……你要青春有什么用！

人活一世，最高境界是拥有为梦想行动、不会遗憾的人生。

折腾过的生命丰富壮阔，折腾也需要理性行动。

敢想、敢做、敢闯荡。

北大龚祥瑞教授在 85 岁时讲了一段话："一个有理想追求的人，一辈子不见得实现他的理想，但是在他的人生道路上所遇到的风景，是一个没有理想的人连想都想不到的。"

袁岳说："我推崇理想主义的行为，因为有理想更能让你在人群中被人们注意，得到特别的资源，找到志同道合的人，成为出类拔萃者，这就是一种主动成长模式。"

折腾的本质就是从被动成长模式跳到主动成长模式，勇敢地面对不确定性，跟不确定性沟通，具备掌控不确定性的能力。所以，怀抱梦想，提高社会情商，校园学习和社会学习并行，建立独立的人际关系，获得不怕失败的勇气，成为一名终身学习者……这样的人必定会脱颖而出，并永远拥有年轻的灵魂。

青春的最大财富不是年轻，而是有试错的机会。

投身公益慈善事业，做自己认为最有意义的事情，也是创业的一种。美国的幸福学教授喜欢举的创业案例就是一个公益创业的故事：玛瓦·柯林斯（Marva Collins）是芝加哥市的一名教师。芝加哥市中心是毒品和犯罪的温床，一个毫无希望的地方。由于这种恶劣的环境，许多教师担心这里的儿童无法逃出那世代相传的贫困与绝望。

1975 年，柯林斯在她所居住的社区里成立了城西预备学校，她的学生大部分来自同一社区，他们都是由于品行恶劣或是成绩不良而被之前学校开除的学生。可以说柯林斯办这个学校的目的，是为帮助他们重新回到正常学校而做准备，城西预备学校其实是他们流浪街头前的最后希望。今天，那些被看成是无药可救的孩子们几乎都上了大学。柯林斯的学生们证实了她的信念——每个学生都有成功的潜力——他们学会建立自信心,并能设想和实现自己充满希望的未来。

20世纪80年代,里根和布什政府都曾邀请柯林斯出任教育部部长,面对如此高的荣耀和声望,她拒绝了,因为她相信,只有课堂才是她真正能创造出奇迹的地方。

历史上从未出现过像今天一样的时代,有如此多的人在赞美创业精神,研究创业行为或投身创业的洪流中,创业不但是人们实现理想的途径之一,更是带动新经济发展的重要功臣。

创客最会玩

"玩"是一种状态:放松、惬意、自由。"玩"是一种实践:不但要动手,还要动脑。"玩"是一种分享:与他人一起玩才更有趣,更有意义。"玩"是一种境界:当越来越多的人加入创客一起玩时,世界将因"玩"而改变。

"字幕组"就是一个最会玩的创客群体——虽然他们没有集中在一个实体的创客空间里,但是谁说创客就一定要在一个实体空间呢?网络空间就是这个世界上最大的创客空间。

哈佛、耶鲁等世界名校的视频是遵循CC(知识共享)版权,可以允许在一定条件下进行传播和使用,但是英文翻译成为一个难题。

大量的公开课在国内广为流传,与一个组织——"字幕组"的工作密不可分。字幕组没有底薪,没有奖金,完全是依托个人兴趣,翻译者分布在大学生、白领甚至警察等职业范围。而且很多网友都感受到"网上翻译的字幕比很多DVD的字幕好多了"。这种好不仅体现在准确度和时效性上,更体现在字里行间译者流露的感情,一种对片子的感情。除了自我兴趣之外,更多的是互联网聚合了一批志同道合的成员,互联网改变了组织成员之间的联合方式与字幕制作的工作模式,实现了多人在线工作的聚沙成塔。

这些活跃的成员几乎从未谋面，他们以 QQ、FTP、邮件组、云存储等方式，完成获取片源、传输文件、翻译校对字幕、调整时间轴、压制发布等一系列环节。每一个人都利用自己的业余时间负责一小块工作，现实空间与网络空间，影视资源与个人贡献等都被先碎片化再重新整合。

那么，这一群没有组织实体的人，究竟基于怎样的动机去完成自主、高效、无偿的工作呢？——"满足感"和游戏化思维。

当字幕组出现在片子开头，当翻译的神来之笔出现在论坛中被别人讨论，当从字幕组"菜鸟"进阶为"大神"，字幕组的成员都会体味到日常生活中鲜有的满足感。

这种以兴趣为主导、以游戏化思维为机制的字幕组管理机制，已经成为传统影视剧的译制流程和工作模式。游戏化思维已经成为互联网背景下新的管理方式之一，就与质量管理、六个西格玛管理、效率管理、KPI 一样。

◎ 第二章

创客空间

　　创客把制造业延伸到普通民众：产品制造的数字化变革绝不仅仅是优化现有的制造业，而且是将制造延伸至范围更广的生产人群当中——既有现存的制造商，又有正在成为创业者的普通民众。

　　长尾效应：世界各地的工厂敞开了大门，向拥有数字设计和信用卡的普通人提供基于互联网的按需制造服务。如此一来，创意新阶层得以进入生产领域，将自己的设计产品模型转变成产品，却无须自行建立工厂或公司。制造业也变成了另外一种可由网络浏览器获取的"云服务"，可通过少量的工业设备获得产品。

　　创意经济取代信息经济：现在只是拥有知识已经不够了，最重要的能力是运用这些知识，构想出绝妙的创意。创意经济渴求创客——那些拥有创新的激情、自信和能力的人才。知道旧答案没什么了不起，能想出新鲜答案才叫人佩服。

政府应如何帮助创客们？

　　面对创业初期的资金困境，各种复杂的注册手续，政府在此可有很大的作为空间。

　　政府主要可以通过政策补贴和简化注册手续，为众创空间的创客们增加便利。例如，针对实体"众创空间"具有众多创客集中活动的特点，政府可以"众创空间"为单位，为创客提供办公场所，为创业企业工商注册提供便利条件，增加"众创空间"创新资源和创新人才集聚力，可以实施多证合一，降低创客的创业成本,提高创客创业的积极性。深圳市为支持创客空间采取减免租金、为创客提供创新创业场所、对符合条件的单个创客空间、予以最高 100 万元资助等措施。

也可以对"众创空间"进行直接的政策倾斜。可以对一些"众创空间"开展的创新活动给予专项支持,鼓励"众创空间"就某类或者某个问题展开研究和创新。这种直接补贴和政策倾斜,一方面可大大降低众创空间的运营成本,另一方面也间接降低了创客们的创业成本和企业创新成本。

政府需要跟踪"众创空间"的创新活动。通过采用科技竞赛等方式来优选"众创空间"的潜力项目,并通过给予资金支持和奖励的方法,支持孵化企业发展。"众创空间"自身也可以组织创新竞赛,以聚集众创空间的"人气",吸引社会关注,调动社会力量,从而为更多资源的聚拢起到推动作用。政府还可以通过支持各创客空间,举办创业训练营等其他活动,培育创客文化,让创新创业蔚然成风。

"众创空间"是一个从创意到研发、从产品展示到募集资金的自组织创新创业孵化平台,具有集聚创客、集成智慧、开放实验、合作研发、展示成果、吸引投资、创业孵化等功能,是一种新型的孵化器平台。政府应给予适当财政补贴,保障其创新创业服务功能,使其能够服务于创新创业。政府可以给予"众创空间"专项资金扶持,设立创新基金。如深圳市政府设立了"创客专项资金",对创客空间、创客项目、创客服务、成果转化和创客活动予以支持。

众创空间的发展需要政府政策的直接扶持,尤其是在众创空间建立的初期阶段。但政府政策要适度,以免出现过度的政策干扰而抑制众创空间的发展。政府的职责是因势利导,而不是行政干预,要充分发挥市场机制的作用。

社会经济发展趋势和社会竞争压力,也会推动众创空间的发展。很多有利于众创空间发展的因素,将在未来得到更好的发展。随着社会经济的发展,人们的收入水平将会持续增长,同时未来一代的受教育程度将会更高。面对社会竞争的压力,这部分人将更愿意参与自主创业,众创空间将成为其创业的首选阵地,这部分人也将成为众创空间的主要群体。

一个开放自由、受教育程度高并且富裕、民主的社会,是众创空间能够蓬勃发展的前提条件。在这样的社会趋势下,当前政府加大高等教育投入的举动,将为众创空间的发展储备大量的人才,尤其是大学教育模式转化,教学内容的调整,鼓励大学生创业,将对众创空间的未来发展产生非常重要的推动作用。

众创空间的运行依靠自组织自筹经费,是社会资本聚集的场所;运行管理主要依赖于兴趣爱好者或会员志愿性服务。众创空间需要的是基于市场化的政策,而不是政府盲目的构建,要按照市场需求支持众创空间发展,要营造环境为众创空间排除各种壁垒。众创空间的难点在哪里,就需要政府出现在哪里。

现在有一种倾向,一些地方盲目地挂牌"众创空间",更有甚者,很多原来构建的孵化器,摇身一变,换一块牌子,就成为"众创空间",这是一种轻率且缺乏责任感的做法,是我们要关注的一种情况。据调研显示,现在许多地方都在积极组建"众创空间",这固然是个好现象,但是若无实质性创新,则极有可能导致"众创空间"这个名称的滥用。一个脚踏实地的做法应该是对现有的公共实验室或者创新创业资源实现开放共享,不要仅仅是从名称上去赶时髦。"众创空间"一定要切实地服务于自发的兴趣爱好者或者有创新创业欲望的社会大众。

传统的创新政策,都是基于研发机构、企业而设置的政策,为 R&D 活动提供补贴以加速创新过程效率,这样的政策已经不再适应新时代的核心创新模式,众创空间正帮助把这个封闭的模式打开缺口,探寻创新民主化路径。从科学到技术,再从技术到产品,进而再到消费者的逻辑,已经变得单调;未来的模式,一定是从消费者到产品创意,到寻求技术支持,再到解决相关科学难题的逆向过程。在一些行业领域,比如移动电话、多媒体、计算机及软件设备,创意往往从狂热的用户流向技术生产者,预计在未来,前沿消费者对创新过程的影响将会更大。政府的政策供给,需要面向政策需求,这也是一个逆向的过程。

从组织性质看,众创空间应该属于新型非营利性公益组织。因此,众创空间注册应该归于非营利性公益组织,当然,也可以注册成营利性组织(如Techshop),按照市场化运营,充分尊重创建者意愿,同时政府给予免征各种税收的优惠政策。从行业性质来看,众创空间应该属于科技型现代服务业。政府应给予适当财政补贴,保障其创新创业服务功能,使其能够服务于创新创业。从运营条件来看,众创空间属于自组织自筹经费建设。政府要给予场所和购置众创所需设备的资金支持并配以共享政策。从创设主体来看,众创空间主要是兴趣爱好者自行创设。政府要对纯粹的市场化的众创空间给予支持,对现有的公共实验室或者创新创业资源实现开放共享,而不是自己去构建。从创客角度看,众创空间缺乏资深创客和广泛的兴趣者。政府要对特色明显、取得实质性创新成效的众创空间给予奖励和资助,以引导更多的创客参与众创空间的创新创业活动。从经营管理看,众创空间缺少懂经营管理的团队,政府可以出资组织对众创空间创始人进行高端的、系统的经营管理培训,或者组织专项研修,聘请国外众创空间负责人或者国内管理专家,众包、众筹网站负责人、天使基金和风投基金负责人,共同研讨众创空间组织管理和经营模式。

众创空间是新生事物,新生事物比较稚嫩,要精心呵护,不是揠苗助长;是合理施肥,不是强施助长剂;是排除其成长过程的障碍,不是移栽到温室中孵化;是给予阳光雨露,不是万事包办。政府制定政策的微妙之处,就在于要符合市场规律,凡是违背规律的事,最终总是要受到规律惩罚的。很多地方政府已经开始像当年兴办孵化器一样,开始数"众创空间"的个数,而不管其效果如何,这样就会本末倒置。政策的落脚点是鼓励创新创业,是为了让更多的人更好地参与创新创业,而不是为"众创空间"而支持"众创空间"。

创客该选择什么样的地方办公?

说法各异。

创客是自己找民居、写字楼还是入住创客空间、企业孵化器、创业咖啡馆?

　　创业的不同阶段有不同的选择,建议创客选择自己能承受的、交通最便利、吃饭最方便的场所。

　　因为办公室的环境会影响创客的工作情绪和效率,初创的公司特别需要一个可以提振员工士气、提升员工创造力,从而提高生产力的办公环境。

　　创客之间进行交流、分享和创作需要固定的场所,也即“创客空间”。创客在这里交流沟通、完成创意,并培育发展出独特的创客文化。

　　国外创客空间的经费大多来自成员们的会费,以及赞助费。

　　国内的创客空间大多是依托于企业所打造的,或者是当地政府出资、委托企业运营的。与国外创客空间相比,可能运营的自主性不如国外的灵活,但是可以借助的力量相对优越。国内优秀的创客空间往往会有一个共同点,就是不仅注重空间的硬件建设,还很注重投融资的对接、政策申请、法律财务、媒体资讯等方面的服务——这样才能实现创意与投资、专业和效率、线上与线下、整体与个人多方位的结合,从而打造最具有整体竞争力的综合平台。

　　下面我们来看一下国内外各有特色的创客空间。

英国曼彻斯特科学园

　　英国曼彻斯特科学园面向的较多为中小型企业,园区为其租客提供多种帮助,不仅局限在物业服务上,而更多的在于企业管理和业务拓展上。主要内容有:

　　业务拓展:园区设立了专门负责人以帮助中小企业进行业务拓展。该负责人拥有 20 年高科技创新企业的从业经历。

　　免费推广服务:园区设立了专门负责人,帮助企业处理媒体关系、宣传策划等问题。

　　租客交流:园区组织租客之间进行早餐会、研讨会、与园区管理者之间的午餐会等活动,帮助彼此沟通,发现商机。

学术后备：园区帮助企业进行校园招聘、员工培训、实习安排等。

国际交流：园区通过其与曼彻斯特投资协会和英国贸易投资协会等的关系，帮助租客寻找海外商机。

IT 支持：IT 咨询服务、IT 午餐会，以及众多 IT 相关的后备服务。

Hackspace

英国的 Hackspace 是一家非营利的社区型的创客空间，主要致力于协调整个英国境内的创客空间的活动。世界范围内创客空间早就是一种流行的时尚了，因此在 2009 年英国的 Hackspace 应运而生，弥补了英国国内这一方面的空白。此后 Hackspace 一直致力于帮助不同的城市成立属于自己的创客空间。

在英国，大家把创客空间视为一个人们能分享兴趣——多数是信息技术、科学研究（也包括其他更多方面）——合作、动手和创造的地方。Hackspace 可以被看作开源社区，它是创客们聚集在一起分享知识、创造新事物的实验室、厂房、工作坊和工作室。与 Hackspace 相似，很多创客空间都提供自由软件、开源硬件和新媒体等软硬件设备，创客空间一般分布于大学、社区活动室、成人教育中心，但有些需要更多空间的也可以直接在厂房里。

创客空间的组织形式由其成员决定。很多创客空间的组织者是有声望的人。被选中的工作人员协助组织者进行管理，决定诸如采购新设备、招募新人和制订计划等日常事务。会员费经常是创客空间最主要的收入来源，但是创客空间也接受外部捐助，在大学中的创客空间通常不直接收费，但是成员仅限学生。有些通过志愿服务换取会员资格。这里有一个不成文的传统，这些创客空间组织都非常开放、好客，他们非常欢迎来自其他类似组织的成员一起交换想法、技术或者知识。

不同创客空间的活动差别很大。创客空间是人们以工作坊、演讲、讲座等形式分享知识的地方。空间常举办聚会等社会活动。他们提供地点及设备供成员们运作个人项目或者集体项目。创客空间也可以运作物理或虚拟设备租借。创客空间的房间很重要,它是创客们完成任务的物质保障。作为空间的补充,大多数创客空间提供电脑。设备好一些的创客空间提供机械工具、音箱设备、投影仪、游戏中心、电子设备(例如示波器和信号发生器)、电路元件和其他电子制造所需要的设备。一些创客空间提供食物储备,并举办厨艺讲座。

Techshop

Techshop 是一个位于美国且拥有七家分店的创客空间,它是一个开放且多样化的创新 DIY 空间,提供从场地、工具到培训等多方面的服务。"在 Techshop,你几乎可以做出一条船。"这就是神奇的 Techshop,仿佛是一个充满了魔力的地方。这里汇聚了众多 DIYer、工程师、设计师、艺术家、手工达人和创业团体。他们聚集在 Techshop 完成自己的项目,交流分享他们的专长和经验——不管是完成商业化项目还是单纯地追求兴趣。

第一个 Techshop 商店成立于 2006 年,位于加州的 Menlo Park,这里不仅临近斯坦福大学,而且还诞生了伟大的 Facebook 公司。当时在加州有许多非常热衷于开发开放式软件、硬件的工程师和电脑高手。这些 DIY 爱好者聚集在被称为 Hackerspace 的地方写程序、制作机器人,同时交流分享他们的专长和经验。Hackerspace 可以是大学校园、社区交流中心或者是一些会议室。这些活动参加者往往不求报酬,只是单纯地由于对机械电子的兴趣爱好而聚集在一起。

目前,Techshop 在全美拥有七家分店,每家投资超过 350 万美元,与福特、AutoDesk 在内的大公司都有合作。Techshop 拥有 4 000 名会员,分店分布于旧金山、圣何塞、罗利·达勒姆、底特律和奥斯汀等地区。理查德·佛罗里达(Richard Florida)在 2002 年曾出版了《创意阶层的崛起》(The Rise of the Creative Class)一书,书中根据工程师、科学家和创新者的集中

程度来对创意阶层所青睐的城市进行排名,而这一排名则成为 Techshop
选择开店城市的依据。

Techshop 是连锁的商业机构,通过会员费和收费课程营利,实行严格
的会员制管理。任何人只要付每月 125 美元的会员费,并通过 Techshop
SBU(安全与基础使用)的付费课程,就能使用 Techshop 提供的工作场所
和实现其创意所需的各种工具。在获得工具前,会员将接受三个小时的培
训课程,以使他们学会如何使用这些工具。Techshop 每个月共提供 150 堂
课,收费大多为 50 和 100 美元。为了确保新手不会接触到超出其技能水平
的工具,会员需要扫描独有的射频识别徽章才能获得每件工具。

在 Techshop 中诞生了著名的 Lumio 灯、Square、Oru-Kayak 折叠船等
产品。如果你喜欢自己动手做东西,或者是做些发明创造,却苦于找不到合
适的器材,那么 Techshop 是一个理想的地方。Techshop 聚集了众多来自
民间的创新想法,能够提供给你足够的地方、工具、仪器和培训,让你把原始
的想法做成原型,甚至做成一个完整的产品,同时,优秀的创新产品也带来
了瞩目的经济效益。

Techshop 的 CEO 马克·哈奇(Mark Hatch)在一个采访中说道:"现
在人们创业的成本已经低于天天喝星巴克咖啡的价格了。过去人们很少接
受关于工具使用方面的教育,现在科技已经变得触手可及,机器也远比原来
便宜。所以当你有一个想法后,并不需要去美院或者工程学院学上八年时
间,而是直接就可以开始实施这个想法。这意味着每个人都可以成为发明
家。这不是工业革命,这是创造力革命。"

Techshop 的创始人是吉姆·牛顿(Jim Newton),他本人是一位计算
机硬件专家,曾经担任过 MythBuster 节目的科学顾问,后来吉姆迷上了制
作战斗机器人(Battle Bots)。为了让自己的作品更专业,他参加当地社区
大学的机械课程。从而能够使用更好的设备。后来他的手艺日趋成熟,便
开始被邀请给其他人讲课。再后来,很多人甚至愿意付费来使用他的仪器
设备。于是,吉姆意识到付费使用 Hackspace 的可行性。他在 2006 年第一
届 Maker Faire 上公布了这个计划并最终筹集到了 35 万美元,开始了第一

家 Techshop。

关于吉姆还有着这样一段故事：2006 年,他浏览了自己的笔记本,上面写满了 224 个发明创意。他把这些想法制成电子表格,然后罗列出实现每个想法所需要的工具。一种最新的开源凸版印刷机需要一台数控铣床,一种提醒飞行员附近有飞机的传感器需要一台激光切割机……设备的最后盘点结果变成了 Techshop 的最终库存清单。对于喜欢鼓捣小发明的人来说,Techshop 就是一个面积为 1.5 万平方英尺的玩具乐园。

Techshop 不仅给 DIY 爱好者带来了福音,消费者也会受益。现在,消费者已经不再满足于模板式、没有个性的产品,而从 Techshop 走出的产品的自主创新性恰恰迎合了消费者们对于个性、便捷产品的需求,这正是这些产品可以大卖的原因。比如 DODOcase 就是由于考究的设计和做工赢得了市场。

Fab Lab

正如和许多发明创造发端于偶然一样,Fab Lab(Fabrication Laboratory)这个名为微观装配实验室的创客空间的诞生也充满了偶然性,其创始人是来自美国 MIT 比特与原子研究中心的 Gershenfeld 教授,他在一次课程中受到学生们的启发,之后便创办了我们今天所熟知的 Fab Lab—— 一个拥有几乎可以制造任何产品和工具的小型工厂。

Fab Lab 的最初灵感来源于 Gershenfeld 教授于 1998 年在 MIT 开设的一门课程"如何能够创造任何东西",这很快成为他最受欢迎的一门课。没有技术经验的学生们在课堂上创造出很多令人印象深刻的产品,如为鹦鹉制作的网络浏览器、收集尖叫的盒子、保护女性人身安全的配有传感器和防御性毛刺的裙子等。可以制造任何想要的东西,学生们为此而兴奋,而这种可以实现随心所欲的个性化需求的目标,也逐渐成为 Fab Lab 的创新研究理念。

学生们的创新活动热情使 Gershenfeld 教授受到了鼓舞。Gershenfeld 教授认为与其让人们接受科学知识,不如给他们装备、相关的知识以及工具让他们自己来发现科学。随后,第一个 Fab Lab 于 2001 年在波士顿建立。第一间 Fab Lab 由美国国家科学基金会(National Science Foundation)拨款建造,旨在提供完成低成本制造实验所需的环境。在 Fab Lab 中,创造自己想象中的事物的渴望激发着用户。这种用户也被称为"领导者用户"(lead user),埃里克·冯·希贝尔(Eric von Hippel)教授曾指出,"领导者用户"领先于用户总体的主流,而且他们为了满足自己所遇到的需求,期望从一个解决方案中获取相对较高的收益。"领导者用户"在 Fab Lab 中扮演重要的角色。

Fab Lab 的构建模式。Fab Lab 是一个快速建立原型的平台,用户通过 Fab Lab 提供的硬件设施以及材料、开源代码软件和由 MIT 的研究人员开发的程序等电子工具来实现他们想象中的产品设计和制造。目前组建一个 Fab Lab 大约需要 2.5 万~5 万美元的硬件设施和 0.5 万~1 万美元的维护/材料支出费用。而每个 Fab Lab 的开发过程、创新成果也并非是独立的,而是在整个 Fab Lab 网络中通过各种手段(如视频会议)进行共享。

Fab Lab 的技术运行环境。Fab Lab 所提供的技术环境涵盖开发的全流程:从设计、制造,到测试、调试、监控和分析,再到文档整理。尽管有一个基本的工具集作为基础,但根据特定需求充分利用特定环境下的资源和工具同样重要。因此,Fab Lab 也为用户提供了制造自己所需工具的能力,用户可以在 Fab Lab 的技术环境里自行创造实验过程中所需的特定用途工具。

目前核心的开发设备包括以下几部分:计算机控制的激光切割器——将二维部件压接装配成为三维结构;标记切割器——生产印刷口罩、灵活电路及天线;精密(微米分辨率)铣床——生产三维模具和表面贴装电路板;更大的数控铣床——制造适合家居(和房屋)大小的部件;聚乙烯切割机;可编程控制工具——低成本高速嵌入式处理器(例如 Atmel AVR Mega 系列和 Tiny 系列单片机)。

Fab Lab 环境里的设计。每一个 Fab Lab 会配置一台或多台个人计算机，这些计算机用来整合实验室中的其他工具。CAD/CAM 软件、二维或三维的机械设计，电子电路的建模、仿真和数据分析，印刷电路板（printed circuit board，PCB）的布线设计，针对其他工具的接口设计和编程，以及出于交流和信息检索目的的网络发布和文档整理，这些工作都离不开计算机。

此外，为了向 Fab Lab 用户群提供封装好的工具，MIT 媒体实验室的草根创新小组（GIG）提供了"罗汉塔"系统——旨在实现辅助设计和加快商业电子系统原型构建的可扩展、模块化的计算结构单元。"罗汉塔"由若干不同的基本功能模块构成，包括中央处理器和一系列加在它上面的功能电路板，涵盖传感、触发、数据存储、通信、多媒体展现等功能。

用户不仅可以利用"罗汉塔"设计并开展自己的实验活动，而且也能构建自己的工具，例如低成本的示波器、简版的个人计算机以及机床的控制系统。拥有了构建工具的能力，使得用户不仅可以通过增加新的功能模块扩展系统，而且将能够真正地重建系统，甚至设计更加复杂的全新硬件系统。因此，"罗汉塔"系统本身就是一个集中体现 Fab Lab 研究和实践活动精神的例子：即"利用 Fab Lab 设备制造出新的 Fab Lab 设备（Things that make things）"。

Fab Lab 环境里的制造。个人制造是 Fab Lab 理念的主旨。强调将 Fab Lab 的创新重新应用于 Fab Lab 的开发环境中去。现有的 Fab Lab 在使用部分现成的商业制造工具的同时强调自行开发，不断通过个人创新来扩充 Fab Lab 的软硬件设备。

Fab Lab 的共享模式。Fab Lab 开发的全过程需要以技术文档记录，以方便知识与创新的激荡、传播和分享。思考圈（thinking circle）的理念也使文档整理更加方便。在 MIT 的 Fab Lab 中心，有专门的 Fab 服务器用于提供核心的技术支持；开源的版本控制软件 Git 也被引进 Fab Lab 体系，用来控制庞大开发项目的文档、代码同步。Fab Lab 的用户可以利用计算机、扫描仪、照相机将创新设计在思考圈传播，并得到他人的建议和评价。Fab Lab 之间往往通过频繁的视频会议互相联系、共享，通过核心能力的共享使得使用者和项目也成为共享的资源。致力于促进世界各地 Fab Lab 人员互动交流的配套的制造学会(Fab Academy)也正在快速的建设当中,可以进一步推动这个 Fab Lab 圈子的发展。

Fab Lab 的建立与实践。从 Fab Lab 的发展经验来看,其在美国本土之外的很多的发展中国家,反而焕发出更强大的活力。Fab Lab 不仅能够帮助用户设计并最终实现所需的对象和工具,更能为草根科技创新发展贡献力量,使社会在其文化背景下以自身速率发展成为可能。

Fab Lab 研究组在推广过程中,为 Fab Lab 建立过程中的订购、安装、培训、编程及项目发展方面提供帮助。为了可以更好地支持这些功能,总部通过设在挪威的 Fab 基金会进行协调。日前,Fab lab 实验室正在组织越来越多的区域网络,以促进知识与创新的激荡、传播和分享。

Makerspace

在英格兰纽卡斯尔泰恩河畔有一家名为 Makerspace 的创客空间,同世界上其他的创客空间一样,它由社区所有并进行运营。这里是制造者、有创意的人、科学家、程序员和工程师的天堂,在这里他们可以进行交流、一起工作、分享创意并进行充分的合作。

这里的人们喜欢学习和创造,他们设计和制造出许多很酷的东西,把这里称作是一群狂热发明者聚集的公共花园式的小屋一点也不会过分。Makerspace 并不仅仅是一个交流的项目,它更多的是一个友好的俱乐部,在这里,成员之间可以联合各自的力量以获取更多的空间、更好的设施以及更多的资源,这些都大大超出了个人的能力。成员们一起分摊成本并且将空间视为自己的家一样,成员间也互相礼敬和睦。Makerspace 诚挚地欢迎参观者的来访,并乐意为成员提供力所能及的帮助。

简单地说,Makerspace 就是一个有着各种工具的社区。这里联合了制造、沟通和培训,从而使得社区的成员能够自行设计并制造出各种好玩有趣的东西。Makerspace 为这些社区成员提供一些必备的工具和设备。Makerspace 也是一个具有加工车间、工作室功能的开放实验室，创客们可以在这里共享资源和知识，实现他们的想法。

Metalab

Metalab 诞生于一个充满梦幻色彩的神秘都市——维也纳，它也是奥地利国内第一家创客空间，在这个音乐之都动人悦耳的旋律之下，人们的创意似乎无限，人们的创新热情也一样高涨。那么作为维也纳高技术社区的聚会场所并成为多家互联网公司发源地的 Metalab 有着怎样的一番景象呢？

Metalab 是一个非营利的创新和创业中心，位于维也纳的第一街区并紧邻市政大厅。Metalab 为有着技术创造力的爱好者和黑客以及创业者免费提供空间，以供他们交换信息和进行合作。该空间致力于为项目提供基础设施，并为来自 IT（互联网技术）、新媒体和对黑客文化感兴趣的人们提供场地。在 2013 年就有超过 180 位会员，其秉持着这样的一种理念：Lab 仅仅作为基础设施的提供者，对于实验室内的项目和活动一概都不横加干涉。它在财务上也是独立的，主要的资金来源是会员缴纳的会费。公司的赞助和公共资金都用于项目和增添新的基础设施上。

Metalab 提供免费信息交流的场所，为技术创意的爱好者、创客、创始人和数字艺术家之间的合作提供了空间。Metalab 的主要项目包括提供基础设施、互联网技术、新媒体、数字艺术、网络艺术和黑客文化等领域的物理空间，供给有兴趣的人。

该空间于 2006 年正式开放，在此之后一直致力于变革和提升。Metalab 会定期举办活动，几乎每天都会有关于新技术的活动和工作坊，它的每一个活动都是由会员组织并且都会向公众开放。这里每晚平均都会组织不止一个活动，活动很丰富多彩，可以充分满足会员多样化的需求。

在音乐之都维也纳,除了不绝于耳的动人旋律和精美绝伦的欧式建筑之外,这里的创客空间也丝毫不落人后。Metalab 免费提供基础设施给新媒体、数字艺术、互联网技术等多领域的技术创意爱好者、创客,搭建一个信息交流的场所。此外,他们还常常参与到群体文化节中,举办各色各样的活动。这里不仅有动人的旋律,更有活跃且充满创新气息的年轻人,他们热爱着自己所从事的事业,并且会一直这么愉快地玩下去。

Metalab 是一种科技与艺术的完美交融,其本身的存在就已经很好地诠释了这点,科技的较高境界即是艺术,艺术也可以变得很有科技范。这是一种看起来很高端的事情,但做起来没有想象中那么难,只要年轻和富有创造的激情,这里没有什么不可能!

上海新车间

上海新车间成立于 2011 年 3 月 25 日,这是一家由来自台湾的李大维发起创办的一个创客空间,其地址位于上海市静安区愚园东路 28 号 3 号楼一层东侧。新车间的工作室不大,在一幢不起眼的大楼里,面积还不到 50 平方米,尽管如此,上海新车间创立的意义确是非凡的。作为中国第一家创客空间,其成立推动了中国的创客潮。

目前全球的创客空间有两千多个,创客们的年龄从十几岁到几十岁不等。据李大维所知,目前国内的二十多家正式的创客组织,分布于上海、北京、深圳和杭州等地。各平台之间都有联系,也定期聚会,比如每年 4 月在深圳有"制汇节",以及上海在每年 10 月中旬举办的"创客嘉年华"等。

新车间是一个创客空间,一个非营利的组织。创客空间遍布全球,它们都具有实体空间和采用社区化方式运营。在这里,大家可以一同开展有趣的项目。尽管每个创客空间都自主运营,但大家都秉承着相同的理念——在创作中寻求快乐。在创客环境中,大家可以鼓捣新技术,可以与团队一起协作,也可以参与国际竞赛,寻找并创造新的机会。

　　新车间作为国内领先的创客空间,它向硬件高手、电子艺术家、设计师、DIY 爱好者和所有喜欢自己动手捣鼓各种东西的人提供了一个开放式社区、实验空间和基础设备。在这里,大家不仅可以和兴趣相投的人一起拆拆装装各种电子和物理产品,还可以共同实施一些好的设计和想法。新车间将工作空间提供给人们来实施自己项目,举办包括电子、嵌入式系统、编程和机器人等不同主题的研讨会和培训班。此外,"新车间"也将成为一个融资和管理平台,来支持人们实施自己的作品和项目。

　　新车间的使命是支持、创建并推广物理计算、开源硬件和物联网。为了达成这个目标,新车间会积极举办讲座、研讨、项目、初创推广、工坊、竞赛,同时也会参与国际竞赛。新车间的长期目标是在中国各地传播创客空间的理念以及推广创客的文化。

　　新车间的运营模式是主要采取会员制的方式来收费,其主要的收费方式有:会员每人每月 100 元,半年 450 元,所有会员均可以使用空间的设备和场地;同时这里可以出售相关的开源硬件和设备等。对志愿者免费开放,只需要协助完成一些事情即可。新车间会在每周三晚 7 点对外开放参观,其他时间参观则需预约。

北京创客空间

　　北京创客空间成立于 2011 年 1 月,是全球创客网络中重要的组成部分,也是亚洲规模最大的创客空间。其在北京拥有创客会员超过 300 人,影响人数超过 10 万人,拥有超过 1 000 平方米的活动场地和 300 平方米的原型加工基地,以及最完备的加工设施与设备。从规模上来说,它是中国创客空间中当之无愧的"巨无霸"。

　　北京创客空间的前身是 Flamingo EDA 开放空间,是一个开放的实验室平台,让艺术家、设计师、软硬件高手、DIY 达人甚至任何人都有机会提出他们的想法。在这里,创客们可以认识一些志同道合的朋友,运用和开发现有的开源和学术研究成果来把这些想法变成现实,并开放他们的成果供他人进一步研究,同时坚持不懈地将创新成果运用到现实生活中,起到真正深刻改变人们现有生活的作用。

北京创客空间是在开源精神的指导下,对试图建立一个开源生态系统的尝试。通过社会企业的方式,将开源社区和商业运作相结合,使得开源社区保持健康可持续的运营,同时得以扩大空间规模,让更多的人能够加入到更多的项目中,并且使得部分项目成果能够产品化,从而让科技真正改变人们的生活。同时北京创客空间也希望更多的朋友可以成为创客的一部分。

北京创客空间的创始人叫肖文鹏,程序员出身,软件专业毕业,是一个典型的工科IT男。其创办北京创客空间是源于其对用户体验及协作研究的热爱,他在成功地设计了一套适用于Arduino平台的电子积木模板之后,开始投身探索开源硬件在改变人们学习和休闲生活上的模式。肖文鹏理想中的创客空间将是一个可以将创意变为现实的小型万能工厂。他认为开源硬件是全球知识分享的一轮新浪潮,将会成为创业的新契机。而这一点,也正在被越来越多的现实所证明。

据深圳柴火空间联合创始人潘昊介绍,肖文鹏是中国最早一批写Arduino教程的人,为国内开源硬件的发展做了很重要的启蒙和铺垫。早些时候只有北京和成都有开源硬件的小圈子,上海还没有,当时对Arduino感兴趣的都是设计师。早期肖文鹏以及圈子内的其他人都是通过博客等方式在线上进行交流,因为线上交流无法进行实际演示和具体操作实物,于是就有了后来的线下交流。肖文鹏说最初的时候,这个创客空间只有20多平方米。虽然很多人表示想过来玩玩,但肖文鹏知道,如果人数太多的话,因为场地有限很难满足大家的需求,所以每次都得控制一下参与的人数。

自成立以来,肖文鹏他们很长时间都没找到合适的商业模式,创客空间的运营资金成了最大的难题,团队成员也没拿过工资,最后一些成员选择了退出。说起当时的艰难,肖文鹏并不觉得那是困难,他说:"看你怎么看,我倒不觉得很艰难。因为一开始大家就没把它当作拿工资的地方,都是兴趣爱好,所以还好。而且创客只是一种生活方式,你可以把它当成是休闲的、个人兴趣的方式去玩,也可以当成谋生的方式,就看你怎么选择。对我而言,创客只是我的一种兴趣爱好,并非谋生的工具。"

为了让更多的人关注北京创客空间,肖文鹏和北京创客空间的另一位创始人王盛林投入了不少人力和物力来举办"创客嘉年华",结果非常意外地引起了中关村管委会的关注。随后北京创客空间被授予"中关村创新孵化器"的称号,在相应的政策帮助下,他们以比较优惠的价格搬进了中关村国际数字设计中心200平方米的办公室,并获得了很多资助器材。

车库咖啡

在美国,"车库"是低成本高科技创业的代名词,史上很多"牛企"如惠普、苹果、戴尔、谷歌、YouTube 的初创都开始于此。延续这一概念,苏菂创办的车库咖啡成了中国草根创业的平台[①]。

车库咖啡地处"中关村创业大街",藏身一家普通宾馆的二楼,虽然门面偏窄,但是推门进去,马上就很"带感"。

这不是一家普通的咖啡馆,更像创业者和学生的办公室,800多平方米的空间里,IT男星罗棋布。每个桌子都有独立的接线板,花22元买杯最便宜的美式咖啡,可以坐上整整一天,同时可以低价使用这里的投影、打印复印、1G 的无线网。在这里还可以"刷通宵",很多新创业的公司索性不租办公室,全天候在此办公。

曾任一家公司投资总监的苏菂发现,谈项目是一件极其耗时的事情,很多时间都浪费在了路上,便设想通过一种方式让创业者聚到一起。

2011 年 4 月,车库咖啡开张,"各路神人"闻风而至,立刻成了草根创业者的大本营。以前很难见到的投资人,在"车库"能经常碰到,甚至有机构定

---

① 资料来源:张洪,http://www.chinatoday.com.cn/ctchinese/reports/article/2015-03/07/content_674351.htm.

期派人过来挑选项目。像小米公司雷军、天使投资人徐小平等都来过这里。

用苏菂的话说："这些群体凑在一起，不断地碰撞，就会产生化学反应。"

几年来，积累的数据透露了"车库"的孵化能力：每年来"车库"的创业者至少5万人、创者团队1 000多个，孵化出的创业团队里已经有4个年收入过亿元人民币，有110多个创业团队在"车库"获得投资、70多个团队在"车库"完成团队组建，有N个被并购的案例。

常住"车库"的创业团队中，怪咖极客云集。采访中，苏菂神速地把他们从各个角落叫到面前。这些昔日四处寻找合伙人的草根创业者，通过"车库"的孵化，如今都有了一方自己的领地。草根达人抱团取暖。

33岁的沈孟民来自安徽，早年靠卖二手挖掘机赚钱，后来去深圳做山寨手机，结果赔了个精光。2011年辞职来北京，晚上栖身洗浴中心，白天在"车库"创业。

"车库"里，各种奇葩想法吸引着沈孟民，他说"自己30多年见过的人不如在'车库'一年见得多。"

想做店铺营销APP，中文专业的沈孟民不会编程，便在"车库"找人聊，很快便寻到了两位合作伙伴。

2014年9月，苏菂收到沈孟民发来的短信，这个被洗浴中心的湿气经常整出水泡的家伙终于挖到了第一桶金，一家最好的早期投资机构投资100多万，让他用移动互联网的方式继续销售他的二手挖掘机。

"这个圈子基本没人竞争，懂挖掘机的人不懂移动互联网，懂移动互联网的不懂挖掘机。"苏菂的言下之意是，这份工作非他莫属。

已在洗浴中心住了一年半的沈孟民终于有了自己的办公室，就在"车库"旁边，下班后，他还会过来晃一下，因为"这里有归属感"。

31岁的谭思哲昵称"道长"，2014年从湖南偏远乡村徒步来京，希望找一个"能够容纳梦想的地方"。

夜里11点，"道长"步入"车库"的形象被沈孟民发到了朋友圈。照片中，"那哥们儿胡子头发长得像头狮子，浑身脏得要命"。苏菂赶紧回了一条：快带他去洗个澡。

　　那时的"道长"囊中羞涩,天天在"车库""刷夜",正餐是"白水就馒头。"而"道长"的事业却很纯朴。在湖南乡村,他发现农民没有信用卡,不会用淘宝。于是,便想做一个比淘宝更简单易用的电商工具,让农民的土特产品有更好的销路。

　　经过一段时间的碰撞,"道长"成功地找到了一份程序员的工作,月薪2万元,用赚来的钱,"道长"设计的程序已经上线,目前正处在内测阶段。

　　"如果想零成本创业,'车库'是一个很好的开始。"在厚重的须眉下,"道长"的声音格外细长。

　　临近春节,公司放假,"道长"每天泡在"车库"。在这里,他的朋友都有自己的项目,"虽然看起来不是高大上,但是有价值,很实在"。

　　与"道长"不同,"老泡"刘寰青,人称"道爷",在"车库"已经是第五次创业。2011年"车库"开业11天,刘寰青便成了这里的常客。他目前在做的产品是"口袋博物馆"和虚拟体验店,利用游戏技术,通过手机全方位立体展示艺术品。

　　"故宫有100多万件藏品,但是拿出来展示的可能只有几千件。99%的东西都'藏在深闺',通过这种展示,可以很方便地看到。"

　　手持装了两个凸透镜的纸盒,"道爷"向记者演示了他的"密器"——虚拟现实中的各类场景。他乐观地预言:"将来看房不用每个楼盘跑,通过这种方式先看几个,再作选择。"

　　谈及"车库","道爷"感慨:"创业有很多挫折,也有很多诱惑,在这个过程中有人抱团取暖是很大的安慰。"让他欣慰的是,"车库"的存在使得过去对创业者运动式的支持变得常态化,"这里提供了一个创业者自我支持的平台,有很多正能量"。

　　近年来,鼓励草根创业正在中国不断升温。政府下放、取消了数百项行政审批权,同时加大税收支持。2014年9月在夏季达沃斯论坛上,中国总理李克强说了一段让创业者十分暖心的话:"要破除一切束缚发展的体制机制障碍,让每个有创业意愿的人都有自主创业空间,让创新创造的血液在全社会自由流动,让自主发展精神蔚然成风。"他甚至提到了"大众创业、草根创业的新浪潮",并说:"试想,13 亿人口中有八九亿的劳动者,如果他们都投入创业和创新创造,这将是巨大的力量。"

作为整个中国创新创业最活跃的区域,以中关村为代表的自主创新示范区建设成了国家推广的对象。目前,中关村的高新技术企业约有 2 万家,平均每年新创高技术企业 3 000 家。苏菂说,全球投资大腕最频繁去的三个地方是美国硅谷、中国中关村和以色列。中关村的重要性自不待言。

苏菂是中关村创业大街的最初建议者和推动者,当时受电子书、电子出版等影响,实体书的购买量急剧下降,"这条街已经很荒凉了"。2011 年,苏菂建议把"车库"所在的图书城变成"创业一条街",这个愿望很快变成了现实。

车库咖啡带起了中关村创业大街一批创业咖啡馆诞生,如今,这批咖啡馆如 3W、IC、Binggo 等吸引了一大批创业人才。"很多不安分守己的人都在这条街上聚集,以后这条街会成为创业者的圣地。就像当年的延安。"刘寰青说。

除了让创业者泡在一起"办公",如今,苏菂正在运作一个更"逆天"的项目——you＋国际公寓。

让苏菂难以忘怀的是,几十年前,住在一个院里的人彼此熟识,宛如一家。他还记得小时候经常给别人家送报纸的情形。每年 800 万大学毕业生,除了父母有钱买房的,还有 400 万漂流在城市各个角落。

"房屋商品化之后,大家变得越来越陌生。让年轻人住在一起,彼此相识,这样不孤独。"苏菂说。

早在车库咖啡开业第一年,苏菂就设想让创业群体住在一起。相对于车库咖啡,You＋显然更高端:WiFi 覆盖、烤炉、灯光篮球场、2000 平方米大院……

"回家把包往楼上一放,下楼一起吃饭,然后一起游戏,一起看电影,一起 KTV……"总之,把年轻人喜欢的东西整合到一起,让他们更好地发酵自己的奇思异想。

苏菂透露,目前已有 3 000 多间公寓在北京、上海、广州、深圳同时兴建,最大的旗舰店坐落在北京苏州桥,占地 12 000 平方米。公寓分为创业者社区和青年社区两个产品。3 家青年社区在广州目前已经运营两年,出租率 100%。

在车库的这些年,见识了各路神人,"千帆过尽"的苏菂在他们身上看到了太多的闪光点。

"追逐物质,只是在追逐一种想象中的生活,一旦拥有,会发现生活又变得平淡无奇。人真正追求的应该是精神,物质是捎带手来的。"苏菂说。

在他眼里,"乔布斯就是一个种追求精神的人,到了一定的精神境界,自然就会出现那样的产品"。

谈及创业环境的变化,苏菂说,自己毕业那会儿,老师和同学对个人创业基本持不支持态度,大家的疑问都是"能赚钱吗?"现在,提起创业,"连休学创业老师都能理解"。

谈起创业的价值,苏菂表示:"如果把创业看作跑步,跑过 50 公里,上班就相当于跑 5 公里。50 公里都下来了,上班自然会非常优秀,思考问题的维度会不一样,自我学习得会非常好。"

苏菂希望大家能更理性地欣赏这些创业的人,不以成败论英雄:"对原创的尊重,对知识产权的保护,对失败的容忍,这些层面还需要社会更好地导向。"

他说,国家不断在鼓励创业,创业的比例如果能增加 1%"就很了不得",十几亿人口的 1%,是非常庞大的一个数字。"当然,还有很多路要走,中国有活力,因为市场足够大。"

北方创客体验中心

成立于 2015 年 5 月 9 日的北方创客体验中心(天津),融合众家之所长,集后发优势,沿用"交叉设计融合理论"的思路,独创"三位一体的三角支撑"的创客空间理论,即"人、事、物"的交叉设计融合理念,做到"以物聚人、以人做事、以事成物"，人、事、物三个环节环环相扣，互为支撑，使北方创客体验中心成为真正的"创新创意创业"生态圈。

北方创客体验中心的后发优势体现在以下几方面。

理念创新。以物聚人指通过各类桌面化智能设备、实验室实践材料和原型化产品开模加工等设备工具集群，进行各类创客创新产品的展示展览和技术实现的分析，聚集创客和各类科技创新性人才，增加人气，为后续各类主题活动和市场化运营积累潜在用户会员，做到"人才储备"。以人做事指通过方方面面的人才聚集汇集，找出他们的兴趣点所在，自己组合分配，进行分享交流互动，并且通过创新型的"资源众筹"模式，共同做一些事情，达成"创意生成和项目落地"。以事成物指从各个科技创新个人和群体内，挖掘成功的项目实践后，通过"原型生成、项目路演、种子孵化、资源嫁接"等服务模式，达成"实验室产品市场化"的目的。

管理模式创新。创客空间，归根结底是为创客、创意者、创新者乃至创业者服务的，那么一个最基本的关键点就是：管理并运用创客空间的群体，也就是"创客"这个因素，"只有创客，才理解创客"。因此，北方创客体验中心实施创客管理创客空间，创客协助创客成员，创客挖掘培养新创客。创客空间内部实施"项目承包制"的扁平化管理模式，组织架构分为"管理、协调、事务"三个层次，每个层次都必须参与项目的执行；每个项目的开展，选定一个负责人，其他人员无职位高低之分，全力协助，通力合作。传统的孵化机构和其他地区的创客空间拘泥于一地，各类创客或者创业者的聚集和分享不能实时进行，会有"时间、空间"上的成本浪费。

运营人员创新。对于创客空间的运营，各种活动的召集和举办，北方创客体验中心（天津）发挥空间成员"群众"的能力，创客们既是创客空间的受益者和服务对象，也是创客空间中的兼职运营者。举例来说：服务中心管理团队，负责整体协调资源；公开技术授课主讲人，由创客担任并传授他自身的技术理念和技术知识。这样，让空间里面的每个创客都参与进来，提升参与感，达成"分享、交流、沟通、学习"的目的。

运营地点创新。北方创客体验中心（天津），以一个交通便利的办公地点为基础,开展"移动式的创客空间"模式,针对天津地区各个行政区和功能区的划分,结合各个区域的优劣势,秉承"走出去,走到创客群体中"的服务理念,进行"一点为主,多点开花"的形式,在天津空港、高新区、开发区等地方,举办各类活动(聚会、服务、产品展示、公开课程教授),最大能力和最大限度地服务创客群体,并带动各个区域周边最近距离的创客群体。

服务模式创新。创客不等同于创业者或者创业团队,创客群体属于"微小"创业者,他们有一定的创新技术、创意理念,但是其他相关方面有些单薄。北方创客体验中心(天津)建立"资源众筹"的模式,在对他们进行服务的时候,采用如下的服务模式,并逐步落实:商务服务——针对"创客个人会由微小创业者转向创业者"的情况,对创客们进行一系列的商务支持服务,例如进行相关的技术支持、专利申报支持、相关商业化文档"企划书、财务分析预测表、宣传文案"等方面的支持。定位分析——在辅助创客群体的时候,协助创客们进行定位分析,进行创新产品的"战略定位、商业定位、模式定位和市场定位",必须冷静地去支持创客群体,也是为了让创客们不要出现"伤仲永"的现象,努力提高创客们创新产品的成功概率。风险控制——在创意转换产品、创新产品推出的时候,提供风险控制服务,对创客们进行"资金风险、运营风险、市场风险、推广风险"等各类风险控制,提高成功概率。

创新的服务模式就是要结合市场需求与技术发展的特点,在创客空间内用"资源众筹、协同合作"的模式组建开发团队,完善创新实践性作品,进行市场化运作,做"创客与孵化器、风险投资、科技中介等专业机构"的科技服务中心。

创客教育创新。对于创客教育的主导思想是:给青少年营造一个真实的可以触摸的科技环境。改变传统的教育模式,让青少年可以在实际操作中进行理论学习,在学习过程中完成创新产品的制作,利用现在市场上的开源硬件和软件,让每个学生都可以制作出与众不同的创新产品创意作品。北方创客体验中心(天津)后续会针对社会人员、大学生、中小学分别开展科技教育项目。定期面向社会组织公开课,讲授创客常用的开发工具和智能研发平台的使用方法与开发技巧；在校园内组织以"创客竞赛项目"为导向的专业辅导与团队培训；对中小学生开展系统的科技创新实践教育。针对创客教育体系的建立，重点尝试在当地设立多校共享的创客教育学习中心作为试点，提供相应的创客教育教师培训，鼓励并扶持创客群体进行"创新性智能教学器材"的研发，设立良好的激励机制，举行创客技术大赛，参与和协办国际性创客比赛。

创客群体创新。创客人群的定位是达成"大众创业、万众创新"的基础，北方创客体验中心（天津）不局限于寻找和拓展扶持"电子类、机械类"的技术创客，也发展"老年创客、女性创客、娃娃创客"，让社会各个阶层可以做到"万众创新"。女性思维缜密，可能不善于进行电子设计，可传递"创新、创意"理念，比如一份别具匠心的手工 DIY 家居饰品，就可以迸发出创意创新的火花，呈现出与众不同，女性创客也是"万众创新"中的一员。少年儿童的想象世界是无穷大的，中心收集这些孩子的创意，公益性地去制作成型，也许市场上面已经有了类似产品，但从一个公益性组织的角度上，让孩子们看到自己的想法实现了，让他们开心的同时，又可以灌输技术知识。针对老年人群体，把他们作为创客群体的一员，经验和阅历促进他们进行创新型产品的"理论性技术与实用性产品的相互充实"，甚至可以起到中国古老传统技艺的保存和传承的作用！

"万众创新"不是一句口号，是要覆盖到整个群众阶层，真正实现"万众创新"！综上所述，创客空间的设立，不单单是简简单单地摆设几个机器，配备几个工作人员，召集一些创客，就可以开展工作那样简单的事情，是必须冷静地分析并认清自身和创客群体的优势和缺憾，规避各种技术风险和运营模式风险，考虑并结合自身的条件和所在区域特点，真正建设成"来源于创客、服务于创客"的"创客公共服务中心"。

一品创客：海峡两岸青年创业孵化器

一品威客创客空间，简称"一品创客"，创办于 2015 年 5 月，是一品威客网旗下创业孵化服务品牌，是新型业态下的创新创业孵化器，是国家级众创空间、国家级"海峡两岸青年创业基地"、福建省级众创空间、厦门市级众创空间、2016 年厦门市小微企业创业创新示范基地、2015 年度厦门十大众创空间。主要为广大创新创业者提供便利化、开放式、低成本的工作空间、网络空间、社交空间和资源共享空间，提供创新与创业相结合、线上与线下相结合、孵化与投资相结合的创业服务。

服务措施：一品创客实行免费提供办公空间、免费提供办公设备等"八大免费"服务，通过线上线下资源，帮助创业团队找资本、找市场、对接项目，孵化扶持成长。"八大免费"为：免费提供办公空间、免费提供办公设备、免费配置订单信息、免费专家培训辅导、免费大咖创业分享、免费协助注册公司、免费协助人才招聘、免费协助市场营销。

团队招募：主要招募海峡两岸青年创新创业团队；团队规模：一般为 2～5 人（最多不超过 10 人）；招募条件：移动互联网、TMT、物联网、O2O 项目、无人机行业应用、智能硬件、与一品威客网平台主营业务相关项目等。孵化期 6 个月。

在 2016 年，一品创客孵化的创业团队超 250 个，其中 4 个海归团队，4 个双百计划项目，服务超过 1 000 名的创业者；举办了超过 170 场的活动；有 10 多个创业团队获得了融资，融资规模超过 1 300 万元。

两大孵化基地：一品创客集美孵化基地，位于厦门市集美区软件园三期，主要为软件及信息服务方向早期孵化服务等。一品创客海沧孵化基地，位于厦门市海沧自贸区创业广场，主题为"海峡两岸无人机暨智能机器人孵化基地"，面积 8 000 平方米，旨在孵化无人机、机器人、智能硬件等新兴领域的创新创业项目。

发展目标：将围绕"探索全新获利模式，适机做好全国布局，品牌整体输出加盟扩张，投资入股空间明星团队"等目标，打造海峡两岸自身具有获利能力，商业模式清晰，涉足早期优秀项目投资的孵化器连锁运营第一品牌。

其中：一品创客·海峡两岸无人机暨智能机器人孵化基地，于 2016 年 1 月 21 日正式启动，4 月开始试运营，旨在孵化无人机、机器人、智能硬件等新兴领域的创新创业项目，专注于无人机、机器人等高端领域，是最前沿的科技创业平台。它位于厦门市海沧自贸园区创业广场，是厦门市级众创空间、海沧区区级众创空间、海沧区青少年校外创新实践基地。

海峡两岸无人机暨智能机器人孵化基地已邀请一批在无人机和机器人研发、工业设计、大数据、市场推广、互联网和移动互联网等方面具有丰富经验的企业家、高校教授担任。其中，吸引了台湾淡江大学翁庆昌教授加盟担任创业导师。他们将为两岸创客提供专业的培训辅导，对创客进行指导和帮助。

一品创客海沧孵化基地已与两岸多所知名高校达成了战略合作。包括台北科技大学、高雄第一科技大学、高雄应用科技大学、台湾淡江大学、南台科技大学、厦门大学信息科学与技术学院、集美大学信息工程学院等。通过产学研合作，为海峡两岸无人机、机器人产业发展提供支持。

一品创客海沧孵化基地积极拓展对外合作，已与多家公司达成合作关系。工业设计合作伙伴：厦门拙雅科技有限公司（被工信部认定为"国家级工业设计中心"）；供应链合作伙伴：深圳市芯智科技有限公司（国家高新技术企业）；投资机构/平台：深圳上市邦、厦门创富汇管理咨询有限公司；协会合作方：厦门市机器人与智能装备产业协会；服务内容提供方：满钰集团（公司注册）、快法务（法律服务）、优米网（创业课程）。

在服务两岸创新创业者的同时，海峡两岸无人机暨智能机器人孵化基地致力于整合上下游资源，打造从研发到应用的无人机和智能机器人全产业链条，利用科技创新，助推产业集群的培育和发展。目标是：利用 3～5 年时间在海沧区建设一个国家级的无人机、机器人及周边产业孵化基地。

来自台湾的施颖忠创办厦门蓝天网[①]

来自台湾的施颖忠从新闻媒体上得知大陆对众创空间有很大的扶持力度,尤其李克强总理说过"大众创业,万众创新",于是拎了个包就来到一品创客位于集美的基地。

施颖忠在这里创办了厦门蓝天网科技有限公司,经营众亲帮。施颖忠说,这是个众筹平台,以宗亲会为切入点,宗亲会在大陆的市场很大,他做的是个人救助的众筹,很多宗亲会在帮助老人家或贫困家庭,但都在线下完成,例如开会时发红包(救助金),他想把这个服务工作变成在线上做。

施颖忠承认,目前在营运上有瓶颈,例如要帮老人家把资料建档上网,如果是照片还要去打印店是很辛苦的,目前想做些微调,但也不会全放弃,会多找一些正能量文章充实公众号内容,增加粉丝量,互联网的价值在于有多少人关注你,有多少人知道这个网站平台,有转发经过授权文章,也会自己写,先把内容充实后,再开发功能。

施颖忠说,在厦门的食衣住行与台湾非常相似,是让他在这里工作还挺自在的一大原因。例如到菜市场买菜,"人家以为我是本地人,因为讲闽南话也会懂。"

谈到当初来这里时会不会有犹豫,施颖忠说,一品创客的扶持力度很吸引人,会提供种子资金,对一个全新的创业者来说,在初期是非常有力的支持,一般创业者开办公司时的所需费用,甚至是前五年要花的钱,等于由政府提供。

施颖忠说,如果一切都得自己来,"我真的还没有那种勇气",而一品创客这里很多配套都有了,像办公场地、住宿场所。他的团队有三人,只有他一人长期驻点在厦门,其余通过网络处理,例如文案、美工等

---

① 来源:台湾导报 https://taiwan-reports.com/archives/149322。

想法，都可以在网上沟通。

他说，这里有点像台湾学校的育成中心，但育成中心学术味较重，而这里是直接与市场接轨，要找资源、找朋友都方便，有时约几个朋友坐在咖啡厅里聊东西、头脑风暴，比在自己独立办公室好很多，这里就像小型的社会。

施颖忠说，进驻孵化器是融入一个城市相对低成本的方式，对没有来过大陆的人来说，进入孵化器会比较有安全感，如果自己租个写字楼，大家对你不会有热情的协助，还要自己打广告、找渠道、找合作方，是很麻烦的一件事，而在一品创客则相对容易得多。

施颖忠只坐一个位子，座位对面一整排就是一家公司。他说，来这里慢慢认识朋友，可能对方是做美工的，如果他在网站设计上有需要，就可以从里面找人。他对空间提供给他的东西非常满意，资料架、盆栽都是，唯一要求就是干净，在这里工作真的是很愉悦。

受访施颖忠的当天，有个也同样来自台湾的朋友林哲弘来找他，还带了一辆滑板车，方便在园区内代步。林哲弘来自台北，家里从事农业相关事业。他说，台湾的农业技术相当先进，但市场小，所以决定进军大陆发展，寻求市场对接，看看是否可创造出不一样的环境与市场。

林哲弘说，他家族事业的技术有土壤改良、种养殖、畜牧、环保，他要在大陆也组个简单的团队，先以一品创客为基地，慢慢壮大后，希望2018年可以开间公司，朝制度化发展，届时才会去找更大的空间。他先以福建厦门为基地的原因，就是厦门离台湾近且交通方便，未来会陆续走访以农业为主省份，像四川、云南等，寻找对接资源与合作机会。

受到一品创客的青睐,纳威体育被邀请直接进驻加速器[①]

　　曾在传统纸媒服务过的李云开,深切了解新媒体发展的趋势,加上自身爱好钓鱼,创办了纳威体育,专营体育自媒体及体育自电商,因参加创业创新大赛获得首奖,被一品创客邀请直接进驻六楼加速器。他说,未来如果发展更顺利,会选择搬离一品创客,把空间让给更需要的团队,"这就是对一品最实质的回报"。

　　纳威体育经营的是体育自媒体及自电商为一体的文化创意类网际网路创业项目,除了创始人李云开有丰富的媒体经验外,创业团队中还有微信公众号运营专家、成功网际网路创业家等组成。

　　2015年11月,纳威体育代表厦门赛区参加在成都举办的第四届全国创新创业大赛(文化创意行业),以《兴趣自媒体轻APP移动体育电商平台》创新的商业模式,击败全国其他31个省市选送的区域优秀团队,以超过90分的高分,荣登冠军宝座。这一成绩也因此受到一品创客的青睐,主动邀请纳威进驻,并且是直接进到六楼的加速器。

　　李云开说,他个人爱好运动,看到微信的发展,有多达9个亿的用户,新发展出微信互联网的生态,在此生态上用户粉丝的互动并产生交易,必能聚集精准的钱,这是他创办威纳的最初想法。

　　李云开说,厦门被定位为休闲为主的都市,且厦分海洋资源都极其丰富,台湾与厦门爱好海钓的人特别多,于是萌生把世界各地爱好钓鱼者聚集在此平台的想法。

　　李云开的公司本来在厦门岛内的软件园二期,但他本身住在集美,到二期上班路途很远且常堵车。他说,很多人都选择改到三期来,他也顺应潮流,过来参访,发现该地方离集美大学、厦门理工都很近。对于一个创客公司来讲,人才是很重要的。符合条件的好学生也比较多,有

---

　　① 来源:台湾导报 https://taiwan-reports.com/archives/149322。

非常多"90 后",交流的氛围也特别好,"像我是'80 后',在这里感觉变年轻了,创业的激情迸发!"

到了软件园三期后,李云开很喜欢这里的环境,像电脑设备、喝的水、厕所等,其他像财税代注册代记账的服务,公司都一应俱全,"只要你有个很好的想法,真的只要带着想法过来、拎个包过来就可以创业了!"

他说,虽然被安排在六楼,但当四楼会议厅有一些自办课程,或外部的培训等课程信息,一品创客也会通知他们。

李云开说,厦门市政府很重视软件园三期这块,而且引进很多来自台湾的团队。自己虽然没去过台湾,但常跟台湾来的朋友交流,"可以帮助我们拓展视野"。李云开是做钓鱼的,一直很想跟宝岛台湾那边接触,那里的渔业资源比厦门更发达,很希望有更多机会与台湾对接,好好就海洋垂钓文化进行交流。纳威体育以一年半的时间聚集了全世界超过一百万个钓鱼爱好者用户与粉丝,目前在大陆应该是最大的。

被问到最想让一品创客提供哪些更好的服务时,李云开不避讳地说"希望是人才"。他表示,当公司发展到了一定程度,就差临门一脚,那时会非常需要专业人才。人才如果到位了,"可能我们的项目就爆发了"。通常更大的公司会从北上广去找人才。如果一品创客能提供更多高端人才,相信一定可以帮助更多创业者尽快达到更高目标。

李云开说,如果有更好的机会,他会选择出去。"如果我一直占在那个房间,别的创业者就上不来。"他说,一品创客六楼加速器不到 10 间,如果发展更好,会选择其他方式回报,而不是一直占着,把位置空间交出来,就是最好的回报方式,给更需要的人。

李云开说,大陆互联网开放包容的精神特别好,他会选择这个行业的一大原因是"共享"的精神。一品创客空间中的创客有共同兴趣与爱好,互相分享、帮助,虽创业方向不一样,但共同想服务好一群人,做好一件事情的初心都是一致的。

来自台湾的张安昇研发数学小车前景好[①]

　　来自台湾新北市的张安昇,从美国纽约大学毕业后,原本也想在台湾发展事业,无奈找不到适当的机会。他后来到了大陆,在厦门海沧自贸区一品创客的海峡两岸无人机暨机器人孵化基地,创办厦门石湾科技有限公司。他的研发团队研发出针对小学生所设计的实体编程数学小车,前景看好,引起两岸教育界的重视。

　　什么是实体编程数学小车? 在与客户打交道的过程中,这是张安昇被问得最多的一个问题。张安昇表示,这款产品类似于教具,是针对小学生设计的,通过游戏的方式让孩子们接触复杂的编程概念,寓教于乐地学习编程基本知识。实体编程数学小车就是借用一辆模型车,小车上有拼板、积木、指令行、函数行等,操作者把代表不同数学含义的积木放入控制板,就可以给小车下指令行驶。不同的指令,需要运用不同的数学知识,画出的图形也不同。实体编程数学小车包括小车、积木和控制板三部分,它结合了算数、代数、几何和统计等数学知识,通过用小车画出轨迹,帮助小朋友练习简单的几何图形。

　　张安昇有数学天赋,毕业于台湾大学数学系,后来前往纽约大学攻读应用数学博士学位。2015 年 4 月他初次到厦门创业,开始做短视频游戏,但由于前期市场调查不足、成本投入太多,加上遇到六七月互联网泡沫化,结果投资失败;后来又与厦门大学的朋友一起从事 3D 打印,结果也失败了。

　　虽然有两次创业的失败经历,但并没有击垮张安昇的创业信心,反而让他得到更多的经验。2015 年 8 月,他再回到厦门,他发现这里的孩子们,对无人机、智能产品充满兴趣,学电脑编程的欲望强烈,这让他看到了儿童编程教育的前景。因此他以熟悉的数学知识结合编程经验,

---

　　① 来源:台湾导报 https://taiwan-reports.com/archives/145817。

与厦门大学的 5 位老师加上一群工读学生,利用课余晚上时间所组成的研发团队,专门研究针对小学生所设计的实体编程数学小车。直到 2016 年 3 月,第一代"编程数学小车"初具雏形,样机出来后,他才在海沧一品创客海峡两岸无人机暨机器人孵化基地正式成立厦门石湾科技有限公司,实体编程数学小车专案开始启动了。

目前,"编程数学小车"仍处于性能优化阶段,已经开始尝试与学校展开合作;2016 年 9 月将"编程数学小车"带进了厦门一所小学的课堂,获得校方好评,认为可以激发学生们对数学的兴趣。

2016 年 5 月,央视大型创业服务节目《创业英雄汇》在厦门站海选,张安昇的实体编程数学小车从 600 多个项目中脱颖而出,7 月登上央视。在决赛现场,张安昇介绍了实体编程数学小车的功能,并与投资人、助战团积极互动。在投资谈判环节,实体数学小车受到多家投资机构青睐,许多投资人许下优厚条件,希望与他签下项目。

如今,实体编程数学小车成了一品创客海峡两岸无人机暨智慧型机器人孵化基地的亮点,几乎每天都有客商或学校前来参观或洽谈,他的实体编程数学小车已经做出了 6 台样板机,很快模型机就出炉了,接下来就是开模生产,正式接受订单,张安昇的"编程教育梦"将要实现了。

目前,一品威客正在打造一个城市云端双创服务平台。

一品威客城市云端双创服务平台,简称"一品城市云创服务平台",是指一品威客与全国各地城市政府深度战略合作的项目,目的是打造一个带动传统企业转型升级和新兴产业发展的、基于云端的众包平台与众创空间结合的"城市双创服务平台"。

一、平台构成

1.实体经济＋互联网众包平台(线上众包平台)

依托一品威客网超过 1 000 万威客人才(创意设计公司、工作室、自由工作者)和 300 万家企业雇主,整合各方优势资源,一方面以"实体经济＋互联网众包平台"的模式,为当地特色、优势产业转型升级注入活力,引进北京、上海、广州、深圳等一线、二线城市的优秀创意、设计资源,服务当地传统产业,为当地"双创"、电商产业发展、传统产业转型升级提供支撑性服务。

2.实体经济＋创客空间(线下众创空间)

成套输出一品威客主题式孵化器连锁运营体系和经验,以"实体经济＋创客空间"模式在当地与地方政府联办"一品创客主题式创客空间",批量化孵化直接服务于当地产业的新兴、科技型公司。

二、合作模式

1.地方政府通过发放"创新券""科创红包"等(具体金额根据实际合作确定)形式,扶持本地的中小微企业,通过线上搭建的云端城市众包平台,一站式解决中小微企业的需求和问题。比如知识产权服务、品牌建设、传播推广、官网建设等。政府发放的资金主要用于扶持企业发展,帮助企业转型升级。

2.合作建设主题式的众创空间。结合当地实体经济,建设主题式的创客空间,线下孵化、扶持创新创业团队发展,培育一批在当地具有影响力的科技型公司。

三、主要目的

1.提升在地企业创新活动。2015 年 9 月 16 日,国务院常务会议认为,推动大众创业、万众创新,需要打造支撑平台。要利用"互联网＋",积极发展众创、众包、众扶、众筹等新模式,促进生产与需求对接、传统产业与新兴产业融合,有效汇聚资源推进分享经济成长,助推"中国制造 2025",形成创新驱动发展新格局。其中,以众包促变革,即把深化国有企业改革和推动"双创"相结合,鼓励用众包等模式促进生产方式变革,聚合员工智慧和社会创意,开展设计研发、生产制造和运营维护,形成新产品新技术开发的不竭动力。

通过城市双创服务平台的线上众包平台,积极运用互联网众包模式,集合威客的创意智慧,为当地企业转型升级提供智力支撑,从而提升企业的创新活力。

2.孵化落户本地的科技企业。2016年2月,国务院办公厅印发《关于加快众创空间发展服务实体经济转型升级的指导意见》,提出促进众创空间专业化发展,为实施创新驱动发展战略、推进大众创业万众创新提供低成本、全方位、专业化服务,更大释放全社会创新创业活力,促进科技成果加快向现实生产力转化,增强实体经济发展新动能。

城市双创服务平台的线下众创空间,通过提供办公场地、行政服务、培训辅导、创投对接等措施,为当地的创新创业团队提供优质的创业服务,孵化、扶持、发展、培育一批科技型企业,为当地实体经济发展提供更多的支持和贡献。

四、发展规划

作为福建省首家提供创意服务的众包平台,一品威客网在福州、厦门、漳州、泉州、三明、莆田、南平、龙岩、宁德等城市寻求合作,联合当地政府打造城市云端双创服务平台。

五、四大优势

一品威客网四大优势助力各地创业者腾飞:

1.一个城市众包服务平台。城市云端服务平台主要包含众包、众创、众扶、众帮等功能。

2.一个城市O2O众创空间。实现线上线下服务打通(主题式孵化器,订单式孵化、进阶式孵化、线上线下结合孵化,全国首创);实现威客帮助创客,创客反哺威客。

3.一站式服务生态系统。一套依托于一品威客网5年累积,针对中小微企业品牌建设与推广的全生命周期服务体系,包括创意设计、营销推广、知识产权服务、法律服务、培训服务等,全方位对接一品威客网独有服务生态系统。

4.一支政府引导的创投基金。设立一个由地方政府引投，一品威客、赛富基金、七匹狼基金、上市公司华闻传媒等组建的创投基金。

作为催化剂的众创空间

众创空间最早可以追溯到 20 世纪 80 年代的黑客空间，经过多年的经验积累和集体智慧，黑客空间有了多元化的演化，各种以空间命名的创客活动场所，均称为××空间，现在我们将这一类场所统称为"众创空间"。谁是众创空间活动的主体？毫无疑问是创客。创客们通过创意、分享与创造，将想法变为现实。随着信息技术、开源软硬件运动与新型生产工具的发展，创客活动向科技领域蔓延，他们可以利用互联网、3D 打印机和各种桌面加工设备，将各种美好的或许也有些稀奇古怪的创意变为实际产品。

国外的众创空间已经成长了十多年，现在已经到达一个比较成熟的历史阶段，开始对科技创新产生了深远的影响。2012 年，克里斯·安德森的著作《创客：新工业革命》在中国出版发行，创客的概念被引入中国，中国各大城市开始出现类似的创客空间。国内第一个众创空间是 2010 年诞生于上海的新车间，近些年来，在北京、上海、深圳、合肥、武汉、南京、成都等地纷纷出现了各式各样的新型组织，如车库咖啡、创新工厂、3W 咖啡、IC 咖啡、梦工场、柴火创客空间、洋葱胶囊等。2015 年 3 月 5 日，在"两会"的政府工作报告中，李克强总理再次反复提到"大众创业、万众创新"，并且将其提升到中国经济转型和保增长的"双引擎"之一的高度，显示出政府对创业创新的重视，以及发展众创空间对中国创新创业的重要意义。近几年来，全国各地纷纷成立各种类型的"众创空间"，有些原来的孵化器也更名为众创空间，众创空间如雨后春笋般涌现。

众创空间是基于创客和创客空间的国内提法，中国国家领导人首先讲话用些词，进而国家相关政策文件使用了这一词汇。李克强总理指出，构建面向人人的"众创空间"等创新创业服务平台,对于激发群众创造活力、扩大就业等具有重要意义。从而众创空间变得热闹起来。

机械工业出版社 2016 年出版的《众创空间》一书对众创和众创空间是这样定义的:

"众创(crowd innovating)是人们在自由组织和参与的虚拟社区或实体空间里共同工作(co-working),通过线上线下交流互动,共同创意、研发、制作产品或提供服务、筹资和孵化的自组织创新创业活动。由此形成的大众创新空间,我们称之为'众创空间'(crowd innovating space,CIS)。"

国务院办公厅《关于发展众创空间推进大众创新创业的指导意见》中提出众创空间"四化"(即市场化、专业化、集成化、网络化)、"三结合"(即创新与创业结合、线上与线下结合、孵化与投资结合)、"四空间"(即工作空间、网络空间、社交空间、资源共享空间)等特征,这是非理论性的描述。

而《众创空间》一书的研究认为:众创空间具有如下四个显著特征:

特点一,线上线下两相宜。在 Web2.0 时代,网络的广泛应用使每个人都能够直接参与互联网知识、信息和创意传播。线上众创空间,普通大众简单注册就可以生产和传递知识、信息与创意,并作为主体推动大众协作创新的发展。实体众创空间与线上众创空间相比,不仅能无偿开放知识信息等软件,而且也能免费开放各种 DIY 所需设备。线上空间没有明确的界限,有意愿就可以加入,没兴趣就可以退出;而线下众创空间也是根据需要和兴趣,开放自由加盟,喝一杯咖啡就可以在空间里待上一整天,与志趣相投者一起交流创意和信息,可以自由进出,实体空间有边界,但是参与实体空间活动的人没有限制或边界。创客、投资人、兴趣爱好者均可以随意进入退出。另外,线上线下众创空间的边界逐渐变得模糊,在线的众创空间伴生出来实体众创空间,线下众创空间也建立了线上交流平台。O2O 的模式越来越成为众创空间的共同形式,众创空间呈现线上边界模糊、线下边界模糊和线上线下之间边界模糊性,是一个自由开放的空间。

特点二,自愿参与、趣味相投、群策群力。众创空间是一个基本没有什么门槛条件的大众型组织,谁有兴趣就可以自愿参加,也可以说是一个有创新创业愿望的兴趣俱乐部,是一帮趣味相投、为了创新创业的理想而走到一起的人们,共同创意、共同研发、协同制作和合作创业的自组织孵化器。这些被称为"创客"的人们,通过头脑风暴产生创意,或者带着创意进来与大家分享,激发共同的创新愿望和创业热情,可谓是群策群力。大众性表现为各种职业、各种爱好、各种专业的人走到一起,平等对话,没有权威,没有领导,没有组织架构,自由组合,自然群分;或者为了一个共同的创新创意,聚集不同专业领域的人,共同解决创新中遇到的难题,表现出明显的大众性,体现出创新的民主化。

特点三,自组织。自组织是哈肯(H.Haken)1976 年提出的,意思是不需要外界干预自发形成的组织。实际上,众创空间就是在没有外界(政府或机构)的干涉,由首个发起人呼吁并由众多感兴趣的人参与发起而形成的特定组织,众创空间的结构或功能并非外界(政府或机构)强加的,而是一个自然形成过程,只不过是现在政府高度重视,出台政策干预甚至直接参与设置众创空间。随着社会化媒体(以 SNS、微博、微信为代表)的迅速扩散和使用,创新创业活动也找到了新的结合点和发展空间,而众创空间就是构建了一个让有创新创业意愿的人能够参与、创造和分享内容的民间组织平台,在大众创业、万众创新中起着重要的作用。一定数量的、自组织的众创空间,围绕特定的创新主题,在完全自由奔放的创意引导下,通过共同协作研发、制作和实施创业活动,能够催生出新的颠覆性技术。俗语讲"高手在民间",书面化的语言是"群众的力量是无穷的",众创空间就是这样一个集聚民间高手和大众力量的地方,它将对经济社会创新驱动发展产生重要作用。

特点四,参与者互动交流和协作创新。众创空间给大众创新提供了良好的开放式的协作空间,在提供了创业所需的物质基础的同时,促进了个体之间的交流与协作,具有明显的互动性,这使得众多的创客都能得到一个开放的、无界的、资源信息不同的空间。众创空间各创客通过与其他创客建立的关系网来积极互动、协同工作,在互动中获得灵感,在互动中研发新技术,在互动中开发新产品,在互动中探寻新商业模式,在互动中获得投资支持,在互动中激发创业欲望,在互动中实施创业项目,从而产生社会网络效应。

线上的信息互动、创意互动、设计或开发理念互动,线下的研发协作、制作的多元分工配合,众创空间里创客集聚,相互欣赏、相互支持、相互碰撞、知识互补、技能互补、资源互补,从而为创新创业者带来了趣味感、满足感和自我价值实现感。

面对面交流的好处是让参与者可以学到很多隐性知识。

WeWork 创立于 2010 年,最早产生于美国,专注做联合办公租赁。WeWork 选择交通方便和位置繁华的地段,以低于市场平均水平的价格将写字楼承租下来,进行专业的装修设计,让空间变得个性和时尚,之后以略高于附近一般办公空间的价格租给 1~300 人的企业或个人,在租金差价中获利。

WeWork 采用会员制的方式,为会员提供办公空间、会议室、线上平台资源、优惠福利、社区活动。基本的入会门槛是 45 美元一个月的会费,当成为 WeWork 的会员,就有了 WeWork 的平台账号,可以使用线上平台,进入 WeWork 的创业者社区,享受 WeWork 引入的各种各样的商业服务、商家福利。

WeWork 的线上平台已有 4.3 万多高质量创业型用户,其中将近 70% 是活跃用户。如果单纯的是工位租赁,保持高速的扩张,WeWork 可以积攒起大量的客户,但能维持这么高的活跃度,依靠的则是线上平台的社区和服务。这才是 WeWork 的核心价值所在。

在 WeWork 的线上平台,可以获得的商业服务有 22 大类,包括财务、广告、品牌策略、商务运营、管理咨询、设计、保险、投资、法律服务、室内设计、市场营销、移动开发、编程、拍照和摄像、公共关系、房地产、招聘、社会化营销、写作等。每一大类中根据行业属性,又分为若干小类。

比如"设计"这一大类中又细分为动画设计、交互设计、展示设计、用户界面设计、概念设计、logo 设计、市场宣传物品设计和印刷、产品设计、移动应用程序设计、网站设计等;在"编程"这一大类中又细分为云计算、数据库、前端开发、系统集成等。每一个服务类别中都有若干家服务供应商,点击进入后,会有供应商的服务介绍及联系方式。

而这全面周到的服务全部由 WeWork 线上平台的会员提供,也就是说成为 WeWork 的会员,便可快速便捷地找到和使用各种各样的服务,无论是对大公司、创业企业还是个人,都将极大提升效率。

同时,每一个公司或项目进入 WeWork 的体系内,便意味着你可以在4.3 万会员中迅速发现和找到目标客户,可以让潜在客户看到、知道你。同时,意味着你可以快速找到上下游的合作伙伴。

同在 WeWork 平台上的企业,无论是基于在线下一起办公中的交流,还是线上各种信息的展示与交互,会让彼此更加了解和信任,也更容易在业务上达成交易与合作。

WeWork 把一些特殊的福利和优惠带给会员,比如通过 TriNet、WeWork 帮助会员每月节约 200 美元的健康保险费;WeWork 会员使用亚马逊 AWS 云服务提供的网络主机第一年可免除 5 000 美元费用;使用 Office365 的软件可以享受 25% 的折扣。

此外,还有一些福利和优惠如商业服务、医疗保险、娱乐、购物、旅行、吃喝等等。对于商家而言,WeWork 平台上的会员是高价值的稳定客户群,因此乐意将最大的优惠让利给 WeWork。

WeWork 的盈利方式主要来自两方面,一是办公空间租赁的租金费用;二是为会员提供服务的收费,包括财务、推广、品牌、数据、设计、法务、投资、软件开发、设计、公共关系、IT、保险。比如 WeWork 直接提供的 IT 支持收取 $125/小时的费用、私用路由器收取 $195/月的费用。

通过提供空间把创业者聚在一起办公,继而从线下到线上,建立起一个创业者社区,这才是 WeWork 的核心竞争力。办公空间在不同国家和地区不断扩展,线上平台创业者数量越来越多,构建出规模更大、更加丰富和活跃的社区,这是 WeWork 在同业中最大的竞争壁垒。

国内做创业空间的大致分为这么几类:

一是房地产商转型做创业空间

以优客工场、SOHO3Q、洪泰创新空间为代表。优客工场的毛大庆曾是万科地产副总裁;SOHO3Q 是 SOHO 中国旗下的联合办公空间品牌;洪泰创新空间联合创始人中王胜江曾是 SOHO 中国副总裁,也是地产出身。他们的优势在于熟悉地产的运作,从拿地到装修设计、品牌包装、招租等,有丰富的资源可以调用,同时有丰富的经验,可以快速规模化扩张。其中,不得不提的是毛大庆,其个人品牌和人脉价值高,且具有超强的资本运作能力,短短半年时间,优客工场已完成两轮融资,2017 年将拓展 35 家店面。

二是将创业空间作为业务的补充板块

以媒体、投资类公司和大公司为代表。科技媒体 36 氪的氪空间,将空间作为其媒体、股权投资板块的补充,对创业公司有严格的筛选标准,企业可免费使用空间,优先获得科技媒体 36 氪关注和报道,而最终目的是对优秀的项目进行股权投资,从而获得收益。

创业邦做了 Demo Space。以创新工场、天使汇、苏河汇等为代表的以投资为主要业务的公司,将创业空间作为业务补充,吸引更多和更好的项目来,同时办公空间也是给予所投项目的支持之一。一些大公司中,腾讯在北京的回龙观做了 5000 平方米的众创空间,联想做了联想之星孵化器。

三是专注做联合办公空间,以创业服务等做补充的

以科技寺、无界空间、酷窝等为代表。科技寺是最早做联合办公的空间之一,以考究的装修设计闻名,目前店面不多,但每一家都堪称精品,据说聘请的全是国外的设计师。

除了环境风格国际化以外,科技寺聚集了很多国外的创业者,社区活动等也主打国际化,像 Slush 等很多国外机构的创投活动都会联手科技寺一起举办,成为沟通国内外创投圈的桥梁。除了空间外,他们还会给创业者提供法务、财务、招聘、营销等服务,也成立了基金,会对项目进行股权投资。

还有一些是科技园区、高校等设立的孵化器或创客空间,以非商业化的状态运营。

对于国内创业空间而言,成功与否的关键在以下方面[①]:

---

① 商业人物.抄袭不了也抄不对,中国压根没弄明白 WeWork 的核心竞争力.钛媒体,http://business.sohu.com/20160426/n446165139.shtml.

一是成本控制能力。是否有资源和能力拿到较低价格的地产；在设计、装修和日常运营中如何做好规划，实现最高的性价比，控制好成本。

二是运营能力。是否能为创业者提供完善和优质的服务考验的是创客空间的运营能力。除了满足创业者的办公需求外，如何让创业者快速成长，帮助创业者解决招聘、法务、财务、营销等问题，也是创业空间运营能力体现。

三是创客空间的体量、规模，能否快速形成创业者社区。线下的联合办公空间不断扩张，才能聚集越来越多的创业者到线上平台，从而让社区不断丰富。高质量的企业和会员在社区内，会带动社区内外服务、交易和合作的质量，从而形成优质社区。

◎ 第三章

中国创客在行动

案例 1　在巴黎和南美女孩相恋的铁哥 创办了千万身家的企业

　　许铁，江湖上人称"铁哥"，巴黎高师硕士，以色列理工学院脑科学博士，估值过千万的巡洋舰科技有限公司创始人。作为对理论前沿思考的结晶，他和小伙伴合著的《以复杂对抗复杂——机器学习 vs 复杂系统》一书即将出炉。目前，铁哥正率领他的团队开拓机器学习的定制化企业服务这一无人区。而铁哥，还只是一个"80 后"。

铁哥何以是铁哥

　　从塞纳河到北京城，从香江又横跨印度洋去了大西洋之畔的以色列海法，每次感觉他会在哪边稍事安顿，他就又行走于一片新的天地里。这回，他离以色列理工学院的博士学位咫尺之遥，好像一切都快尘埃落定时，他不仅孤身一人在北京创立了一个将前沿科学转化为商用的新科技企业，而且，转眼就和风头正盛的"来买地"达成了战略合作。年过完没多久，他又行走于野豹出没的京郊，进行实地的土地估值。铁哥说："要做农地估值，就要有用双脚丈量土地的精神。"铁哥的目标是要将自己的业务覆盖全国中小企业，为它们提供低成本而又有效的服务，这正是转型时期的中国产业所急需的。他信心满满地补充道，除了手头的这个，还有五六个项目正在紧锣密鼓地洽谈中。

在海外培养出了全球视野和前瞻性的眼光，而后又撸起袖子投身到开拓意识高涨的中国，这样的"80后"为数不少，铁哥也是其中之一，典型而又不典型。一路过关斩将，从武汉大学到巴黎高师，从香港浸会大学到以色列理工学院，铁哥的人生轨迹由一个又一个名校连缀而成。但铁哥之所以是铁哥，并不只是因为他总能在同龄人里拔得头筹，而是因为他总是想别人不敢想的，做别人不敢做的。一年前，铁哥孤身一人来到北京，靠着别人给他的一张办公桌，就铺展出了今天的事业。这或许是来自他的企业家父亲的遗传。当然，在他这个年纪，要谈什么人生经验稍嫌太早。不过，没有人会怀疑，他是一个说不定哪一天就会创造出奇迹的人。他首先是一个爱聊天的人。在时间被换算成金钱的时代，不带有强目的性的交流好像多少成了虚掷光阴。但是，我们大概忘了，世界一流大学里再严肃的地方，自动咖啡机总是少不了的。巴黎最多的，就是花上两欧元就能坐上半天的咖啡馆。与众不同的创意还是开拓性的点子，往往都是伴着咖啡的香气横空出世的。闲聊就是一种碰撞，交流就是一种碰撞。我们都在计划自己的人生，结果总是发现，人生其实是在碰撞里产生的，人生的方向被自己和他人间的"碰撞"所改变、所塑造。这点在铁哥身上体现得特别明显。

巴黎—香港—海法—北京

铁哥回忆起往事的时候，说巴黎塑造了他。在巴黎，人总是成长得特别快。因为这是一个人与人之间的碰撞之地，来自五湖四海的人们相聚于此，某次"搭讪"，某次和陌生人无意的闲聊，甚至某次目光偶然的接触，往往孕育着人生的重大机缘。铁哥就是这样结识了从马尔克斯的故乡哥伦比亚来的女孩，接下来就是经历过爱情的人都熟知的故事，"都是套路"，但又美好得如同梦幻。他至今还能回想起，在保险公司大厅里排队办手续的那个遥远的下午。他随便问了她点事情，结果就聊上了。正当她买完保险准备离去，铁哥连忙跟她说："再聊会儿吧！"

铁哥在香港的时候，结识了各路英雄，不断地组织学生活动，在思想的碰撞里，在学科的互相启发里，萌发了把人的思想汇集起来，通过组织化的集体将它的能量进一步扩大的想法。而具体的落实,则是在不久之后,在以色列理工学院攻读博士学位的时候。铁哥回忆起,当初那班把他送到以色列的飞机上,坐满了头上戴着小帽的犹太人,尽管互相之间都不认识,然而大家都聊得热火朝天,机舱简直成了茶室,铁哥竖耳细听后不禁莞尔:分明很多人在互相攀亲戚。"这个世界最酷角落,吃的不一定最好,建筑称不上气派,然而这却是一个你可以在街上抓个人就可以讨论人生本质、人类未来的地方。在这里,上下级之间毫无忌讳,价值观相同者一秒变成朋友。素不相识的人在几步之内,话题的深度和梯度就能上升到令人汗颜的地步。而且,四处弥散着一种黑幽默。被一群世界上最聪明的人进行智力围剿也不总是轻松的。也难怪,美国科技巨头的研发中心都要设在特拉维夫。"这是他最近一次回以色列,对这个国家的观感,她好像一个孕育思想的聊天之国。也难怪,犹太裔哲学家以赛亚·伯林所有的哲学创见都是从聊天里诞生的。

铁哥的公众号,就是他创建的孕育想法的集结号。靠着这个平台,以大数据和人工智能这些前沿科学为主题,他在国内组织起了数次专题沙龙和专题培训,甚至吸引了链家的管理层来上课。思维的火花,也意外地点燃了一段铁哥愿意执手终老的情缘。既得佳人,后面更有他一生中最具戏剧性的时刻。一个天使投资人对他在公众号上发布的文章产生了浓厚的兴趣,他们相约喝茶聊天。就在他们相谈甚欢之际,将巡洋舰驶向更宽广的世界的想法就这样诞生了。铁哥说,当投资人问他需要多少钱的时候,他脑子里对钱一点概念都没有,慌慌张张地就报了个价:一百万。他笑道,不知道为什么,当时脑子里第一反应就是一百万。接下来的,就是访谈开头的故事。我在和铁哥的访谈行将结束之际感慨道,好像你的人生都是在"闲聊"里诞生的。

生命就是不断地交流和碰撞,主动把握了新方向的人就是自己人生的开拓者,否则就只能随波逐流。

铁哥说:"如果你喜欢过安稳的小日子,那西方国家是不错的选择。从大的趋势来看,想要做大一点的事情,国内机会多空间大,而且国内知识的碰撞更激烈,大家都渴望创意和想法,巡洋舰公众号在半年多一点的时间里就吸粉过万,我们的铁杆粉丝不止我这样的年轻人,不少中老年人也慕名前来,而且大家的学科、知识背景差异都很大。我就是看准了这点才做了决断。

"有了前瞻性的想法后就要趁早去落实,有时候不要想太多,关键是要去做。而且,设想是否真的好,最终是要靠实践来检验的。巡洋舰有专门的手机应用,在试行了三四个月后,我陡然发现生意和学术之间有着明显的区别,而后进行了相应的调整,市场敏感度就是这么被磨炼出来的。

"大数据的挖掘、人工智能在现在和可见的将来,都是充满了活力的领域,这是一个跨学科的,需要调动不同专业知识的复合体。但是到目前为止,这方面的商用的提供者还都是谷歌那样的国际巨头,实际上,就像我前面跟你讲的,中国的产业正处于升级换代的时期,中小企业普遍都需要质优价廉的服务,但这方面几乎还是个空白。这是大的方面。就巡洋舰科技来说,我们提供的是以机器学习为方法的预测分析,以及它在具体的领域的应用方式,这也是我们和传统大数据公司的区别。我们的口号就是——'用机器学习帮助企业在数据的海洋里大海捞针'。举个简单的例子,我的工作就是从一堆机械的数据里,推出需要验证的假设,再通过机器学习,从中提炼出靠谱的模型,由此,我就能验证既成的东西,还能得出分析工具,预测未来或者隐藏的东西,这样一来,这项工作就有广阔的商用空间。巡洋舰公众号近期发布了一篇《数据分析案例——以上海二手房为例》,就是手把手地教你如何'玩转'大数据,从中挖掘出自己需要的信息。欢迎关注混沌巡洋舰(chaoscruiser)。"

案例 2　洪申平的飞旋科技的磁悬浮大功率高速电机

对于洪申平来说,2014 年是转折性的一年,这一年里,飞旋科技的磁悬浮大功率高速电机成功下线,并且开始了规模化生产,打破国外产品在中国市场的垄断,也标志着我国磁悬浮轴承产业化取得了实质性的突破。八年的艰辛付出,零回报的不断投入终于见到了曙光,洪申平肩头的重担稍微缓了缓。

回首过去,我们不难发现,跟大多数的创业故事一样,洪申平和飞旋的成功靠的是激情、毅力和团队。作为清华大学工程力学系的高才生,毕业多年来,洪申平一直怀揣着机械工程师的梦想,于是在2006年,在房地产和股票异常火爆的时候,洪申平毅然决定将全部的激情投入到磁悬浮技术应用的领域,去实现他的梦想。就这样在一间不足100平方米的小屋子里,他和两名大学的哥们儿开始了梦想之旅——中国磁悬浮轴承的产业化之路。旅途是坎坷的,道路是曲折的,由于国外的技术封锁,他们没有任何的信息参考,一切试验设备和仪器都因陋就简,只能在无数次的试验、无数次的失败中一点一点总结经验,摸索前进。研发重重的困难并没有能够磨去这位清华学子的激情,反而让他更加坚持自己的梦想,而正是这个梦想引领着他带领团队跨越一个又一个障碍。特别是有时候遇到问题,又不知道问题在哪儿,洪申平说道:"比如轴承在高速旋转时突然掉下来,可是我们不知道为什么,没有任何途径可以得到答案,完全一筹莫展。"就在这些令他和他的团队感到苦恼的时刻,唯一能让他们坚持下去的就是梦想。

随着研发的推进,三人的小团队不断扩展,但是都是清一色的清华学子,都和洪申平一样,对磁悬浮技术应用的广阔前景充满信心。"我很感谢我的科研团队,磁悬浮轴承属机电一体化产品,是控制理论、电子电力、电磁学、转子动力学及计算机科学等学科交叉的结晶。能取得产业化的成功,与一个创新、团结的团队密不可分。从最初的'老年三人组',到后来'80后'为主的第二代研发组,每个人都不求回报,守着一点微薄的薪水,孜孜不倦地埋头试验。遇到瓶颈时,我必须是他们的主心骨,我会帮助分担压力,鼓励他们往前走。自己扛不下去时,就去打一场篮球,用体力透支来缓解压力。"洪申平说。大家都坚定地相信一定能自主研发成功,一定能为我们国家的高端装备制造业做出贡献。

除了运动来缓解压力,渐渐地,洪申平和他的团队也学会了苦中作乐。

他自我调侃式地讲了一个"扶不起的阿斗"的故事：有一次叶轮转着转着就掉下去了，怎么查找都没有发现原因，洪申平和研发人员开玩笑说如果在两周内还是不能让叶轮浮起来，那么就是"扶不起的阿斗"。结果两周过去了，叶轮终究是没有浮起来，但是研发人员并没有放弃，夜以继日地仔细研究，终于发现原来是结构上的一个小小失误导致的，"阿斗"的笑话却留了下来。

经历了无数的苦难，顶着巨大的压力，在两年后的 2008 年，他们开发成功可以用于磁悬浮分子泵的磁悬浮轴承。在当年的媒体报道中这样写道："中国首个拥有自主知识产权、转子转速达 23000～27000 转/分的磁轴承问世！浙江飞旋科技有限公司研发成功，一举打破了国外的技术垄断，使我国成为继法国、美国、加拿大、德国等少数发达国家之后拥有自主知识产权的磁轴承制造技术的国家。"

但光有轴承，没有整机，再先进的轴承也体现不出它的价值。不同于机械轴承，磁悬浮轴承需要和转子整机进行耦合设计才完整，才能体现出轴承和整机的优势。就这样，他们又开始了磁悬浮分子泵的研制。又是一个两年，他们终于开发出了国内第一台磁悬浮分子泵，填补了我国在这一领域的空白，打破了中国不能生产磁悬浮轴承支承的机械设备的局面，为磁悬浮轴承产业化实现了历史性突破！

2012 年，洪申平成立天津飞旋科技研发有限公司，飞旋科技在天津滨海新区安家，驶入快速发展阶段。其间，在国家能源局、工信部、天津市政府及滨海新区相关部门领导的多方支持下，厂房条件和仪器设备得到改善、研发队伍不断壮大，更令人瞩目的是他们技术的突破、自主知识产权的建立和应用产业的相继投产。

飞旋科技自主研发的磁悬浮分子泵在相关技术指标上达到了和国际先进水平并驾齐驱。他们的分子泵振动量仅为 0.01 微米。"有国外专家来考察，摸过分子泵后都开玩笑说分子泵没转，其实当时的转速是 3 万转每分钟。"洪申平自豪地说。他们的磁悬浮真空分子泵已成功应用于科学实验、太阳能镀膜生产线、低辐射玻璃生产线等领域。

2014 年 7 月，飞旋科技生产的磁悬浮大功率高速电机成功下线。"我们磁悬浮高速电机的转速是 2.4 万转/分钟,至少是普通轴承装备电机转速的 4 倍。而且,原来一台 180 千瓦的鼓风机有 5 吨重,我们这台同样千瓦数的磁悬浮大功率高速鼓风机,重量只有 400 公斤。"公司研发人员介绍说,磁悬浮电机可以用于压缩机、鼓风机等多个领域。比如采用磁悬浮电机的制冷空调压缩机,不仅可以大幅度节约电力,还可以大幅度降低噪音;磁悬浮鼓风机采用磁悬浮轴承有免维护、可靠运行、高效等特点,在将来城乡污水处理方面会起到越来越重要的作用。

同年 9 月 11 日,李克强总理到访天津飞旋科技有限公司,洪申平说:"总理在公司待了大约 20 分钟,详细询问了磁悬浮轴承技术研发发面的问题,看得出来,他是一个懂行的人。总理的重视和肯定,给我们极大的鼓舞。他说 8 年的付出,值得!"

短暂的休整后是意气风发地继续上路。"因为技术上还不完善,我们一直将自己'藏在深闺中'。今年,产品开始规模化生产,我知道,时候到了。"洪申平信心满满地说,"飞旋科技到了走向前台的时刻,在装备制造业高端技术领域,中国也该扬眉吐气了!"

案例 3 链农贩菜,潜伏在餐馆后的生意[①]

市场上诞生一家主打餐饮食材采购和配送生意的 O2O 企业——"链农",其种子期获 58 同城 CEO 姚劲波、雄心资本创始人王冠雄和 360 创始员工曾强投资,天使轮获险峰华兴 100 万美元投资,近期又获红杉资本 800 万美元 A 轮融资。

这家公司特点是,集中中小型餐饮商家采购需求,到一级销售地(如新发地)进行大批量食材采购,再向中小型餐饮商家提供服务,宣称原材料价格比中小餐厅单独采购便宜 20%。

---

① 《经理人》杂志.互联网+创业[M].北京:红旗出版社,2016.

"链农"学习的对象是美国餐饮供应链企业 Sysco，Sysco 年营业额 444 亿美元，占市场 25％左右的份额。而中国当前市场现状是，采购方式极其原始，市场严重分散，并无一家类似 Sysco 的企业存在。

众所周知，中国餐饮业市场巨大，年营收超过 3 万亿元，食材采购规模达 8 000 亿元，但中间渠道链接太长，损耗太多，若农产品供应链与互联网结合，可诞生无比庞大的创新力量。

巨大前景机会使不少创业者涌入这一市场。如俞军对媒体所言，餐饮领域是互联网创业和创新的下一个热点，从长远而言，将倒逼中国落后的农业生态，帮助农产品产业升级转型。

"链农"的创始人刘源是个连续电商行业创业者，先后创办过多家企业，离成功最近的一次是创办零食电商西米网，类似"三只松鼠"，企业最终在年销售额做到 700 万时"死掉"。

不过，刘源越挫越勇，这一次准备借助农业电商的东风，将"链农"打造成中国的 Sysco。

在美国，Sysco 为 42 万家餐厅、学校、医院等客户提供包括肉类、蔬菜、水果、厨房用品等食材，1970 年上市，目前市值超 200 亿美元，年营收 465 亿美元，市场占有率 25％。

Sysco 有几大特点：

1.快速准确送达，包括每日向客户配送，对紧急需求快速响应；

2.有竞争力价格，通过规模化经营降低上游成本，包括通过兼并收购取得规模优势，减少竞争；

3.与客户保持密切沟通，有庞大销售和支持人员；

4.提供高品质自有品牌产品；

5.还对客户经营提出系统化建议，如通过数据分析向客户出具原材料消耗报告，库存控制建议等。

对比 Sysco 发现，无论是"链农"还是国内其他创业者，这一领域仍处早期阶段，但其意义是，通过互联网手段将众多采购需求聚集起来集中满足，有效降低农产品采购成本。

　　"链农"介入餐饮行业方式是，依托其研发的 APP 平台，中小餐厅老板或采购员可通过 APP 在每天晚上 9 点到 12 点下单，"链农"在 12 点半前汇总需求，再进行集中采购和配送。

　　收到订单的供应商根据"链农"平台需求再将货物送到"链农"仓库，"链农"人员则在 12 点半到凌晨 4 点完成采购及分拣，凌晨 4 点后再由货运车辆分送到各个中小餐厅。

　　自 2014 年 6 月成立以来，"链农"人员扩张很快，已达 200 人，其中，有 60% 是采购、分拣、配送的人。在"链农"平台需求中，蔬菜品类占 30%，其次是冷冻货物，再次是调料。

　　"链农"创始人刘源的想法是，先将北京、上海两地模式打造成样板，研究出一套模式，包括各个关键岗位的人分别负责什么职责，再将这套模式复制到全国 10 个大城市去。

　　刘源说，复制模式选择地方很重要，如全国餐饮行业大概 100 万家，前十大城市餐馆数占 58.6%，即 60% 集中在十大城市，只要占领前 10 个大城市，相当于占领中国 60% 市场份额。

　　而中小餐厅为何买账？原因是中小餐厅有两个痛点：

　　1.中小餐厅采购量小，无价格优势；

　　2.中小餐厅采购会耗费人力，产生车辆使用费用，而"链农"可免费送货上门，多次补货。

　　餐饮行业还有个猫腻地方——回扣，这也是餐饮老板深恶痛绝的地方。通过类似"链农"这样的平台采购，由于价格透明，可避免餐饮老板最反感的回扣事件产生，能赢得老板欢迎。

　　当然，"链农"这一模式所在行业是个非标准品的行业，仓库离批发市场不能过远，其在凌晨到早上 6 点前也需要大量的人员做分拣，若要做大，必然是一个相对很厚重的行业。

　　即便如刘源所说，使用技术手段，类似传送带、自动分拣等技术，建立很大的仓库，人员依然是个绕不过去的话题。"链农"的计划是，先快速抢占市场，1 年内要招到 2 000 人。

事情能做成就会是个巨大的生意。"链农"创始人刘源表示，一般从菜地到餐厅有四个环节，"链农"和小微餐厅是从二级市场采购，未来"链农"可绕过一二级市场直接到菜地采购。

刘源指出："现在农产品环节众多，每个产品加价率非常高，中间成本达50％到60％。未来'链农'若能把中间环节都去掉，直接从菜地配送到餐馆去，就可以极大提高农产品毛利率。"

创立"链农"之前，刘源有过几次失败的创业经历，记忆最深刻的一次就是西米网的失败。

当年刘源以简单的"办公室零食"在京城攻城略地，且绝对小成本投入。西米网曾宣称，2009 年实现销售收入 700 万元，2010 年到 5 月底销售收入超 600 万元，注册会员数量 30 多万。

不过，西米网最终却"死亡"，败在了几方面：

1.贸然自建物流和仓储，让自己过快陷入"成本黑洞"；

2.过早开实体店和引入易耗的果品等品类，增加公司运营成本，让公司现金流过快紧张；

3.自始至终没有一家风投青睐。

如今刘源总结这一教训时表示，做西米网时最大的错误是，停下来解决满意度的问题，反而丧失增长速度。"速度没了，别人不看好，人数增长得慢，客户数少，因此出现问题。"

这一次创业中，刘源显然不愿再犯在西米网上的那些错误，其前后有过几轮小额融资，也一直保持较快增长速度，更重要的是，刘源抢占了在农业电商领域相对先发的优势。

刘源很早就结识 58 同城 CEO 姚劲波，早在 2006 年时就是姚劲波支持刘源创业，当年姚劲波还曾把一个域名给刘源并入股，在刘源创办"链农"时，姚劲波再度支持了一把。

"姚劲波真正意义上把我从一个程序员变成创业者，之前我是个程序员，见人脸红，不愿意说话，现在可以说我的生活已融入创业，可能再开给多少钱也不可能再去打工了。"

姚劲波等人的种子投资引发红杉资本注意,红杉资本早已在布局 O2O 领域,投资了团购、外卖等领域,但缺乏后端供应链。

听说有"链农"这个项目后,红杉很快出手。据悉,沈南鹏曾亲自过问该项目。

如今,刘源希望在资本的助推下快速奔跑。这个市场正在快速涌入一批创业者,如大厨网、餐馆无忧、小农女等公司,也在纷纷获得或多或少的融资,并可能混战。

一位业内人士称,要改变餐饮供应链的落后现状,须依靠互联网的力量,尤其是打通农产品城市流通的最后一公里,这个领域想象空间会很大,市场将容得下多家百亿美元规模的公司。

当前农业电商的一些优秀创业模式正在不断诞生,产业也已到爆发的临界点。这一次,刘源是否能熬到最终胜利,"链农"又是否能取得辉煌,这一切都需要时间的考验。

(http://www.iyiou.com/p/16416)

案例4 "90后"CEO郭列:从学渣到 App Store 排行第一[①]

郭列,Faceu CEO,脸萌创始人,主导的这两款产品都登陆了 APP 排行总榜的第一名,成为中国唯一一个连续 2 款产品都登顶榜首的年轻创业者。以下是郭列讲述自己的创业故事:

脸萌是我做的第 2 款产品,位列 19 个国家的总榜第一,56 个国家娱乐版第一,一天最高的下载量大概有 500 万,现在用户超过了 7 000 万。Faceu 是一款最新的产品,1 月份开始到现在一共在总榜第一待了 21 天,总

---

① 资料来源:笔记侠风尘一侠.脸萌、Faceu 创始人郭列:我们凭什么总是第一.搜狐公众平台财经,http://mt.sohu.com/20160303/n439226764.shtml.

榜前三待了 36 天。

首先讲一下脸萌，当时做脸萌的一个原因是在腾讯待得不爽。

我是华中科技大学的。进入华中科技大学之后，我发现没有什么事情要干，很迷茫。但有一点，我知道自己不喜欢什么，我给班里同学写了个邮件，说我不打算做自己专业了，上课看不到我，不要太想我。现在想起来，这个邮件挺傻。你不上课就不上课嘛，写信给同学干啥？

我尝试去做了很多事情。我去了一个协会，认识了一个做"挑战杯"创业赛的学长，他讲创业经历时，我仿佛觉得他身后有佛光，很吸引我去尝试创业。我决定也参加创业比赛，就我一个人，去忽悠跟我同龄及比我低一届的人，告诉他们可以一起来做事。我从一个人开始，到处贴传单，到处找人，整整一年。当时我们定的目标，是希望从 100 多所学校里面，走到全国总决赛，一年之后，我们成功地闯入了全国总决赛，最后去上海被其他学校 PK掉了。这个旅程让我觉得创业很好玩，跟团队在一起很开心。这件事之后，大家找工作的找工作，该毕业的毕业。创业比赛留下来的东西很虚，赛完了什么都没有了，你没有干一件实事儿，只是参加一个比赛而已。然后我给自己定了一个新的目标，希望自己可以做一款产品，有千万、亿万的人在用。

我希望走在地铁里，看到一个人用我的产品，我会告诉他："哥们儿，那个产品是我做的。"

毕业的时候以为去腾讯是做 QQ、微信这些好玩的产品，去了之后，却被告知要面试产品经理。我那时在想：他是产品经理，我也是产品经理，应该差不多吧。去了之后，却被分配到了拍拍，拍拍后来被卖给京东了，接着拍拍就被京东关了。当时我不是漫画迷，但是比较喜欢看漫画，很喜欢《海贼王》，我觉得里面的生活才是我向往的，于是就决定出来创业了。

在腾讯工作一年多就出来创业，能做什么呢？做一个地铁里面有人玩的产品吧，我们觉得这会很有成就感，于是我们就照着这个目标做。

怎样衡量这个事情？

《海贼王》里面的路飞要做"海上最强的男人"，我们就想能不能做中国免费 APP 里的第一，这是我们当时的目标。其实这挺难的，整个 APP 的数量大概有二三十万，要做到第一名，这是很具有挑战性的。

怎么做到这个事情的？

一开始做了一个头像应用，当时是因为看到《海贼王》里面每个人都有自己的头像，觉得蛮有意思的，就做了一个萌系的可以做自己头像的应用，这是我们做这个应用的定位。当时团队9个人，花了半年多的时间，只做了一个头像应用，投入产出还是蛮低的。

当时的判断主要有两个：

第一，PC互联网时代，社交游戏非常流行，然而在移动互联网时代，都是腾讯的天下，而且它没有开放出来，大家并没有太多的社交游戏。但是大家可以看到，从"疯狂猜图"、"百度魔图"到"魔漫相机"，这一类的产品全部都是图片类的应用。

因此，我们觉得在2013年的互联网时代如果有一个社交类传播比较好的产品，那一定是图片类的产品。如果头像的定位是最好的，那么它的传播力应该是最高的，所以我们只做正方形的头像。

第二，画风选择比较萌系的画风。我们觉得萌系的画风在中国是主流。

第三，我们觉得如果这个应用能够火爆，就是辨识度要高，至少要有85％的人能认出来这个头像是你，它就会有传播力。所以，这个事情我们做了很久。

爆款是怎样形成的？

脸萌在2013年11月底上线，并不是一上线就火的，大概过了半年之后才火。因为我们当时的美术一直做得不够像，最后我们找了一个美术合伙人，把这个做得更像了一些，半年之后终于火了。

大家可以看到这样一个曲线：在它达到峰值的时候，之前的波值基本看不见，所以它的峰值非常的高，这就是爆款的一个特点。

整体的经验是这样的：

第一，如果你要做一个爆款，做了半年还没有火，就会怀疑这个产品是不是不好，不能做了。其实要做一个爆款没有那么容易，你可能需要半年的时间不断地打磨，到了爆发点的时候，它一天的新增就是前半年所有新增之和。

第二，如果一直没有"爆"，说明你在传播力的某一个阈值没有做到极致，没有形成传播。比如我们做了半年都没有爆，最后改了一版就爆了。

第三，所有跟图片类相关的爆款应用，都有同样的特点，都是在拍脸。不论是"魔漫"、"魔图"，还是"天天P图"，跟脸相关的应用具有很强的社交属性。所有爆款的应用都需要添加个人的信息，脸萌最重要的信息就是脸。

第四，你要在一件事情上，或者一个很小的功能上投入足够的资源，才能把事情做到极致，它才有可能成为爆点。

脸萌成为爆款之后的困扰

第一，做到爆款是一件很爽也很难受的事情。

比如，你做脸萌后，火的时候，他说："你这个东西肯定火一阵子就没有了。"我们当时也没有想火了之后要怎么样。不火的时候，他会说："我说不火了，就真的不火了，你看现在就没人用了吧。"

因此，做爆款也不一定是很好的一件事情，如果留存率做得不高的话，整个团队的心态变化会非常大。

第二，爆款之后的道路。

当时我们9个人做了脸萌，留下来做Faceu的人却只有3个人，其他6个人都走了。我大概是2013年1月份出来创业的，创业一年之后才拿到天使融资，开始做脸萌，其他人是我们拿到天使后才进来的，有的加入公司不到一个月或者三个月，就做了一个全国爆火的产品。在高强的刺激和高起高落的情况下，他们觉得心态变化非常大，包括我自己。如果大家要做爆款的话，要想想爆款之后，下一步怎么走。

新产品"Faceu"

为什么选择做"Faceu"？首先我不愿意再做一个"脸萌"，这没有太多意义；其次我想试试，能不能做一个持久好玩的产品。

我们到海外的时候发现，基本上最好玩的东西都是社交层面的。大部分社交产品都是年轻人做出来的。比如QQ是马化腾27岁做出来的，Facebook、Snapchat(由斯坦福大学两位学生开发的一款"阅后即焚"照片分享应用)也是,所以我们就在想:这个事情是我们团队比较擅长的,于是就开始分析目前所有社交工具的痛点。

朋友圈的关系其实比较臃肿,我发朋友圈的时候,会将它分很多种,因为怕别人看到后骂我,发完之后又要删。2014 年底的时候我们发现了这个问题,觉得 2015 年、2016 年这个问题可能会越来越严重,因为你的社交关系会越来越复杂。因此,我们希望做一个很纯粹的工具,让大家可以有更自由的一些分享。

我们尝试了很多种方法,其中一种做了一个可以发弹幕的朋友圈,这个事情做到一半就卡掉了,因为我们发现用户初始关系链的建立是非常难的。

于是我们就在想,中国用户的关系一般是从 IM(即时通讯)到 SMS(短信服务),即先有 QQ,才有 QQ 空间,先有微信,才有朋友圈。这样想后,就反向找到了一个解决方案:类似海外的 Snapchat。这是一个图片视频的 IM 聊天软件,Faceu 的目标就是成为中国社交 TOP5 的一个应用。

虽然我们可以花三个月时间,就做到目前 Faceu 的数据。但是我们不做,我们花了 9 个月的时间去做 IM,先把流程做高了,再把用户拉过来。还没有做好流程,就把用户拉过来,就会又变成脸萌了,这对我们没有价值。

因此,我们花了 9 个月做了一个图片、视频、文字聊天的 IM,再加上图像美容的功能,后面三个月做了现在的变脸和动态贴纸,然后开始拉流量。

大家可以看到整个曲线:大概在 1 月份上动态贴纸和变脸之后,数据就上去了。

如果你要做一个非常好玩的相机,它的用户级别可能在 2 000 万到 5 000 万之间,也可能达到脸萌的 7 000 万。达到 7000 万用户也花不了多少钱,因为它是自然传播的,你要把 7 000 万、5 000 万或者 2 000 万用户转换成你的社交用户,它的转化率可以达到 500 万用户时,那就是一个很牛的社交产品。这个事情是可以做到的,于是我们就先做了工具,把流量引到我们的社交产品上。

在做工具之前,我们反向思考美国和中国产品的差异。在排行榜里,美国的前六名并没有太多的修图软件,基本都是社交工具;中国的前六名里面加上美拍,全部都是修图软件。

因此,如果要在中国做图片和视频社交工具的话,就一定要把工具做好。如果你不愿意拍照、录制视频,其他的社交就都不用做了,这是 Faceu 目前做得非常好的一件事。

接着再想,如果要做一个爆点,产品的创意该从哪里来?应该怎样找到这个灵感?做这个爆款没有大家想象得那么理想、烂漫、创新。大家可以看到腾讯的一些游戏,其实在玩大街机的时候就有打飞机了。所以无论枪战游戏、消除类游戏,还是飞机类游戏,创新类的游戏都是非常少的,大部分是向互联网变迁,然后从互联网变迁到手机端。

其实漫画也是这样的,漫画原先是书,现在变成网站,接着变成手机端,人类的需求是一成不变的。国内唯一做到创新的应用是"魔漫相机"和"足迹",它们真正做到了自己的创新,其他的应用很多灵感都是来自国外。

Faceu 的灵感一个来自 Snapchat,一个来自 SNOW(自拍人脸识别软件),我们也想做创新,但是还没有想到。

灵感的来源有两个方面,一个是抄袭和演变,一个是原创。

再想想 SNOW 为什么会有动态贴纸的创意?我们跟 SNOW 创始人交流过,他是个韩国人,一天他在看"Running Man"(韩国跑男),看到里面的很多特性,觉得很有意思,觉得加在人的脸上会有很不一样的感觉,所以他做出了 SNOW。因此,如果你天天埋头工作,没有任何的兴趣爱好,没有任何灵感的获取方式,你可能是做不出创新的。

明确产品目标

如果你觉得这个事情足够重要,而且要保证事情做成,就需要有一个明确的、可量化的目标。

第一个目标:我们要做摄影排行榜第一的应用。

第二个目标:我们要做动态贴纸类全国第一个上线的应用。这是对我们执行力的考验,这是可以衡量的,只要我们时间快,就能够第一个上线。

第三个目标：我们要做贴纸类口碑第一的应用。

这是我当时订的三个目标，如何实现这个目标？

第一，想方法怎样提升传播率。

变脸方案的传播率要非常强，拍出来的视频要分享，大家如果觉得很有趣，转化率就会很高。这就是第一个KPI，如果你能达到这一点，你的产品就可以得到传播。

第二，贴纸的数量至少要三四十个以上。

我们现在有几百个，贴纸的主要对象是女性。现在Faceu的用户70%～80%都是女性，这就是做产品最主要的分析过程。

第三，要投入足够多的资源。

下定决心要做这件事了，就要决定投入多少钱，或者投多少人做这事。如果定的目标太高，但是只给一个人，或者只给一万块钱，是做不出来的。

我们为什么定这样的目标？

a.有充足的预算去做这个功能，包括人员、技术、设计外包。

b.我们在很短的时间内就把设计的人数提升到了三倍，我们设计的资源更丰富，设计的能力比竞争对手更强，更能够做成这件事。

c.人和团队全部是我自己找的，亲自推动这件事，整个团队都听我的，整件事就可以推动起来。

怎么去做？怎么衡量口碑第一？我们有两个衡量指标：

第一，很多一线明星自己用Faceu玩，明星跟粉丝会有很多互动，所以会有粉丝要求明星也用Faceu。

第二，我们可以看到许多不认识或者不太熟的朋友，他们的好朋友也在朋友圈玩Faceu，这就证明我们口碑第一，而且已经很难撼动这个地位了。当TFboys和Anglebaby玩了之后，基本上我们觉得这个工具就已经达到了口碑的标准。

接着就是考虑如何将动态贴纸做得更好。其实纯抄袭是没有任何价值的，因为你只能抄一个皮毛，根本不知道自己要做什么。这么多人，这么短的时间，你需要理解这件事，理解的方法有很多种，主要是两种：

第一,从动态贴纸这个项目看,我们做的是动态贴纸,可以参考静态贴纸。静态贴纸中做得最好的是 In(图片社交软件)。In 的用户用得最多的贴张是什么?大概可以总结一下:猫须、头饰和腮红。

第二,你要通过微博等社交工具去了解用户的分享。即使你有几百个素材,但是用户愿意去分享的可能就 20 个左右,你要到 Facebook、Twitter、微博上去了解,把用户的分享总结下来,最终归类用户最需要的类型。

执行力

现在所有讲的事情都是纸上谈兵,你愿意花这么多钱,也知道用什么方法,但是在执行层要做到真正落实。对创业团队而言,80%的部分要靠执行。

第一,评估解决方案。

当时要做贴纸的时候,我们团队没有人懂这一块,我通过自己的人脉,和所有认识的朋友或者做动漫的人了解之后,大概分为三类:一个是做比如湖南卫视影视后期的,第二个是 MG 动画,第三个是影视动画。

认识了这三类人,并跟他们聊了一圈之后,我们最终确定了 MG 动画这类人,然后开始找人。你需要用最快的时间评估你需要什么样的人。

第二,招人执行力。

这没有什么技术含量,但确实是非常重要的一件事情。比如雷军做小米的时候要见 100 多号人,最终找到了 7~8 个合伙人,这决定了小米最终是否可以做成。要做动态贴纸的时候,我们就联系了深圳所有的动画师,大概见了 10 个左右,最终招了一个人进来。

第三,输出执行力。

我们需要保障上线的时间,保障输出的数量和质量。虽然这说起来简单,但如果发现你的技术在加班、通宵,连自己都快支撑不住的时候,你就会知道执行力真的很难。

第四,CEO 执行力,亲自带设计团队,确保结果。

第五,时间执行力。

Faceu上线那天,我已经两天没有睡觉了,到凌晨一点半的时候觉得头好晕,跟同事说:"不行了,赶紧打120吧。"然后就被送到医院了。

执行力对于结果有很大的影响。我们有一个竞争对手,他在全球有2亿用户,其中中国大概有几千万,但是他们比我们晚一周做了这件事情,所以我们最终拿到了第一。我们有几千万用户,他们大概只拿到了几十到几百万用户,我们中间的差别是10~20倍。这个差别就靠这一周的时间争取下来的。

如何运营这个产品?

怎么样花钱把这个产品做起来?

我们本来不打算花钱的,我们做脸萌时也没有花运营费、推广费,我们是以产品为导向的一个团队,我自己就是产品经理。之所以花钱去,是因为有一个竞争对手开始做同样的事情,我们就想怎样才能在他们之前拿下市场。我们做了一部分运营的预算,最终花了50万就把这个事情做完了,这其实是性价比非常高的一件事情。

第一,分析你的产品需要用什么样的方法推广最好。

虽然腾讯动漫有很多渠道换量,但对我们产品没有多少带动作用,对我们带动作用最大的,可能就是明星和达人。他们可以自己录一段Faceu的视频,然后发在社交平台。这个事情对用户的转化率影响非常高,也是最适合我们的推广方式,所以我们没有走渠道或者换量。

第二,做一些运营渠道。

微博、美拍都是走类视频的运营渠道,我们主要找明星、达人,方向和平台主要是微博、快手和美拍,他们也是做视频的。

我们没有买到腾讯的量,因为腾讯不卖给我们。朋友圈和QQ空间是不准图像类的应用的,朋友圈的分享在我们的分享比例中是最高的,大概有35万次,但是每天到了35万次就不涨了,因为朋友圈把我们屏蔽了。

另外我们当时请了九王于朦胧,九王于朦胧是当时最火的网络剧《太子妃升职记》的主角,当时正好在《太子妃升职记》完结的那天,就请于朦胧给我们发了一条微博,效果非常好,这正好是热点类,投入产出非常高。

第三,请明星发微博。

我们请了李维嘉,他做"快本"做了很多年,认识非常多的明星,明星之间也会有相互粉丝之间关注的关系。他帮我们发了一条 Faceu 的内容之后,我们给他买了粉丝头条,粉丝头条的意思就是任何关注他的粉丝,在打开 APP 的时候,他的消息会自动显示为第一条消息。我们发现很多湖南卫视的明星,如张含韵、白举刚等都会自己发,这给我们带来了很多流量。

第四,购买明星粉丝头条。

请明星发,要收取几万到几十万的费用。你已经花钱请明星发微博,再花一点点钱,购买粉丝头条,这样就能让他的所有粉丝都能看到了,这是一件投入产出比非常高的事情。

打造爆款产品后的心得

我们整体逻辑是从最底层开始的,做一个 IM(包括网页、动画和 VOD 视频点播等)解决目前年轻人社交软件问题,解决的方案是做视频的 IM,我们做的方向是 SNS 和 IM 这两个方向。

我们做图像社交产品的工具,最重要的是基础功能。

引流量,主要看两点:

大家还记得微信摇一摇吗? 这是 2013 年的爆款,当年给微信带来了很多流量,大家都想去试一下。现在用得少了,但是当初为微信引流量起到了很重要的作用。

大家不要为了做爆款而去做爆款,而是要先想清楚达成什么目的:是为了赚钱,还是为我拉流量,或者是为了转化为其他功能的留存? 如果为了做爆款而做爆款,是没有任何意义和太大的价值。

如果大家想做爆款,可以先从模仿开始,先关注自己行业内最流行的方向,之前是图像,现在是视频。

关注的方法是不停地了解全世界,了解最新潮的 APP,然后快速执行。做好这件事情之后,再做有创意的事情,这主要看你的兴趣和爱好。

案例5 九败一胜的王兴

王兴不是最早一批互联网的创业者。2003年底,24岁的王兴中断在美国特拉华大学电子与计算机工程系的博士学业,决定回国创业。今天的巨头BAT们那个时候已经风生水起,互联网在中国爆发了强劲的影响力,越来越多有想法的年轻人开始拥抱互联网创业的黄金时代。

也许很多人不知道,王兴既是"创一代",同时也是一个接受了良好教育的"富二代"。在王兴创业那年,他的父亲王苗和别人合伙投资6亿元,创办了年产200万吨的水泥厂。也许是继承了父亲经商的优良基因,也许是在清华园潜移默化地受到了浸润,也许是在美国留学时见识了更广阔的世界,也许是骨子里自带着不甘平庸的傲气,也许是所有际遇的碰撞冲击和巧妙融合,王兴选择了互联网创业的道路。

起因是慕岩(现百合网联合创始人、副总裁)在水木清华创业版发布了一篇有关SNS的文章,而王兴也看到了社交网站在美国的火热,敏锐地嗅到了商机。于是,他联同大学室友王慧文、中学同学赖志斌正式迈入了创业之路。

他是模仿者,也是引领者

2004年起,王兴的小团队以平均两个月淘汰一个创业项目的节奏不断试错、摸索、总结经验。2005年12月模仿火起来的Facebook,甚至直接复制了Facebook的UI,王兴开创了校内网,也就是现在有些没落的人人网。然而创办初期校内网在大学生群体中还是很受欢迎的,着实热闹了一把,后来因融不到钱卖给了千橡集团的陈一舟。

校内网拱手让人后,2007年5月,王兴模仿Twitter创办了饭否网,不过这也是一次短暂的创业,两年后由于政策原因被关停。在等待饭否重开的漫长日子里,王兴和他的团队开始了第三次创业——美团网。

2010 年 3 月 4 日,模仿 Groupon 在中国应运而生的美团网上线。王兴引燃了中国的团购热潮,数千家团购网站一拥而上。

在中国,无论是校内网、饭否网还是美团网,王兴都是该领域的引领者,然而纵观这三次创业,也不难发现它们还有一个共同标签:模仿。很多人毫不掩饰地诟病王兴照搬国外模式毫无创新,而王兴则简单明了地给予回应:一个创新的东西死掉了,国人不会肯定他的创新,只会抨击他的失败。在中国,大家鼓励的是成功,从来没有真正鼓励过创新。

从这一点看,王兴是个聪明人,也是个务实的人。如果创新的养分贫乏容易夭折,他选择去做相对成熟的事情;明知不可为,那就不去硬扛硬拼,顺应大时代和大环境的需求。这也就不难理解王兴创业前期经常讲的那句话:顺势而为,是最舒服的创业。

他是敏锐的,也是沉闷的

何止创业,坐稳团购老大的位置后,美团接下来的战略一直遵从着"顺势而为"的理念,并延展出"拥抱变化"的开放心态。走 T 型战略,化出猫眼电影、美团外卖、酒店旅游等垂直业务;与大众点评合并抱团取暖;去团购化,打出互联网"下半场"精耕细作的新玩法;最近又流出百度糯米和百度外卖将并入美团点评的传闻。

王兴所有的决策无不跟着互联网的变更节奏往前走,而到目前为止,他敏锐的判断力在许多事情上得到了印证——前三次选择的创业项目都蕴藏着巨大的市场潜力;在"千团大战"中不跟风砸钱投放广告;2013 年初的一次内部讲话中,他制定了 2015 年交易额破千亿人民币的目标并最终实现,要知道 2012 年这个数字还只是 55 亿元。

王兴的敏锐来源于他的理性。熟悉的同事总是会用"谨慎""重视细节""学习能力强""极其重视分析和逻辑""思考全面"等来形容他。王兴要做一件事,一定要用非常清晰的逻辑把这个事弄明白,才会去做。干嘉伟担任美团 COO 时会跟王兴拍桌子吵架,但王兴依然能客观地看待问题,不会感情用事。这当然是一种很好的品质,能让人少犯错误。

但这也是一种沉闷的性格,也许跟他的极客范儿有关。亿欧创始人黄渊普这样评价他:"王兴绝顶聪明,他是极客气质很强的创始人,极客的影响有好有坏。他的要求很高,非常重视产品,但是极客也容易生活在自己的世界里,过于在乎自己的感受。"然而做企业不是做产品,不只是专心致志和精益求精就可以的。

王兴想什么总是闷在心里不说,说出来的不管你是不是听得懂,他也不会去做解释,无论是从校内起就跟随他一起创业的大学同学付栋平还是后来加入团队的干嘉伟,都曾表达过类似的感受。尽管王兴经常把"很有趣"挂在嘴上,但那只是他觉得有趣,他似乎并不习惯表达自我,也不擅长处理各种关系,沟通有时并不顺畅。

王兴像一本合上的书,书里有一套完整缜密的价值体系和逻辑体系,但其他人只能看到书的封面。

在断事用人的 CEO 职位上历练许久后,王兴必然懂得了沟通的重要性,重视持续学习、学习能力也极强的他必然会有意识地自我加强,然而,软肋往往是嵌入血肉的。美团点评经历了合并后的架构与人事调整,王兴更像是开始了新一轮的创业,而且摊子铺得很大。说到底,创业不是单打独斗、事必躬亲,谁也不敢说一个人的判断会永远准确。

他有高远的情怀,更有赢的情结

王兴有没有情怀?当然有。放眼望去,各行各业的大佬们哪个没有情怀? 李嘉诚的人格魅力自不必说,他曾劝勉年轻人"一个有真能力的人,总会自觉地把推动社会进步视为己任",马云也不止一次说过"不能为社会解决问题的企业称不上伟大"。前段时间因"一个亿小目标"刷屏朋友圈的王健林,不也在节目中表现了一颗炽热的民族心?

也许正是一些看起来虚头巴脑摸不着的东西,反而是一个人能走得远、站得高的原动力。

王兴的内心驱动力是"相信科技改变世界,想让未来变得更美好一点",够虚的吧?但是,对于一个家境富裕、接受了良好教育、有足够见识、创业并非为了谋生、思考型的人来说，又有什么不可以、不可能呢？

只是，情怀终将以一个成功者的姿态呈现在世人面前。虽然王兴曾说："创业不创业，不取决于这件事会不会失败，而是在于你对这个过程是否感兴趣，是否足够相信你的目标。"但这并不代表他已经超脱于成败，不在乎最后的结果。

相反，王兴对赢有着很强的执着心，"对未来越有信心，对现在越有耐心"。他对过程的投入，是以最后的赢为目标。有一个关于王兴苦练篮球的故事。高中时王兴喜欢打篮球，但个子与体格在球场上算一般，于是他决定利用一个暑假的时间练好篮球。他买来一本篮球教科书，按照教科书里的方式，拆解动作，一个动作一个动作地重复，最终练就了投篮特别准的优势。

王兴回顾这段往事时说："'友谊第一、比赛第二'的口号由胜者的啦啦队带头喊比较合适。这是我在高中篮球赛时学到的道理。"

美团与大众点评合并后，许多人都在观望两位联席CEO的去留。有人曾比喻"张涛像鹰，目光长远，审时度势；王兴像狼，超强执行力而富有耐性"，然而大家也都心知肚明，鹰与狼的较量还在继续。短短一个月的时间便有了答案：王兴主政，张涛挥泪告别、黯然出局。

时至今日，在所谓的互联网"下半场"，王兴预言新一轮的外卖商战"将在6～12个月内结束"。他赢得了千团大战，经历了合并、完成了G轮融资，一路攻城略地、步步为营。然而，互联网的世界本就是风云突变，面对曾经的投资人、现在的强劲对手阿里，王兴一年内已经进行了五次架构调整。对于王兴来说，美团点评的转型无异于一次新的创业。

案例6　"80后"大学生吴立杰零成本创业赚千万

空瓶子有了创业动力

20世纪80年代初，吴立杰出生于浙江温州泰顺县。他的家在大山深处,到城里要翻越好多座高山,外地司机根本不敢开车走那条悬崖边的险路。小时候的他从未走出过大山,家里特别穷,可他偏偏爱上了画画。由于沉溺于自己的兴趣之中,他的文化成绩不是很好。2000 年,他没能考上中央美院,最后进了浙江理工大学学设计。

刚接到录取通知书时,吴立杰不是很高兴,想复读,因为他的梦想是考中央美院,今后成为著名的画家。但父亲的一句话容不得他去"挑剔"生活:"家里这么穷,你有书读都是好的了!这一万元学费还是你姐姐拿的呢!再说你这个年龄,原本就是一个空瓶子,装泥巴还是装金子都一样,只要你踏踏实实去学,总会有沉甸甸的收获,别总想着一开始就装金子!"

在父亲的严厉"训导"下,吴立杰老老实实地进浙江理工大学念服装设计。

吴立杰本质上最感兴趣的是画素描、油画等美术作品,可学的专业是服装设计,日常的功课也都只是画服装图、设计面料和服装款式等。

刚开始,吴立杰在学校只是一个非常普通的学生,唯一不同的是他没有"纸上谈兵",心里一直在琢磨着:自己每天就这样学画服装图,能产生经济效益吗?一无所有如何赚钱呢?一次,他联想到许多画家靠卖画生存,那么自己能否靠卖服装设计图赚钱呢?

杭州是一个时尚而休闲的城市,时装店、服装公司比比皆是,所有围绕服装而生存的职业,竞争都特别激烈,所以吴立杰想凭几张服装图去赚钱谈何容易!他上大学的第一个暑假,几乎天天都是在杭州街头度过的:他顶着炎热的太阳,带着一包画好的服装图,跑了数百个厂家,逢人就说自己可以设计服装、想利用节假日打工挣学费……然而,没人可怜他,两个月下来他毫无收获!

由于心存梦想而又"一事无成",所以很多的时候,日记里的自我鼓励成为吴立杰创业的最大动力。每个学期,学校都要把学生设计的优秀作品张贴出来。凭借自己的努力,大二第一学期,他的作品就在第二届"脑白金"杯CCTV 服装设计大赛中获奖。不久,他又多次在"中华杯"国际服装设计大赛等国家级大赛中获奖。从那以后,学校的橱窗里经常可以看到他的优秀作品,他渐渐成了"校园名人"。

打工获鼓励装大胆

作品获奖后,吴立杰改变了策略,由过去的"四处推销自我"变成"主攻一家"。2001年11月,他选择了一家在杭州比较有影响的服装公司。老板从他带的30多张画好的服装样图中选了8张,50元一张图,总共付了400元给他。

区区四张百元人民币,却让当时的吴立杰感觉自己的口袋一下子好像装了好几万元钱一样,沉甸甸的!那天晚上他美滋滋地睡了个好觉。

在吴立杰兴奋不已的同时,那家服装公司的老板也觉得花400元买了8张图是拣了个大便宜。因为那老板回去仔细一看,越看越有创意,觉得吴立杰画的服装图还真不错,甚至能与公司里的设计师画的图相媲美,而当时在杭州请一个服装设计师,一年少说也得五六十万元的酬劳!所以那家公司很快就答应了吴立杰月工资600元的打工要求。这之后,吴立杰又用同样的"笨"办法,在另外3家公司做起了兼职。至此,他在读大二时月收入就达到了2 000多元!

当然,学生打工赚钱并不容易。一无所有如何赚钱?2002年1月,吴立杰去杭州一家国外品牌服装代理公司打工时,第一次见面老板就给他出了一道难题:"吴同学,你虽然是搞设计的,但我更希望你能懂营销,如果对营销一窍不通,如何能设计出真正适合市场的产品?所以,请问,我们这个法国服装品牌在国内该怎样开拓市场?"这道题当时的确难住了吴立杰,幸好那位老板还很"人性化",鼓励他说:"我给你一周时间思考,你做出个方案来,相信你能完成任务!"

手足无措的吴立杰只好返回学校,他决定与同学一起商量对策,并向几位老师请教。在学校,他虽然是一个家境贫穷的学生,但他的才华和勤奋感动了同学和老师们,所以大家都很支持、鼓励他"勤工俭学"。一周以后,他胸有成竹地再次来到那家公司:"老板,我的第一个建议是,欧式服装在中国卖,要根据中国人的体型适度缩小,比如这款刚进口的法国西装,其版型纯粹是欧版,衣服后面都是开衩的,但我们不妨将这些衩全部做成平版的,把这个腰再收一点,您看,现在我穿的这件西装就是比较合身的;我的第二个建议是,找专业模特给改版后的服装照相,制成形象画册,向消费者发放……"

老板听完吴立杰的具体方案后十分高兴:"不错,你的建议很细致!"并将此事全权委托给吴立杰操作。接下来,吴立杰就开始为那家公司做服装画册。由于这是他的第一单"生意",所以他做得很认真,他也想借此把自己做画册的"牌子"给立起来。很快,他就如愿以偿了。当他拿着做好的画册去其他公司揽生意时,效果立竿见影。他兼职的第一家公司也愿意做一本,并开出了一本4万元的价格!这个价格相对市场价格水平来说很低,因为市场价至少要8万,但对于吴立杰来说,却已经够高了。那么,吴立杰为什么能做呢?

因为吴立杰是自己亲自去找的女大学生当模特,这样可以节约一半的成本;另外,设计他自己会做,这一块等于他净赚了。所以,他用低价做出了客户满意的画册,而且还从中赚了整整两万元!拿到沉甸甸的两叠钞票的那一刻,吴立杰高兴地给姐姐打电话:"姐,我赚钱了!我马上到银行把1万元钱打给你!另外,你去转告一下爸妈,说下学期的学费我自己能够解决了,不用他们担心!"姐姐听到这个好消息后,开心地夸赞他说:"弟,你真行啊!"

就这样,吴立杰一边上学一边赚钱,生活过得很忙碌却十分有激情。但有一天,一位关系很好的朋友"怂恿"他说:"兄弟,现在杭州的服装企业最起码有4 000家,可真正为服装品牌服务的设计公司实在太少了,你不觉得这里面有着很大的商机吗?你老是这样跑来跑去,这家兼职那家也兼职,倒不如自己成立一个品牌公司,专门为他们服务呢!"吴立杰听后"恍然大悟",他决定采纳朋友的建议!

一无所有如何赚钱?同学、老师、家人、朋友等的鼓励,让吴立杰创业的勇气和胆识越来越大。2002年暑假,刚读完大二的他就在校外租了一间工作室,与另外两名学生一起用20万元资金注册了品牌策划公司,其中他拥有 75% 的份额。

公司的核心工作就是设计服装、布置店面、为服装公司做形象画册。接下来的工作中,课堂上的知识和打工得来的经验让他如鱼得水。

进入大三后,半年内他就为 50 多家服装企业做了形象画册,每单业务他至少能赚几千甚至上万元!

靠专业成长赚钱数千万!

源源不断的生意让吴立杰很快就身价百万!2004 年 7 月大学毕业时,创业仅两年的他已经服务了 200 多个客户,赚了将近 300 万元!不过,这段时间也让他深刻体会到了"为他人作嫁衣"的滋味。因为他设计的一个服装款式如果卖得好,厂家可以赚几十上百万元,但是他只能拿到几千元。所以他觉得,不能总是这样"吃亏"。

他觉得搞设计做画册只不过是小打小闹,何况当时他手头已经有了那么多的现金,所以他决定直接办厂生产服装和皮具!于是,就在许多大学同学毕业发愁不知何去何从的时候,吴立杰却通过朋友关系,在法国成功注册了服饰公司,然后野心勃勃地开始大量招工,几天内他就招聘了 100 多个人,其中有不少是他的大学同学。

不久,吴立杰就把搞设计赚来的 300 万元全部投入办厂。然而,始料未及的是,搞设计轻车熟路的他办起厂来却一头雾水!2004 年年底,距离开厂只有短短三个月时间,他的工厂就因为管理不当而严重亏损!

无奈之际,吴立杰于 2005 年年初把厂子承包给了别人,这样总算保住了本钱。最后,双方商定,由吴立杰负责设计和推销,对方负责按要求生产服装。脱开生产环节后,吴立杰开始集中精力搞销售。为了迅速打开市场,他多次租用钱江大酒店的顶楼策划了巨大的招商会。结果,2005 年全年,他总共销售服装 10 万件,纯利润达到 350 万元!"死里逃生"的他感慨地说:"人还是要学会放弃一些东西,不能眉毛胡子一把抓总想着一个人把所有钱都赚了,而应该做好自己最专业的事情,其他的钱就让那些同样最专业的人才去赚……"

惊险而刺激的创业经历让吴立杰越战越勇,也越来越沉稳。2006 年 5

月,他又开始进军皮具市场,并注册成立了自己的第三家公司——皮具公司。这时,他找到当初大学打工时的第一家公司老板,提出联合经营的思路:他出技术,对方出资金,共同开拓全国市场!因为他觉得自己的设计技术是十分优秀的,而对方是一个经营多年的品牌产品代理公司,尤其在营销方面有着成熟广泛的网络市场和社会关系。就这样,吴立杰借助对方的销售网络,把自己设计和生产的服装和皮具卖到了全国 15 个省市。

如今,拥有三家公司的吴立杰身价已经超过 1 000 万元。这位剃着平头、戴一副黑框小眼镜的"80 后"千万富翁,说起话来慢条斯理却干脆利落,而且显得有几分老练:"呵呵,比起李嘉诚来说,我还差得太远,根本算不上是成功人士!再说,我曾经的梦想是当个纯粹的画家,如今却做了一个服装设计师和商人,所以我并没有如愿以偿啊!其实,我觉得成长比成功更重要,因为成功只是一个结果、一种荣耀,稍纵即逝,而成长是一个漫长的过程,这里面有很多的经历、经验、波折、转机等,需要我们用一生去驾驭!"

案例 7 洋媒子的国际媒婆生意经

2016 年 1 月 19 日,国家统计局发布 2015 年国民经济运行情况,数据显示,2015 年年末中国大陆总人口 137 462 万人,比上年末增加 680 万人。从性别结构看,男性人口 70 414 万人,女性人口 67 048 万人,总人口性别比为 105.02(以女性为 100),出生人口性别比为 113.51。

简单算下,在 2015 年年末,中国男性比女性多出 3 366 万人,男女比例严重失衡。针对我国男多女少的国情,人口专家从 3 000 万"剩男"从何而来开始分析,对"剩男危机""危"在何处展开深入讨论。中国人民大学人口与发展研究中心主任、中国人口学会会长翟振武在接受记者采访时说:"保守估计,中国未来 30 年将有大约 3 000 万男人娶不到媳妇。"

洋媒子正是为解决中国男女比例失调而生的。洋媒子是定位于国内男性和俄乌越南等女性社交群体的多语言国际亲密交友项目,适用于多国语言学习和文化交流,让客户足不出户就可以了解异域风情。洋媚子平台涵盖中文、英文、德文、俄文、日语、法语等 12 种语言版本,在线自助翻译,解决语言沟通障碍,拥有核心种子用户超 10 万名,覆盖 IOS、安卓、WAP 和 PC端等,采用移动互联网+洋婚介的创新模式,全力打造中国第一跨国交友婚恋平台。

说到洋媚子,不得不提它的带路人——资深创业者、创始人兼 CEO 大程。大程,全名叫程雪里,1982 年出生,郑州大学本科毕业。他有着多重身份,比如青年创业领军人物、郑州知己网络科技有限公司、perdate 国际社交网站、码农教育等创始人。

大程具有"80 后"典型的坚韧与拼搏的特征。由于家庭原因,初入大学的大程就开始了与同学们不一样的大学生活。为了来年的学费和生活费,他拿出自己当年的学费在郑州大学附近开起了第一家学生创业餐馆,从此便开始了自己的创业生涯。

大学四年里,大程用自己的双手实现了自给自足,并逐渐开始接触互联网行业。大三时,他根据自己的兴趣,开始了个人站长生涯。他尝试着建网站、玩站群、做淘宝客、做 SEO,并且畅想着在新兴的互联网领域做一番属于自己的事业。

2010 年,大程抛开已经熟悉的工作环境,全心投入自己的梦想中,开始践行他为期八年之久的创业梦想。2011 年 6 月,大程的梦想终于在自己的坚韧和努力下开出花来,锶亿幕(后更名为郑州知己网络科技有限公司)注册成立。

知己网络科技公司成立后,大程八年的逐梦旅行总算有了归宿,但是要想在梦想的道路上站稳脚跟,要想成为一名经得起市场浪潮的企业家,他还需要一如既往地努力与拼搏。经历了风风雨雨的洗礼,并积累了丰富的互联网经验,大程萌发了另外一个想法。

大程萌发的这个想法就是,要打造一个跨国交友平台,解决中国男女比例失调的问题,通过 APP 让外国妹子可以和中国男士很好地沟通,促成"姻缘"。随后,大程将想法付诸实践,进行前期开发,很快洋媚子平台便上线运营。

　　大程介绍说："我很早之前做个人站长时，建网站、玩站群、做淘客、搞 SEO 等，就畅想着在新兴的互联网领域做一番属于自己的事业。在围绕搜索做业务时，我对国外美女有了简单的了解。因为相关词搜索量都很大，上网时经常弹出乌俄等国美女图片，当时就在想什么时候有机会我也要去国外逛逛，一睹洋美女风采！这算是我洋媚子事业的一个启蒙。后来又是一次偶然的机会，看到了《非诚勿扰》这个火爆的相亲节目，当时就在想，如果能把漂亮的乌俄美女与相亲联系起来，那会产生怎样的化学反应呢？时至今日，我真的没有想到，洋媚子竟然成为我的事业。"

　　"项目前期的艰辛自不必说。洋媚子团队是 2015 年 5 月 17 日正式进驻到一品威客创客空间的，在这里孵化时间不到两个月，就已经取得一点成绩。我们也通过在网络社区'秦王会'进行众筹，不到 2 个小时就募集了种子资金 50 万。在厦门这边，团队规模从 2 个人发展到 20 多人，一批优秀的小伙伴加入到我们的创业团队中来。"

　　有了第一笔资金的支持，洋媚子团队迅速抓住机会，不断拓展市场。2015 年洋媚子在俄罗斯海参崴的公司终于开起来了，并招了几名俄籍大学生。虽然也没有刻意招女生，但是俄罗斯女多男少，来面试的多是女生，所以最后办公室多是女生。同时，洋媚子平台开发了"虚拟物品商店""在线即时付费翻译""付费聊天表情"等，在运营期间，不断引进国内外客户，积累种子用户，慢慢实现了收入。

　　时间来到 2016 年 5 月，洋媚子迎来了新的转折点。经过此前半年多的接洽，厦门洋媚子网络科技有限公司和梅爱偲主打的线下酷爱婚介俱乐部正式达成合作协议，双方携手打造中乌婚恋市场，实现强强联手、优势互补和资源共享，从而实现全国首个"互联网平台＋线下交友"的跨国婚介平台。

　　被称为"最红学渣"的梅爱偲，在 2014 年因"学渣也能娶这样的大美女"的热辣视频和图片在网络爆红。其"草根逆袭"的典型更是引起了国内无数单身人士的巨大反响：一个高考只考 320 分的落榜生，经历孤独的异国求学生活、离婚等种种不顺后，抱得 18 岁的乌克兰美女归，结婚生子，事业成功，并买下 3 000 平方米土地盖房子，华丽转身成为人生赢家。

梅爱偲和妻子达莎也成为中乌婚恋的明星代表。梅爱偲深扎乌克兰十几年,两次婚姻也让他对乌克兰女孩有着很深的了解。他分享说,追洋妹子并没有大家想象中的那么困难,更不用顾虑太多,乌克兰女孩不要彩礼和房车,只要用真诚和浪漫打动她,幸福就会来敲门,乌克兰女神就会向你靠拢。后来,梅爱偲成立了"爱华及乌"酷爱婚介俱乐部,帮助华人实现洋媳妇梦。目前,该俱乐部已经拥有强大的线下团队、专业可靠的服务渠道和丰富的美女资源。

和跨国婚恋明星梅爱偲的合作,洋媚子也迅速铺展跨国婚介市场。双方合作后的"酷爱洋媚子"正式推出了"中国—乌克兰相亲旅游"专线,分为团体相亲、个人相亲和 VIP 相亲三种套餐(费用为 4.2 万至 9.6 万元不等),由梅爱偲在乌克兰专程接送。正规交友,严肃婚恋,2016 年 5 月 16 日正式开启限额招募团员。

洋媚子与梅爱偲酷爱婚介的联姻和成功整合,开辟了国内第一个"互联网平台+线下交友婚介"的全新模式。线下,洋媚子已在俄罗斯海参崴和乌克兰哈尔科夫设置了办事处,定期组织跨国婚介见面活动,为跨国婚姻牵线搭桥,通过线上和线下结合的模式,为更多想寻找洋妹子的中国男士提供了更多的机会。

2016 年 12 月,洋媚子组织了一场跨国交友相亲会。在乌克兰的哈尔科夫圣诞节,尽管乌克兰室外冰天雪地,但是来参加洋媚子线下相亲的乌克兰美女的热情依旧高涨,盛装出席的她们妖媚迷人。乌克兰美女的美貌和多才多艺征服了现场很多中国男性。

正是基于此次合作和飞速发展,洋媚子获得了一品威客加速器的青睐。一品威客加速器旨在帮助那些具有高成长性的企业(团队)加速成长。而洋媚子项目从 50 万起家,通过一品威客创客空间孵化,实现自负盈亏,不但养活了国内 20 人的运营、开发团队,还在乌克兰整合了线下婚介团队、网红加盟,开辟一条精益创业、价值提升的全新路径,很具有潜力。

随着项目运营的深入,总部在厦门的洋媚子开始整合国内外知名的婚介和旅行社资源,并已经落地北京、武汉、哈尔滨、深圳、杭州、郑州、开封、洛阳、新乡等城市。

大程介绍说:"洋媚子做的是连接中国和世界190多个国家的事情,市场巨大。根据权威机构调研,跨国婚恋交友平台每年都有近十亿美元市场价值。从定位来说,洋媚子是基于社交的婚恋平台,社交、婚恋两个程度,按照市场需求来提供服务。我把这个项目定义为幸福项目。如今,越来越多人意识到找洋媳妇的好处,这也是对我这个幸福项目的认可和支持! 毕竟婚姻是人生的重大转折点,选择大于努力,选择不对就要辛苦一辈子。"

大程作为资深互联网创业者,运营过不少的项目,积累了丰富的经验。他认为,创业像西天取经,历经八十一难,方能取得真经。他也分享了初期创业团队组建的心得,并把它总结为三部曲——招人、稳人、养人。

招人环节:招到合适的人才,组建一支兵强马壮的队伍,是决定项目成功的关键。有很多创业者会认为招人是人力资源的事,但其实有两个阶段创始人必须要参与其中。第一,创始团队组建时,创业者即使不参与所有具体招聘流程,也必须亲自出马进行面试,尤其是最开始那两三个人的招募;第二,重要岗位人才招聘,创业者也要亲自参与,与应聘者深度沟通,因为很多时候,你需要确定那个人是不是你想要的,招得好,才能用得好。

招人其实就是筛选的过程,找到符合团队相应阶段的人才,尤为重要。能力太强的,驾驭不了,也留不住;能力太差的,培养不起,浪费资源,适合的人选才是最好的。创业初期,寻人过程,要充分利用身边的资源,有很多人甚至都发动家人、同学、朋友参与,夫妻档、同学情、朋友圈,在很多创业公司都存在,因为天然的信任关系,不用过多考虑人员留存问题,先充实到团队当中,至少先把队伍拉起来才是最重要的。

稳人过程:稳人先稳心,人进来,心稳定。白手起家的创业者只有孤家寡人,穷得就剩理想了。我们既给不了员工大公司的待遇和福利,也无法给予其他的光环,想稳住人心,我们能做的只有多谈情怀,这也是最重要的。其实这时候最需要创业者充分展现个人魅力,虽然我们不是人民币,不可能做到人人爱,但至少可以吸引到性格相似、能适应你的管理风格的人才留下来。

想留住人才,方法也很多,无论激励型,还是情感牌,更重要的是我们要快速走进员工心里,了解他们内心最真实的想法,及时把握思想动态,发现问题,对症下药,才能做好员工的留存。这方面最经典的案例当属马云,当时他凭一脸青涩、一腔热血,靠画饼就把年薪几百万的高管蔡崇信吸引过来,只拿 500 元的月薪并一路追随。

养人阶段:人员稳定了,如何快速培养出人才,这决定着企业发展的速度。其实从基础技能、管理能力,到综合素质提升,都需要不停地拉练队伍,具体到业务创新、内训加强、学习督促,这都需要合理的制度和激励性考核。

为了培养和筛选出优秀人才,需要制定相应的制度,针对不同岗位采用不同的培养方式。以知己公司为例,对于基层人员的培养,采用管理岗竞选制,设计竞选流程,采取民主选举,鼓励和引导优秀员工积极参与主管竞选,让其获得管理岗的更多锻炼;对于中高层人员培养,采用中心和分公司合伙制,配合"狮群计划"、"双百人才",加大人才培养的力度。日常增加激励性考核,实行末位淘汰,对于未完成目标、处于末位的,进行降岗或淘汰,这样无形中给员工更多压力,督促其学习提升,避免掉队。

总之,从初期团队组建到中期企业规模发展,建班子贯穿始终,如何去物色人才、聚集人才、培养人才,做到人尽其才、才尽其用,这决定着企业的成败和兴衰。作为创业者,随着团队规模的扩大,每个人也要经历团队规模的各个坎,从 5 人、10 人、50 人,到 100 人、500 人,不同的团队规模也考验着我们学习和管理能力。

案例 8　王骁瑞与他的百吉年[①]

记得那是去年的仲夏,王骁瑞几人来到我家来探望我这位曾经的伙伴。刚到楼下,我被他们的座驾惊呆了。奔驰 CLS 320!我对车不太了解,但是

---

① 作者:威客狼崽工作室。

我知道这是一部带着成功范儿的豪车。豪车里走下的王骁瑞、杨洋还有小涵,他们除了依然保有"90后"蓬勃朝气和年轻人的活力外,成功的事业更让他们意气风发起来!久别重逢,自是欢喜异常。饭席上,我偷偷查询一下这款豪车的价位,估算了一下连落户、保险等费用,总价不禁让我咋舌!超过了100万!谈笑间,我们共同回忆起百吉年的前身"LAVIE"工作室在这里初创的点滴,那段充满燃情和挫折的岁月,给每个人的心中都留下了难以磨灭的记忆。不同的是,王骁瑞他们成功了,记忆中自然多了份美好,而我因为其他原因未能共同走下去,除了感怀岁月,更多了份慨叹——假如我能走下去,该多好!

宴席散去后,王骁瑞他们潇洒地走了。而我带着无限的慨叹站在风中,陷入了沉思。虽然,我没有成功,但是至少我参与了其中。王骁瑞席上分享的经历也让我大获裨益!现在,我想把他的故事分享给每一位想要创业的年轻创客们,站在他的背后去重走一遍他的创业之路。我要告诉大家,创业虽然艰难,但是成功从不遥远!相信在王骁瑞的故事里,大家也能颇有收获!

大多数的哈尔滨市民拿着不甚丰厚的薪水在这里安逸的过活。如果你是一名刚走出校园的大学生,在这里接近四千的薪水已经待你不薄了。王骁瑞也是如此,他这个东北农大的学生对单位亦是感觉不错,唯一感到不满的是,对于一个脑子里常有创业想法的人而言,公司的各项规章制度和经济上的不自由就是对他的束缚!日子长了,随着脑子里创业的念头越来越强烈,不甘平庸的他渐渐感到透不过气来!有个名人说过:"不自由,毋宁死!"王骁瑞则表示,不自由,小哥辞职给你看!当然,辞职并不是贸然的,在辞职前,王骁瑞的脑子里,早已盘算出些许路数。

这话还要从他在东北农大上学时说起。王骁瑞在学校的食品学院可谓创新狂人!在这四年里,他凭着对食品研发的热爱与天分,同在校的小伙伴们数次参加由中国食品工业技术协会创办的食品专业创新大赛。在这四年中,他主持研发的茶缤纷、口香糖、苏合力面包片等创意产品屡屡在大赛中大放异彩,斩获优异名次!在2013年,大赛评委会甚至专门为他的作品杏仁发酵酪颁发了特别奖,以奖励其作品在本届比赛中突出的表现! 甚至一些大企业纷纷表示想与其合作。可是,王骁瑞婉拒了。一来,他想把技术再度精炼提高下,二来也要为他的创业埋下一些伏笔!

创业者的成功缘于他对事业的热爱和积极的准备! 可能当年的王骁瑞也没有明确地知道他已经具备如此多的成功要素。他的大学没有虚度,在这里不仅修炼了技术,更培养了团队领导力。这所有的一切,为他的创业成功夯实了基础。

王骁瑞在一纸辞呈上交后变成了自由的无收入者。当然,凭靠着自己获奖的奖金依然能够过上一段闲适的生活。但是,躁动的创业之心怎么能允许他消停地待着。失业后,他召唤了我、杨洋以及韦小涵等元老伙伴成立了百吉年的前身——"LAVIE"工作室。工作室的内容大抵分为三项:维持生活、研发产品、寻找资本! 维持生活容易,确定掌勺的伙伴儿,保证大家伙在工作室阶段不至于饿死,确定管财务的伙伴儿,保障大家不至于穷死。然后,凭着简易的实验环境,进行杏仁酪实验室阶段的深入研发。实验室研发成本较高,每一次研发的失败大伙不免肉疼一会儿。历经多次配比发酵的调整,终于杏仁酪的实验室精样终于研发成功! 香醇的气息和细腻的口感,以及不输酸奶的味觉体验让我们为之振奋不已。当晚,我记得王骁瑞来了这么句话:"我终于也可以享受酸奶了!"

话说王骁瑞原来对乳糖过敏,看着别人畅享酸奶牛奶,自是羡慕得不得了。自打学了食品科学,一直想有朝一日能喝上酸奶的代替品。而这一天,终于在他和团队的不懈努力之下,完成了! 在后来的产品分析会上,又总结出了杏仁酪具有不会光解,不需冷链贮藏,超长保质期,不具苦涩味等特殊优点。渐渐的,乳糖不耐症患者,对营养保健有需求的人群都成了这款产品的目标客户。他发现这也许是植物饮料里甚至整个饮料行业里的新品类!

有了好的产品和技术,王骁瑞团队创业的信心更足了。但是,创业需要资本的注入,没钱,一切都是幻想。于是,在我的联系下,第一波资本准备投资。但是,天不遂人愿,投资方是个地产大亨的孩子,这位拥有美国国籍的华人朋友向王骁瑞团队提出了较为苛刻的条件。基于对事业长期发展考虑和合作体制的异议,在长达三个月的交涉未果下,第一次投资宣告破产!由于经验的浅薄和社交圈子的狭窄,在接下来的几个月,我们仿佛与资本隔绝了,四方筹措无果,不知钱从何来。而我,迫于婚姻和生活的压力,于年底主动撤出了团队。

其实关于钱的来源和公司初建的方式,我与王骁瑞的想法是相左的,王骁瑞甚至不太纠结于钱从何来,他只想一旦钱到手,就自己租场地,买设备,搭建中试和生产车间。如果缺钱,这几个兄弟每个凑个十五六万也就差不多了。而我则坚持引入外部资本和生产资源,以代加工的方式进行初期运营,以降低自身的创业风险。双方僵持不下,协商未果。

创业人的一生总会有钻几次牛角尖的时候,尤其是当他年轻时。王骁瑞当时缺的只是沉稳,而我缺的是魄力,而这可能是所有创业者最应具备的素质吧。所以王骁瑞最后成功了。王骁瑞团队最终没有众筹,而是找到了当初公司选址时没有入眼的企业孵化器。谁想到,这个政府提供的大学生创业空间竟别有洞天。

由于王骁瑞及大多数团队成员是应届毕业生,享有国家和政府给予的政策性扶持,比如:三年免税,创业基金扶持,费用低廉的办公场地以及创业指导和资源的接洽。总之,利好政策满满,好处多多。渐渐,他们通过培训对于企业的经营有了理论性的了解,从制度管理到财务稽核再到经销渠道的选择,他们有了越来越深入的了解并日益精通。最后,在王骁瑞团队的资源整合和哈尔滨市人力资源和社会保障局的帮助协调下,各资源有钱的出钱,有人的出人,有生产线的出生产线,在几个月的运筹下,公司顺利营运,产品实现生产加工,百吉年牌杏仁酪终于横空出世了!

2015年11月22日,在哈尔滨市人力资源和社会保障局主办的第六届哈尔滨创业大赛上,王骁瑞团队与其他800多团队同场竞技,经过评委会在创业思路、创业运作、产品前景等方面的综合考评,王骁瑞团队荣获第三名。2016年6月,王骁瑞的百吉年食品有限公司出品的杏仁酪欢喜问世!

随着百吉年杏仁酪的问世,百吉年公司的经营走上了正轨。杏仁酪以其独特的产品特性和新奇的味觉感受受到了广大消费者的赞誉,尤其是那些对乳制品过敏的人都发出了像王骁瑞当初的感叹。通过经销商的全力营销,几个月下来,王骁瑞的百吉年公司就财源滚滚,盈利颇丰!而公司的出行工具由公交步行,一下子换成了奔驰CLS 320!于是乎就有了前文。现在,王骁瑞的公司月利润稳定在60万~70万。虽然收入距离大厂有很大的距离,但是已经成为孵化器里的明星企业。而且通过公司在产品研发上的不断深入,诺有森冷榨核桃油也已经成功上市,成为百吉年公司的另一个利润支柱产品。

我记得,王骁瑞曾说过:"也许我们的产品可能被效仿,甚至超越。但是人类的饮料食品中有一个因我们而开启的全新品类,这就足以!"就这胸怀,我相信过几年王骁瑞他们再来我家时,也许会坐上了更好的车了吧。

我们从王骁瑞的故事里可以总结出创业需要具备的几点:

1.有颗创业的初心、信心、决心。

2.掌握创业的核心技术,并为此做足功课,倾注热情。

3.要团队作战,各司其职,合作共赢。

4.一定要学会借助国家的政策和政府的资源。

5.别钻牛角尖,很多时候"柳暗花明又一村"。

6.学习,不断地学习。多接触社会资源,学会整合资源。

7.坚持不是死守,学会共赢才会有更广阔的发展空间。

案例9　李建川的公司内部创业项目
如何做到行业第一

2017年3月,一品标局单月商标注册、版权登记件数超过了2 000件。而这也让一品标局在短短的一年多时间内,一跃成为福建最大的商标注册服务机构。凭借着专业细致的服务、更高的注册通过率,一品标局赢得了客户的认可,并陪伴更多中小微、新创企业成功成长。

一品标局作为厦门一品威客网络科技股份有限公司内部的孵化项目,

做到福建省行业第一,这离不开带头人李建川的努力。李建川在 2006 年毕业后,就一直从事销售相关的工作,从一线销售干到项目负责人,算得上是最早期一批电话销售人员之一了。因为认同一品威客平台"让天下没有难办的企业"的运营理念,于 2011 年 4 月毅然加入了一品威客网,成为一品威客公司第一个销售,也是目前公司工龄最长的员工之一。

时间来到 2015 年年底,这个时候李建川已是一品威客网 VIP 销售总监,事业处于上升期。不过当时为适应公司发展的需要,也为了能给一品威客平台的雇主提供更全面的企业服务,一品威客网创始人、CEO 黄国华决定开始组建属于一品威客的知识产权中心,后来命名为"一品标局",并让李建川来负责整个项目。这也意味着,李建川要从零开始一个新的项目。

最初开始接项目的时候,李建川也没想太多。他作为公司资历最深的员工,给自己的定位从来都是"我是公司的一块砖,哪里需要哪里搬"。同时,李建川之前多年带团队、带项目的经验,让他有信心可以把事情干好。"从当时的情况看,能不计较个人眼前得失来做一品标局项目,估计也就只有我了。"李建川说。

单枪匹马地来搞一个自己不擅长领域的项目,对于李建川来说,压力还是很大的。为此,他从专业人才的引进,到一品标局项目流程的梳理,在整个项目前期确实花了不少的时间。项目初期他主要从几个要点来奠定基础:

一是人才引进。让专业的人做专业的事情,所以前期花大精力从茫茫人海筛选并邀请了苏普南、胡文勋、周芝伊等资深知识产权顾问一起加盟。他们都在知识产权领域过有不下 5 年的经验了,有了他们,一品标局项目才有了专业的基础。

二是加强内部人员的培训。知识产权是一个严肃的事情,任何环节的不够专业都可能给客户的企业带来很重大的损失,所以李建川重点梳理了一品标局的服务体系,从前期的风险评估到合作之后的进度汇总,都尽量做到公开透明,让客户能一目了然,时刻明确自己的商标状态,要求所有的从业在岗人员都要尽可能让自己专业起来。

三是线上知识产权业务流程的梳理和服务的加强。以互联网方式来做知识产权,在一品标局开启项目之前,也就那么几家在做,市场相对较新,空间也大。因此,李建川带领团队重点学习和分析了同行的优缺点,取长补短,坚持"把简单留给客户,把复杂留给自己",利用一品威客网品牌影响力和服务优势,短期内也聚到了不少的客户。在项目上线三个月的时候,就能以 10 人队伍,做到了每月 500 件商标代理量,这个是线下同样规模的事务所一年的代理量总和。

正是因为在项目初期就打下良好的基础,一品标局业务节节攀升。2016 年 1 月,一品标局上线第三个月,商标注册件数突破 500 件;同年 8 月,商标注册突破当月 1 000 件并同时突破业绩当月 100 万;同年 11 月,商标注册突破当月 1 500 件,实现当月流水 150 万;2017 年 3 月,一品标局单月商标注册、版权登记件数超过了 2 000 件。

作为一品威客网旗下企业知识产权一站式服务平台,一品标局(www.epbiao.com)以"互联网＋知识产权"的发展模式,通过互联网、信息技术等手段创建知识产权生态系统与创新工具,有效解决传统线下知识产权服务的痛点,为企业提供方便快捷的国内商标注册、国际商标注册、商标交易、版权登记、专利申请等知识产权服务。自 2015 年 11 月上线运营以来,在短短一年多的时间内,一品标局已成功为上万家企业提供了知识产权保护服务,成为福建乃至国内领先的知识产权服务平台。

此外,一品标局不断丰富服务类别,并上线了商标商城。在商标商城上面汇聚了一大批注册商标资源,有购买需求的企业看到心仪的商标,可以进行购买;如果用户有闲置的商标资源,也可以将其放到一品标局商标商城进行出售,从而让商标产生更大的价值。

与传统商标代理机构相比,一品标局在便捷性、周期和性价比等方便都具有显著优势。比如,更加便捷省心——专业知识产权顾问,经验丰富,答疑解惑,全程服务,只需简单填写个人相关信息,其他事情不用操心;周期更简短——严格按照承诺时间完成全部流程,将申请时间缩短到最小;费用更实惠——统一收费标准,价格公开透明,性价比高。

　　李建川介绍说,中国每年有几千万新注册公司成立,而目前商标代理量排名第一的机构,一年也才 10 来万件的代理量。面对如此庞大的市场,一品标局还有很大发展空间。"做成福建省行业第一从来都不是我们的目标,我们未来的目标是不断做大做强,争取两年内让一品标局商标注册代理量能位居全国前五。"

　　根据 2017 年 1 月 18 日国家工商总局新闻发布会公布的数据显示:2016 年我国商标申请量 369.1 万件,同比增长 28.4%,增速较上年提高 1.5 个百分点,已连续 15 年位居世界第一。全年新登记 1 651.3 万户,同比增长 11.6%,平均每天新登记 4.51 万户。至 2016 年底,全国实有各类市场主体 8 705.4 万户,其中,企业 2 596.1 万户,个体工商户 5 930 万户,农民专业合作社 179.4 万户。随着市场主体商标意识的增强,商标注册变得越来越便捷,这将大大增加商标注册的需求。一品标局正是看到了这个前景广阔的市场,决心继续努力,做大做强。

　　通过带领一品标局团队实现发展,李建川自己也有许多收获和经验。作为公司内部孵化项目的带头人,李建川认为:

　　不要过分的高估自己,很多时候我们位居高位有所成绩就容易沾沾自喜,盲目自大。应该多问问自己,如果脱离现在的一切,重新开始,你是否一样能东山再起,再创佳绩。

　　不断学习的重要性。作为孵化项目的负责人,需要的不仅是销售经验和口才,还需要学习的地方很多,从建立团队、客户引流、获客成本、品牌树立和服务体系建立等各方面的问题都需要我们来解决。

　　很多时候价格不是客户最看重的,服务比价格更具备说服力:相比于市面上有的那些仅收费不给服务的渠道,很多客户还是愿意选择我们的原因,是我们真正做到了"把简单留给客户,把复杂留给自己",让客户用最合适的价格买到最放心的服务,这是一品标局一年时间能获得这个成绩的最重要因素。

　　要注重团队的分配。后期服务和前期销售一样重要,一品标局老客户的复购率一直都在 30% 以上,并且源源不断地有老客户转介绍,主要是前期服务建立起良好信任。

案例 10　赛客智能呼吸器：让每个人的呼吸可以看得见

近年来，慢性病患病率持续上升，对于慢性呼吸疾病，亟须关注的是发病率一直在悄然攀升的慢性阻塞性肺病。2016 年 3 月 10 日，全国人大代表、中国工程院院士、著名呼吸病学专家钟南山在接受采访时表示，对于慢性阻塞性肺病的基本治疗药物，国家已将一部分列入慢病目录，但在广大的一些农村地区，并没纳入医保目录，这是一个很大的问题。

"据不完全统计，我国 40 岁以上人群接近 9.5％患有慢性阻塞性肺病。照此估算，中国有近 4 000 万慢性阻塞性肺病病人。"钟南山表示，"认识不够是一个重要原因，觉得年纪大了，呼吸有点困难是自然现象，对心脏病、脑血管比较重视，这是一个误区。为什么呢？1998 年，美国有一个统计，跟 1960 年相比，心血管的脑卒中、冠心病、高血压等其他各方面的病死率都是下降的，有的下降了 60％多，唯一增加的是慢阻肺病，增加了 193％，他们后来在研究、投资、药物研发方面都很重视。"

"慢性阻塞性肺疾病"（简称"慢阻肺"），即人们常说的慢性支气管炎和肺气肿，是三大慢性病之一。根据此前世界卫生组织公布的数据显示，慢性阻塞性肺疾病（COPD）居全球死亡原因第 4 位，预计至 2020 年慢阻肺的全球经济负担将跃居所有疾病的第 5 位。

因此包括广州呼吸疾病研究所荣誉所长钟南山、上海复旦大学呼吸病研究所所长白春学等呼吸界权威，一直在呼吁全民关注呼吸健康，开展肺功能检查可以及早发现慢阻肺等肺部疾病，实现早发现、早干预、早治疗，提高患者生活质量，减少致残率和病死率。

但是，相对于欧美等西方国家，中国的呼吸检测也未纳入普通人的体检项目中，特别是对横膈肌健康关注欠缺。目前，呼吸检测设备也都只使用于医院,体积庞大,价格高昂动则十几万,而且操作手册晦涩难懂。全球尚且没有一款用于家用的慢性呼吸疾病的检测设备。

那么,如何让每个人都能在家里像检测血压一样,随时方便地检查自己的肺功能?

2014 年,有着十年医疗器械相关工作背景的何明军、张惠荣也开始注意到这一痛点,并成立了赛客(厦门)医疗器械有限公司,引进医疗器械、电子信息、移动互联网等多领域的优秀成员,进行全球首款专业的医用级可穿戴智能硬件的研发。

他们和上海复旦大学呼吸病研究所等学界、业界合作,创新性地研发出呼吸功能检测、哮喘监测、呼吸锻炼一体化的医用级呼吸检测训练智能硬件"赛客智能呼吸训练器",将只使用于医院、价格高昂、操作复杂的呼吸功能检测可视化、便民化,填补了全球家用慢性呼吸疾病检测与锻炼设备的空白,它可以帮助运动人士锻炼呼吸机能,提升运动成绩;解决声乐人士演唱时气量不足、耐力不够问题,增强气息控制能力;有效改善 COPD(慢阻肺疾病)、哮喘等患者的呼吸困难问题。

赛客智能呼吸训练器大小重量和手机一样,价钱也亲民。只要呼气和吸气,关于呼吸道的检测数据就能很快屏幕上显示,可以帮助做慢性呼吸疾病、慢阻肺和哮喘的筛查。这些数据用图表、解说等方式让普通人也能看得懂。

"关心呼吸健康,让每个人的呼吸可以看得见!"赛客创始人何明军说。智能呼吸训练器所获得的数据可以发布在云端,不管是医生还是家人都可在手机 APP、微信等上查看,让每个人的呼吸可以看得见、看得懂。居委会的工作人员认为,这样的科普活动让社区居民关注到自己和家人的呼吸健康,很有好处。

除了呼吸检测外,赛客智能呼吸训练器还有一大亮点,就是这些呼吸训练器还能通过吸气训练,来锻炼呼吸肌功能。他们创新性地研发出呼吸功能检测、哮喘监测、呼吸锻炼一体化的这款智能硬件,填补了全球呼吸锻炼设备的空白。

张惠荣介绍,横膈肌承担着人体 70% 以上的呼吸工作,横膈肌的衰退会对呼吸系统正常运转造成直接的影响。通过专业的呼吸训练器械,经过科学的适应性训练,可以帮助提升横膈肌的强度和耐力,从而让我们的呼吸更加舒畅,运动持久性增强。

"就像举哑铃锻炼二头肌一样,呼吸器就像锻炼呼吸的哑铃。"何明军说,这些呼吸器可以调整呼吸的阻力,来锻炼横膈肌,可以帮助运动人士锻炼呼吸机能,提升运动成绩。国外铁人三项选手要提升运动成绩都需要锻炼横膈肌的机能。

有趣的是,赛客团队还在智能呼吸训练器内设游戏,如你吹气越久,游戏里的小鸟就会飞得越远。"就像原世界乒乓球冠军邓亚萍来访赛客团队时所建议,应该让呼吸锻炼也变得轻松、好玩。"何明军说。

作为一家新兴的高科技创业公司,赛客(厦门)医疗器械有限公司基于发展考虑,2015 年 12 月 28 日正式入驻一品创客·海峡两岸无人机暨智能机器人孵化基地,创业服务让项目更好发展。

经过孵化基地的服务,以及自身的努力,赛客获得了快速发展。赛客已与上海呼吸病研究所深度合作,邀请中国呼吸界学术权威、上海呼吸病研究所所长、博士后导师、中国肺癌防治联盟主席白春学教授出任首席医学顾问。

2016 年度,赛客团队多次接受厦门海沧区、厦门市委、国台办、商务部研究院领导以及创新工场李开复博士、万科集团王石、前世界乒乓球世界冠军邓亚萍等企业家调研,受到好评。

此外,赛客在 2016 年 6 月,参加中央电视台创业英雄汇进入决赛;参加厦门市厦门银行杯小微企业创新创业大赛均获得优胜奖;2016 年 8 月,参加浙江省举行的全国生命健康产业创新创业大赛,进入决赛;2016 年 12 月,获得国家高新科技企业资质。同时,还与有关医疗的知名公司进行了业务合作。

在 2017 年 3 月,赛客又有好消息传来。创始人何明军入选厦门市第九批"双百计划"人才。何明军介绍说,赛客医用级可穿戴智能硬件已经开发完成,处于批量生产阶段,已经成功申请申请 CE(欧盟安全认证)、CCC(强制性产品认证)、FCC(美国联邦通信委员会)证书,具备大批量上市销售条件。

"赛客智能呼吸训练器最终目的并不止于产品硬件的销售,而是为了推广到社区、全国乃至全世界的终端用户,为各个国家精准采集国民的呼吸指数做出贡献,可以保证各个国家更好地了解国民的身体体质,并且得到改善和提升,无论是孩子还是成年人,都可以通过这款智能呼吸训练器获得很好的自我监测和锻炼效果,通过大数据的采集和分析让使用者了解自身的呼吸机能,同时也让精准的呼吸分析报告服务于社会需要,让所有人都能重视个体的呼吸健康并积极参与到健康呼吸的理念传播中来,起到全民健身的效果。"何明军如是说。

案例 11　厦门大学"90 后"和老师"玩"出创业项目,打造教育无人机①

"90 后",在许多人的眼里是一群长不大的孩子,但是很多人似乎忘记了,贴着标签的这帮孩子也在慢慢成长,有自己的梦想,有自己的努力,也有自己不想放弃的坚持。

在"大众创业,万众创新"的潮流带领下,有许多大学毕业生走上了创业的道路。2016 年 10 月,厦门大学自动化系的几位"90 后"毕业生及在校生与老师萌生了创业念头,他们抓的商机不但不耽误学业,还能促进教学更上一层楼,那就是制造飞行器。

从小就喜爱无人机,改装遥控飞机的发烧友——林灵杰与郑伟鸿,在大学期间,正值厦门大学教务处和现代教育技术中心大力打造本科生科创平台,信息科学与技术学院腾出 450 平方米的实验场地,24 小时开放,成立本

---

① 作者:叶燕(一品创客海沧孵化基地)。

科生创新联盟。

他们的老师——陈华宾,是工程师,理学硕士。2004 年 7 月,陈华宾从厦门大学电子工程系无线电物理专业硕士毕业。硕士研究生阶段跟随导师从事水声通信技术研究以及智能电子系统设计,主要研究领域集中在高效水下彩色图像容错编码。后来研究兴趣主要在电路系统设计、图像压缩、小波分析、水下技术、嵌入式系统设计。

留校当了大学老师的陈华宾,在教学过程渐渐地与一些热衷于创新竞赛的学生熟悉了起来,其中就包括林灵杰和郑伟鸿。2012 年起他就开始参与创新平台的创建,现任厦门大学信息科学与技术学院创新平台主任。

2013 年的时候,厦门大学信息学院无人机团队(属于厦门大学信息学院创新实验平台),指导老师正是陈华宾,核心研究人员包括了林灵杰与郑伟鸿。其中,林灵杰毕业后在美图秀秀工作一年,从事手机硬件研发,担任过厦大智能车队队长、厦大海韵机器人队队长、厦大益家人社团创始人,获得过电子设计竞赛飞行器题目的二等奖。郑伟鸿是从 2013 年开始一直进行飞控算法的研究,2013 年获得过智能车比赛全国特等奖。

正是在校期间,在陈华宾老师的指导下,林灵杰、郑伟鸿在学院创新平台内在里面接受早期科研训练,参加智能车比赛、电子设计比赛、机器人比赛等,也参加了多次国家级飞行器相关的比赛并囊括众多奖项。因为相同爱好,他们走到一起。

如今,又因为共同梦想,他们踏上创业之路……

每年的六七月是毕业的季节,大批的学子就要离开学校投入到更广阔、更复杂的社会大学,当然也面临着就业择业的问题。“与其找工作,还不如共同创业。”陈华宾老师的想法得到了包括几个毕业学生和在校学生在内的创新联盟成员的一致认可。

他们马上投入到无人机研究之中,组建了自己的技术团队,并于 2016 年 10 月成功入驻到一品创客·海峡两岸无人机暨智能机器人孵化基地,创办了“厦门衡空科技有限公司”,致力于研发国内顶级教育无人机。

值得一提的是,一品创客·无人机暨智能机器人孵化基地是一品威客打造的主题式孵化器。孵化基地旨在孵化无人机、机器人、智能硬件等新兴领域的创新创业项目,专注于无人机、机器人等高端领域,是最前沿的科技创业平台。入驻孵化基地的创业团队,可以享受一站式创业孵化服务,包括办公空间、办公设备、订单信息、专家培训辅导、大咖创业分享、注册公司、人才招聘、市场营销、投融资对接等。

创业之初,一群大学生与老师面临资金筹集难、不懂商业运作等的困扰,只好摸着石头过河。在其他学生眼里,陈华宾与几位毕业生、在校生的创业伙伴算是一起拼命创业的"好基友",因为他们特别痴迷做飞行器,日复一日不断地重复测试自己的"作品"。

陈华宾老师介绍:"学生们的创业成本不算高,学校和老师们都很支持他们创业,加之一品创客对创业的帮扶,他们只需批发一些零部件和集成电路等就能制造飞行器。"

衡空科技成立半年多以来,凭靠自身的努力及厦门大学信息学院创新实验室的支持,已经为知名企业甚至政府部门制作了不少作品。正是这些订单让这群年轻的伙伴开启了在工作室废寝忘食的生活。

显然,教育无人机领域极有可能成就下一个像大疆那样的独角兽企业,然而最后谁能成为独角兽或许产品本身的性能才是最关键的。

与市面上已有的教育无人机相比,衡空科技的首款教育无人机最主要的优势在于其无人机的先进光流模块,能让机身整体飞行得十分平稳。

"诚然,无人机的软件仍有不完善之处,若在飞行过程中发生故障摔毁,各项损失费用、时间加起来损失也不少,因此教学模拟实训就显得尤其重要,我们已在这些方面打了'预防针'。"陈华宾老师说。

传统市场的瓜分,也使得这一新兴成长起来的年轻团队不知所措。"如今的传统无人机市场已被先发企业'多足鼎立',如果没有强有力的教育集团办学作为后盾,小团队很难从'虎口'中觅食。"陈老师坦言,由于缺乏资源渠道和社会经验,"象牙塔"中成长的创业团队多在市场边缘徘徊。

虽然无人机技术高大上,但大家并未因此得到荣耀。无人机起飞之际,并没有热情的观众呐喊和鲜艳的鲜花祝贺。"因为无人机在实验时有一定危险性,我们只能选择空阔无人的地方起飞,很多人并不知道我们在干什么。"衡空科技负责人林灵杰说。

一段时间以来,衡空科技团队的小伙伴们一刻不停地忙着搞研发、找客户。在入驻一品创客孵化基地的短短的几个月时间内,就已和广东深圳多家国内知名无人机生产企业成为战略合作伙伴。

林灵杰表示:"无人机能做的远远不止工业、植保、教育……通过前期的努力,衡空科技团队现在已基本开始盈利,平均月盈利几千到万元不等。虽然无人机应用市场容量很大,但有很多人对这一块依然很陌生,我们要走的路还很长,一边学习、一边成长吧。"

在衡空科技的5人团队中,有2名成员还在读书。在创业的道路上,作为团队负责人,林灵杰表示倍感压力:"我不知道这样高强度的生活持续几年之后,还有多少人能坚持。发展的前景有曙光,但更多的还在探索中,创业给我们最大的财富在于学到了做人做事的真谛,而我们的梦想是研发各种生活上实用的产品,用科技改变生活,甚至领航科技生活。"

面对斗志昂扬的大学生创业团队,陈华宾老师更是倍感欣慰。他表示:作为一个投身于科研事业的人,我对学生最高层次的期盼,其实是点燃他们的科研热情。我希望学生科技创新联盟不只是技术大牛们施展才能的平台,更能够吸引更多同学,将更多同学带到科技创新这个有趣的世界。创新是没有门槛的,每个人都可以找到自己喜欢的点。现在学生团队的办公室到半夜都是灯火通明,火热的程度不亚于一个创业公司。我每次看到这样的场景,心里都会涌起难以言表的感动和欣慰。

可以看到,他们正用拼搏写就别样的青春年华。对于未来,衡空科技团队人员表示充满信心! 他们希望做大做强公司,让现有的几个项目组形成生态链式的无缝化对接,真正让公司步入正轨。

案例 12　用做学问的心态做品牌生意①

冯帼英,中国著名的品牌策划管理专家。厦门大学新闻传播系广告专业 1985 级本科,于 1998 年创立广州市天进品牌管理有限公司,现任董事长。中国广告协会学术委员会常委、连续六届艾菲奖中国区终审评委、厦门大学广东校友会名誉会长。从事品牌策划及管理二十几年,为超过 200 个中国本土品牌服务,成就了 50 多个行业领军品牌,包括海尔、欧派、王老吉、多彩贵州、星辉车模等优秀领军品牌企业。以下是其自述:

1.年轻人承受不了安逸

1985 年,我以广东省佛山市顺德文科状元的成绩考入厦门大学广告学专业。在当时,厦大是中国唯一一所设立广告学专业的大学。在厦大四年的学习为我日后的创业之路奠定了扎实的广告学理论基础。

1989 年刚毕业,我回到家乡佛山。当时,中国本土的品牌策划行业才刚刚兴起,设立广告学专业的中国高校寥寥无几,使得广告学毕业生供不应求。就这点而言,我似乎有着得天独厚的就业优势,一毕业,就在佛山市广告公司顺利找到第一份工作。佛山市广告公司是一个国营单位,虽然刚毕业的我经验不足,但凭借扎实的专业基础和敏锐的品牌眼光,一进公司就被委以重任,担任公司策划部的负责人。策划部大概有七八个人,普遍年龄比我大。然而,当时的国营单位普遍体制僵化、气氛沉闷。死气沉沉的公司氛围、一心追求安稳而进取心较弱的同事以及用人方面缺乏自主权等诸多因素,让年轻有活力、敢想敢拼的我无以适从。

担心斗志与激情会在日复一日的琐碎事务中被逐渐消磨,1991 年,24 岁的我毅然决定辞职,结束这段国营生涯,迈出了我创业的第一步。我与他

①　资料来源:http://jiaju.sina.com.cn/news/20161228/6219793412884071265.shtml.

人合作成立原野策划广告事务所,虽然事务所中的成员只有几人,规模极小,但大家志同道合、一心向上,加上优越的地理位置优势,事务所很快取得可观的业绩。26 岁,我被评为佛山三大广告人之一,然而这份荣誉并没有让我满足,却激发了我更远大的理想和抱负。

1995 年年底,机缘巧合下,我认识了当时的广东省广告协会的谢秘书长。在谢秘书长的推荐下,我参加了中国广告协会去美国的第一届培训班。培训班 20 余人,只有两人来自广东,其中一个就是我。那次美国的培训内容丰富,我们的行程包括到美国传播学院学习广告相关理论、考察美国优秀广告公司等。国际化大都市广告业的发达与蓬勃的生命力、创新的广告业操作、凝聚的众多高素质人才、无限丰富的信息量、完整的产业链……一切的一切都让我眼花缭乱、兴奋不已,给我带来巨大的冲击与震撼。与此同时,这也让我深深地感受到中国广告业发展的落后。一股振兴中国广告业的使命感油然而生,我有责任让中国广告业跟上时代的步伐。

2.30 岁成立公司,我很懵懂

考察带回的满满想法与激情,让我毅然决定放弃佛山的安逸,到大城市闯出一片新天地。1996 年,我离开佛山,来到广州。在广州,我加盟了东一广告公司。在此期间,我与公司另外一个股东共同合作,以家电与房地产公司为主要服务对象,业务范围不断拓展,包括海尔、科隆等许多大品牌的业务;公司规模也迅速扩大,从最初的十几人扩大为四五十人。这段时间我的事业如鱼得水,一切看似很顺利。然而,随着时间的消逝,东一股东间存在着的理念差距开始渐渐暴露出来。截然不同的选择让我们产生多次争执。股东理念的分歧既让我内心的想法无法实施,也最终影响了东一的发展。

1998 年年底,我离开东一,选择独自创业。20 多个东一员工选择跟随我,其中的四位成了我的股东。我们共同筹集了一些资金,成立了一个新的咨询公司——天进品牌咨询管理有限公司。那时的我刚满 30 岁,年轻的热情在心底膨胀,无所畏惧且敢想敢拼,激动又有些许担忧,感到未来充满希望,似乎梦想就在眼前。但是创业又哪有那么简单。或许因为那时太年轻,社会经验相对不足,对于如何驾驭股东与管理公司,我都处于一种懵懂的状态。天进成立之初,一切尚未定型,利润有限。面对利润的期望值与实际值的差距,仅在第一年间,就有三个股东陆续离开。5年后,又一个股东也选择离开,只剩我坚持留了下来,并决心将天进发展壮大。

3.提到天进,绕不开海尔

天进的英文即为"TEAM",团队精神是天进不可或缺的财富。我一直追求的是精英团队,规模化从来不是天进所追求的目标,精简才是王道。而提到天进,绕不开海尔。无论是海尔的精神,还是与海尔合作的经历,都成了天进成长的基石。创业之初,我选择继续服务海尔,一直服务了十年。而十年服务海尔的经历,无论给我还是给天进,都带来数不清的挑战与惊喜。我欣赏海尔,欣赏其追求卓越、勇于创新的精神。海尔刚开始与我们合作时,只是北方一个中型企业。但海尔对完美品质的追求、对严格标准的执着让我暗自佩服,我认定它必将成长为一个世人瞩目的企业。

然而,双方的合作之路并没有一帆风顺。

还记得当时海尔要求天进派遣员工到青岛进行服务,如此遥远的异地服务,艰苦的条件可想而知。几年下来,公司中该去的人都轮了个遍,到最后大家都不愿再去了。于是我只能再招纳人才或找员工协商,做好其心理工作。然而更大的困难还在后头。创业之初,我们的客户屈指可数,海尔作为天进的主要客户,带来的收入占天进收入来源的一半以上,最高峰时甚至达到70%。十年间,海尔付给天进的费用基本没怎么提高,但我公司的员工成本涨了数倍,有相当长的一段时间,天进处于零利润状态。我深知天进到了瓶颈期,心里焦虑万分,整晚整晚睡不着觉,终日在脑海中思索着天进的未来。深夜中,月亮高高挂在枝头上,照得房间明晃晃的,我在一片迷茫与无奈中发问,天进未来的出路在哪里?

4.坚持的理由很简单——热爱

最终我想到一条路径:开发华南、广东地区的客户市场。我深知这不是一件易事,因为华南广东区域的企业老板品牌意识十分薄弱。但既然他们的品牌意识不强,为何我们不能对他们进行教化引导呢?于是当机立断,通过学术营销、案例营销来强化传统企业家薄弱的品牌意识,为其灌输品牌思想与方法论。于是通过总结自身的经历与学识,写出了《品牌快速成长十八法》与《海尔背后》。

学术营销作为天进自身的推广方式,成了天进引导、培育品牌策划市场的良好方法。但实际上,教化之路又何其艰辛。得到过数不清的拒绝、数不尽的委屈,遭受过白眼,也遇到过不屑。在早期,很多客户对我们提出的品牌战略的价值表示轻视。在他们看来,品牌这东西可有可无。也有一些客户从始至终未接受品牌战略,认为其无关紧要。甚至有一些企业事先拒绝支付咨询费,却要求天进先提出品牌策略。但当我为其提出完整的品牌策略时,那些客户最终选择拍个广告片敷衍了事。在这种情况下,投入和回报极其不相称。但经过多年的努力,天进逐渐提升品牌咨询的工作价值,也获得了越来越可观的回报。我们的咨询费从免费到五十万到一百万到两三百万,一步一步地提升。

这么多年以来,笑过也哭过,受到赞誉也遭受过打击,要说没有委屈和泪水都是假的。曾经好多次想过放弃,但最后都咬咬牙,坚持下来了。原因很简单:我热爱这个事业,无比热爱。想来想去,没有哪个行业会令我更兴奋或是热爱。当我帮助客户整顿品牌问题,为其找出解决方案,直到方案落地获得成功时,整个过程我都无比享受。无论多累多气馁,只要睡一觉我便恢复精力。偶尔回头看,一切宛若云烟,再大的坎其实都可以越过。

5.只有客户成功,天进才会成功

在我看来,客户是孕育天进的肥沃土壤。对于客户的挑选,我有着自己的一套标准。我喜欢高素质、有野心的客户和成长型的企业,相比企业规模,我看重的是企业家的理想、抱负、中高层的素质以及对品牌咨询专业尊重的态度。

天进最初的服务领域以家电为主,以海尔为代表。2006年,箭牌卫浴老板阅读了我的著作《海尔背后》,找到了天进,双方一拍即合,都认为将家电品牌策略用在家居界产业同样合适,因为两者具有相似的消费人群。箭牌仅用三年时间突破国际大牌的重围,成为中国本土卫浴界的领军品牌,箭牌老板也成为卫浴界教父级人物。箭牌之后,天进在家居界开始声名鹊起,并陆续与欧派、慕思、欧普照明等大品牌合作至今,相继取得巨大的成功。

后来与加多宝的合作,天进开拓了在快消品与大健康领域的服务。2003 年,天进为其量身打造了"吉祥文化"。我们针对加多宝品牌特点相应提出"吉祥时就喝王老吉"的口号,将吉祥基因注入加多宝,使加多宝从功能性品牌转变为具有中国传统文化底蕴的文化性大健康品牌。加多宝创造了中国饮料界的奇迹,而天进对其的品牌定位则助力加多宝由区域性品牌扩展到全国性品牌。

2010 年,天进因为担任多彩贵州的品牌咨询公司,成功地将服务触角延伸至文化旅游领域。那年,贵州省的宣传部在北上广几大中心城市里精挑细选,选出十家品牌咨询公司。通过层层考核,最后天进从这十家中国一流品牌咨询公司中脱颖而出。天进之前从未服务过区域文化品牌。而这次,天进要担当贵州"十二五"规划品牌的规划者、咨询者,我们被委以如此重任,是一次绝佳的机遇,也是一次绝对的挑战。经过对贵州省细致的品牌观察,最后我们为其提出"多彩贵州"省级文化品牌战略。经过五年的战略落地,并采用控股、参股和品牌授权等方式,多彩贵州成了规模化的产业集团。其下设 20 多个不同品类的产业集团,品类多样,有航空公司、旅行社、水、酒、茶、酒店等。2016 年,多彩贵州产业集团正式成立。

我常常在商界与学界来回穿梭,在学界人看来,我是一名商人,而在商界人看来,我则是一名学者。用做学问的心态去做品牌生意,用做生意的眼光去做品牌学问,这是我追求的境界。因此,天进也是学术与实业、理论与实践并重。例如服务海尔十年,我摸索了许多适合中国本土品牌策划市场的方法出来,相继提出了天进品牌资产地球模式、高端品牌"八棱钻"营销模式、B2B 营销九营阵模式等,这些模式都是在那些认真服务艰苦探索的时光中慢慢沉淀出来的,成为天进的财富,也为整个品牌咨询行业提供了良好的指导作用。"在学术领域,天进在中国本土咨询界中存在一定高度。"许多人曾这样高度评价天进。而"低调、深沉、有内涵"成为大多数人对天进的整体印象。

6.备战明天的最好姿势是卸掉昨天的荣誉

卓越的品牌服务让天进多次荣誉加身。2007年,天进的海尔整套家电品牌营销战略摘得了艾菲奖中国区的桂冠。2011年,我们获得了《21世纪经济评论》的中国最佳品牌营销银奖,此奖是区域品牌类唯一的大奖,以及中国策划大会案例金奖、"中国十大品牌策划机构"等。

但时代变化很快,新鲜事物层出不穷,无论年龄、资历,都被划在了同一起跑线,谁先玩转了谁就能跑在前面。备战明天的最好姿势是卸掉昨天的荣誉,积极学习,低调前行。进入互联网时代,品牌的营销方式产生了巨大的变化。天进随之提出了新的品牌工具,叫"品牌生态圈"。举例来说,慕思之前以卖床垫、床架为主,当把慕思看作一个品牌生态圈之后,天进要做的是将它第二次的商业规划方向变为平台性企业,成为一个企业生态圈,也提出新的品牌规划方式,即"品牌＋互联网＋资本"模式。天进与网络科技公司密切合作,在规划品牌商业模式时,将互联网融合进去,形成天进品牌规划内容中的"O2O"。

最后,回顾创业史,我认为最重要的有三点:第一,要选择自己热爱的事业,那些能赚钱可是我不喜欢做的事情,我想我未必享受;第二,要有超前的眼光不跟风,之前我遇到很多赚钱的机会,很多机会或许当时是热门的,但过了几年就被时代所淘汰,变为冷门;第三,要有理念,不唯利是图,我始终认为为客户创造价值是最重要的。公司不在于规模多大,但我一直追求的境界是不唯利是图、一心为了客户,反而成就了如今的天进。

案例13　"有其屋"如何站在了互联网装修的领导位置?

"互联网＋"给我们的生活带来了什么? 便捷? 货比三家? 海量资源? ……只有你想不到的,没有互联网做不到的。说不清是懒人成就了互联网时代,还是互联网使人越来越懒,不过,不管怎么说,咱们的确是要感谢当今互联网给大家带来的便利。在这个"互联网＋"时代，你不与时俱进似乎就会被人笑话落伍了，当然，最大的受益人还是消费者，不仅要物美还要价廉，不仅要价廉还要有保障。小到购物大到装修，今天淘到的宝你不满意可以退货，可装修就没有像淘宝退货那么简单了。咣！于是乎，装修网就诞生了。

"有其屋装修网"的出现无疑是给装修公司和业主们带来利好的保障。其为传统家装公司及业主之间搭建了一座通往共赢的桥梁，形成了两者之间"互联网＋"的前哨和入口，给家装公司及业主们带来便捷、共赢的同时又能打破传统的消费瓶颈。

"有其屋装修网"系国内创新型的装修O2O互联网平台，其目的是让装修不再成为人们的困扰，以一站式的装修服务，打破传统家装供应链的问题，为业主提供真实的装修保障。据不完全统计，目前我国注册登记且还活跃的家装公司超过10万家。

2015年11月"有其屋装修网"成立之后，在"互联网＋"的市场下孕育逐渐到高速发展，专注于帮助业主找到靠谱装修公司、解决装修困扰，推出了免费量房、设计、报价、监管等服务，解决了业主买房之后寻找量房设计的需求。基于这些免费装修服务，有其屋拥有了一批忠实的用户，并产生了大量的业主订单。

订单有了就必须要解决装修的问题，业主最担心的问题莫过于装修无保障，投诉无门。有其屋在直面这些市场痛点之后，提出了装修满意再付款，做互联家装行业的一股清流。"先装修后付款"的装修保障于2016年正式推出，五大节点全方位进行验收、业主装修满意再付款，帮助业主实现了"我的装修我做主"。从家装市场方面来看，有其屋提出的装修满意再付款解决了家装市场恶意增项乱收费的现象。

前进的步伐永不止步。其一，2017年有其屋服务再次升级，增加了"装修无忧保险保障"，不仅可以减少装修纠纷，还可以为业主提供最佳装修保障，再也不用担心豆腐渣施工现象发生了。其二，VR家装开始涌入家装市场，有其屋装修网首先要做到装修服务的完美闭环。从设计到施工，从硬装到软装，切实为业主提供贴心的服务。其三，增强了用户体验感。根据现有的 VR 技术引入看房、模拟装修效果，让业主感受到家的模样。其四，做好市场调查研究用户群体，针对性地做出定制类的 VR 家装服务。

目前，有其屋在全国开通的服务站点已从最开始的 8 个城市发展为 220 个城市，拥有合作商 1 200 多家，累计服务业主超百万。有其屋装修网平台上汇聚众多知名装饰公司，任何要入驻的装修公司都必须通过严格的资质、业内口碑、规模等审核才能入驻。因此平台上的公司不仅数量多，而且都是正规且优质的装饰公司，有效地为用户提供便捷服务和装修保障。

在装修报价方面，业主可以在有其屋装修网的平台上提交装修申请，有其屋会及时安排人工客服进行一对一对接，为业主推荐三家靠谱的装修公司上门量房，通过了解业主的装修需求，最终为业主推荐最佳的装饰公司。

在装修监理方面，有其屋为业主剔除所有家装陷阱。选好装修公司是打好地基的第一步，而全程管家式服务则是安全防护带。专业监理陪同审核把控，施工质量有保证，既可以帮助业主解决家装困惑，又能保证装修施工质量。在装修过程中，有其屋给予业主最合理的解决方案，杜绝恶意收费等情况。

有其屋的业务模式更加注重用户体验和保障用户权益。首先，作为第三方平台，有其屋起到协调润滑作用，帮助业主和装修公司沟通好装修事宜；其次，管家式的服务可以为用户省下不少时间，让业主更放心；最后，回归到装修本身，做好本身的装修链，赢得了客户也赢得了好口碑。

纵观目前的互联网装修领域，拥有自然流量和专注业务是提升市场竞争力的不二选择。前者是控制互联网装修平台成本的关键，后者又是吸引自然流量的主要渠道。因为一直专注在解决装修的痛点上，所以有其屋拥有了领先行业内的流量基础。正是凭借流量和业务专注的优势，有其屋稳稳站在了互联网装修的领导位置。

有其屋的核心优势：自然流量。互联网公司、家装 O2O……以线上为根基的创业者都在流量上争得一席之地。目前很多互联网创业公司的目标就是做流量，但是流量的成本又是很高昂的，无论补贴用户还是付费购买，都不是控制成本的最好渠道。

　　有其屋专注于装修业务。互联网装修为什么需要专注？因为装修行业的痛点多如牛毛，用户没有做起来就想着盈利是不可能成功的事情。如今有其屋做到超过100万的日均独立用户访问量，正是专注装修业务、专心解决痛点的成果。

　　盈利困难，获客更困难，是装修电商给所有人留下的印象。很多互联网装修公司大多采取了套餐模式，仍然是压价手法，基本很难带来满意的体验。套餐模式遇到的问题，一是找不到用户，二是盈利空间小。加之装修本来就存有"无解"的口碑效应，所以大多数互联网装修公司举步维艰。有其屋以用户价值为第一，只做"用户满意"的装修服务，真正的盈利点在于通过极致服务圈定用户，做好领域的生态。

　　有其屋未来的发展方向：

　　1.建立自己的家装数据库，针对性提供装修服务

　　大数据时代，如何通过数据搜集进行数据分析，可以更好地对现存状态做出实时调整。"有其屋装修网"目前拥有优秀合作商众多的服务优势，可以满足业主对装修的需求，口碑评价有利于业主根据自身的装修需求找出适合自己的装修公司。对于企业来说，则可以第一时间了解用户的需求和满意度，针对出现的问题做出一些调整。

　　2.优化服务，优质装修

　　有其屋自创立以来，一直都秉承着"服务第一"的原则，通过第三方监理，保障业主的装修。五个关键节点验收，装修满意再付款，这些装修保障打消了业主的顾虑，让他们放心装修。有其屋在后续会推出云工长，通过甄选优秀装修公司、优秀工长等对接每一个施工环节，消除业主对施工返工的反感，从而提供了更高的施工标准和专业化程度。

　　3.基于原有的资源，实现线上和线下、物流的三方联动

　　有其屋未来的发展趋势是成为线上、线下和物流三者配合的企业：线上了解装修，线下施工，物流配合家装材料的运输，形成有效的闭环。在未来，有其屋将为广大业主提供智能化的装修服务，让业主足不出户也可以了解到装修进度。

家装产业链正处于更新换代的时期,无论在家装上游的生产加工,还是下游的设计施工监理都在经历着重构。想要在这场竞争中占据一定的市场地位,必须强化自身的核心竞争力,做好各个环节的连接,形成闭环。要在未来家装的生态布局中走向良性发展,有其屋需要做好充足准备,提前为用户考虑,才有可能抢占先机,成为下一波互联家装的佼佼者。

案例 14　"80 后"创业者的"3D 打印"突围战①

当我们讨论创业的目的时,我们会想什么?是追逐梦想还是为了名利双收?在一品创客的创业群体中,有一群不顾一切却要固执地坚持自己梦想的人,虽然现在还未成功,但他们仍然坚信走在正确的路上比眼前的成功更重要。

入驻一品创客·海峡两岸无人机暨智能机器人孵化基地的"80 后"创业者——沈家兴,他是一位连续 11 年的创业者,原在船舶自动化研发领域,当时正处行业上升期,顺利地带领公司走到小有成就。

可是当时的他,遇到了市场的追求多变和技术追求稳定的矛盾。在技术上固执的他决定不顾损失,也要重新到一个对技术有追求的团队。他开始"寻找新大陆",从一线城市上海,来到"小而美"的厦门,成立了艾斯美客科技有限公司。

11 年来,他经历过创始团队失和、现金流枯竭等困境。他走过了无数个生死关口,决心转战 3D 打印领域。

那么,3D 打印到底是片"红海"还是"蓝海"呢?

近两年,3D 打印技术发展迅速,被视为掀起"第三次工业革命"的标志。3D 打印技术解决了很多传统工艺在产品研发及生产过程中遇到的问题,也正在逐步取代传统生产工艺。甚至有报道预计,近年国内 3D 打印市场规

---

① 作者:叶燕(一品创客海沧孵化基地)。

模可达 100 亿元,行业发展开始步入快车道。

众多资本嗅到 3D 打印技术的商机,纷至沓来。大部分人会认为这是一片竞争十分激励的"红海"。然而,在艾斯美客创始人沈家兴看来并非如此:"介入的人多,证明这个市场足够大。3D 打印技术的细分领域类型众多,整个行业鲜有成功和暴富的先例,还没有出现一家可以堪称行业第一的企业。看似一片红海的 3D 打印产业仍是一片蓝海。"

沈家兴说,他第一次创业的项目是 3D 打印无人机和船舶等方面,然而在一次实验中也发现传统无人机均采用碳纤维材质,做一套模具费用贵而且速度慢,一套碳纤维的模具,做出来要三个月,成本是 3D 打印的 20 倍左右,而且不能修改。而 3D 打印技术的运用,攻克了这一难题。

也是因为这次机缘巧合,沈家兴开始逐步了解 3D 打印,与 3D 打印结下了不解之缘……

2013 年,沈家兴开始了人生中的第二次创业,从上海来到厦门开始创办艾斯美客科技有限公司,并在 2016 年 10 月入驻到一品创客·海峡两岸无人机暨智能机器人孵化基地。这是一个位于厦门市海沧自贸区创业广场,旨在孵化无人机、机器人、智能硬件等新兴领域的创新创业项目的孵化器。

在沈家兴看来,选择入驻孵化基地是因为一品创客这里有各种创业服务,还有一大批智能硬件的创业者可以一起交流,可以寻找到好的资源。

在加入 3D 打印创业大军后,沈家兴带着团队逐步开始研发针对 FDM(融熔沉积成型)3D 打印的新产品。在这个过程中,他发现了 FDM 3D 打印机有其固有的缺陷,机器的故障率较高,打印成功率较低。

于是他开始研究基于光敏树脂固化成型的 3D 打印机。那么,艾斯美客团队研发的新型 3D 打印机,又解决了什么市场痛点?与传统的模具制造和反应注塑成型工艺有什么不同之处呢?他们研发这样的设备又抓住了哪些市场需求呢?

原来,艾斯美客通过与制造业用户沟通,从中了解到,通过传统模具制造和反应注塑成型工艺大规模生产塑料零部件的工作往往进行得比较顺利,可是在制造小批量的塑料零部件时,他们会被高成本和交货周期长的问题困扰。针对这个问题,艾斯美客推出了特殊的解决方案,为客户研发了一款具有成本低、稳定性高的光敏树脂3D打印机。

沈家兴说道,作为一名智能硬件创业者,他一直在思考一个问题:DIY机器和设备的区别,DIY机器允许不稳定,但是对用户要求较高,前期的FDM玩家由于种种的挫折导致了对3D打印的信心挫败。一个成功的、作为产品的3D打印机,就应该像所有家电产品一样,能够让用户简单地使用并完成对对象的打印。

为此,艾斯美客提出了要解决:机器来之能用,用则好用;价格适中,像金属打印几百万的价格,对特殊领域会产生效益,但是对更大部分的设计工作者无任何意义。

作为一名连续创业者,沈家兴形容自己是个爱折腾的人。"创业是条不归路,像我这类人,基本上就停不下来,不创业就不舒服。"

沈家兴说:"小米凭借MIUI的快速迭代,以及发烧用户的深度参与,打造了小米手机神话。这可以说是软件领域使用全新的'互联网思维'所赢得的最漂亮的一仗。而在智能硬件创业领域,是否也能凭借'互联网思维'、利用新技术来制造一个神话呢? 我们也在努力这样做。3D打印只是迈出的第一步,因为3D打印给智能硬件创业者的不仅仅是解决产品开发过程中的一些实际问题,更重要的是整个创业思维与方式转变的开始,而这往往就意味着生与死的区别。"

创业越久,对那些经得住时间考验的创业公司,我们越心生敬佩。我们经常诧异,那些各个领域的杰出创业者,通常也是其他领域的佼佼者。比如艾斯美客创始人沈家兴,为什么他的生命可以如此饱满? 难道因为他的时间精力更充沛,天赋更好?

创业之路,九死一生,我想小的成功可能是偶然的,但能坚持下来的一定有数不完的必然。创业十多年来,他一个坎一个坎地走过来……在他看来,成败其实并不重要,重要的是能不能通过自身的坚持、努力,将一件很普通的事情做成一件很了不起的事情,真正创造价值。

案例 15　硕擎科技获中国设计智造大奖[①]

2017 年 5 月 8 日,由浙江省政府支持、中国美术学院主办的第二届中国设计智造大奖(Design Intelligence Award,简称 DIA)颁奖典礼在杭州举行。DIA 作为中国工业设计领域的首个学院奖,获奖的作品代表着极高的国际工业设计水平。其中,一品创客孵化团队"硕擎科技"研发的科技产品 Serafim Keybo(爱键盘多功能激光键盘 & 钢琴)在众多参赛作品中脱颖而出,荣获"智造奖"。

中国设计智造大奖是在浙江省人民政府的大力推动下,由中国美术学院主办、中国工业设计协会等单位协办的我国首个国际级工业设计的学院大奖。大奖创立于 2015 年,它集当代创新设计评价、推广与合作平台为一体。它是一个艺术、科技与商业的多领域跨界创新的全球竞赛,更是一个创意转向财富与未来的实体创新加速器。大奖以"东方智性、国力智能、生活智慧、创新智库"为核心价值观,倡导设计回归"智造"本源,汇聚世界创意资源,以期"集大成智慧,塑智造未来"。

第二届中国设计智造大奖自 2016 年 9 月 19 日正式启动以来,通过公众报名、专家提名、机构推荐、定向邀请、国际推广等五大渠道开展作品征集工作,共收到来自全球 39 个国家和地区的作品多达 2 720 件。

中国设计智造大奖立足于智能制造大时代背景,独创了"金字塔"评选标准体系,包含三层标准:一是基础标准;二是核心标准;三是顶层标准。大奖依据以上标准,同时将参赛作品分为"文化创新类、生活智慧类、产业装备类、前沿科技类"四大类别。经过初评、复评的重重筛选,评选出百强作品,授予智造奖。

虽然中国设计智造大奖仅举办两届,但正是以专业、严格的评选标准为

---

① 作者:邱仕钦(一品创客集美孵化基地)。

行业评选出工业设计标杆作品。在参赛的 2 720 件作品中,仅有 100 件作品能够入选智造奖。硕擎科技的 Serafim Keybo 能够入选,也证明产品获得了国际认可。

那么,入选中国设计智造奖的 Serafim Keybo,究竟是什么样的产品呢?

硕擎科技自主研发的 Serafim Keybo 是世界首款智能投影虚拟键盘。Serafim Keybo 的外观被设计成手机底座的形式,体积甚至比咖啡杯还要小,可以瞬间将手机变成配件齐全的移动办公设备,操作起来非常方便。此外,Serafim Keybo 内置了 2 000mA 充电电池,每次充满电可以提供 10 小时的超长续航时间。同时,还可以在智能手机电量不充足的情况下充当移动电源,为智能手机充电。

相信很多需要使用不同语言办公的人都会有这样的体验:有些时候一些语言中的特定符号无法在键盘上找到。相比传统的实体键盘,Serafim Keybo 还提供了四种不同的语言可以随时切换。用户可以在中文、英语、西班牙语以及阿拉伯语之间进行切换,随时随地使用自己的语言进行输入。

除了进行文本输入之外,Serafim Keybo 还可以投射出琴键键盘,配合配套的 APP 来进行演奏。无论是朋友小聚还是灵感迸发即兴创作,都可以搞得定,真正实现"一机在手,从此无忧"。

硕擎科技是一家从事虚拟手势感测技术、激光投影技术研发的科技公司。其研发团队具有前瞻性研发技术能力,并已累积相当丰富的研发经验,且项目技术均已在中国大陆、中国台湾、美国、日本提出专利技术申请。

除了 Serafim Keybo,硕擎科技还有另一款产品——ODiN(奥丁),被称为"消灭鼠标的神器"。

ODiN 鼠标的设计灵感来源于北欧神话中的战争之神奥丁。激光束从奥丁的眼中投射而出,仿佛神话中奥丁抛出他的武器一样。它是全球第一只激光投影空气鼠标,它的实际尺寸为 4 cm×5 cm,重 40 g,十分轻便易携。长时间使用传统鼠标,使用者会感到手臂和手腕异常疲劳甚至患上鼠标综合征。而 ODiN 激光投影鼠标就是要帮助使用者告别疼痛,摆脱"鼠标手"。同时,ODiN 符合欧美国家安全标准规范,不会对人体健康造成影响。

ODiN 属于弱电智能产品,相较于如今使用实体塑料生产的鼠标而言更加节能减排,使用者尽可放心。

凭借着超强的研发能力,硕擎科技也获得了多项荣誉。2011 年,硕擎科技荣获台湾著名科技大奖"金炬奖·十大创新产品";2015 年,斩获阿里巴巴台湾十大网商名号。2015 年,硕擎科技带着研发的 ODiN 到美国知名众筹平台 Kickstarter,活动一上线就迅速收获首批赞助者达 2 147 人,收获资金 100 万美元。2017 年 3 月,硕擎科技联合创始人、CEO 陈国仁先生(项目为激光虚拟输入智能装置)入选厦门市第九批"双百计划"领军型创业人才(B 类项目)。

2016 年 10 月,硕擎科技从台湾来到厦门,入驻了一品威客创客空间。

一品创客创办于 2015 年 5 月,是一品威客旗下的创业孵化服务品牌,是新型业态下的创新创业孵化器。已获得国家级众创空间、国家级"海峡两岸青年创业基地"、福建省级众创空间、厦门市级众创空间、2016 年厦门市小微企业创业创新示范基地、2015 年度厦门十大众创空间等荣誉称号。入驻一品创客的团队,可以享受到优质的创业孵化服务。

硕擎科技营销总监刘昌达表示:此次 Serafim Keybo 斩获智造奖,离不开一品创客的帮助和支持。硕擎科技团队自入驻一品创客以来,得到了很多扶持。一品创客帮忙团队成员申请公寓,提供办公空间,一直照顾团队成员的生活和工作;还有参加项目路演的训练与各式各样的曝光与对接,省去了自己找资源的麻烦与不便。

案例 16　退伍军人的蓝天梦[①]

2005 年,一群年轻人带着青春的梦想踏上了开往他乡的列车,穿上绿色军装走进军营,迈进了人生的又一站。时光如水,转眼间他们退伍复员

---

①　作者:叶燕(一品创客海沧孵化基地)。

了,告别了亲如兄弟的战友,含泪走出了军营……

几年的军旅生涯,练就了这群年轻人吃苦耐劳、敢想敢做的精神和永不言败、执着专注的意志。也让他们懂得了什么叫作青春,什么又是所谓的值得! 正是这种精神和意志,使得这群年轻人突破重重困难和阻碍,义无反顾地走上了这条创业路。

回忆起往事,厦门神龙航空科技有限公司创始人杨柳青说这样说道:之前那充满欢声笑语的营房,那挥洒激情汗水的训练场,往事历历在目,心里真是有无数个忘不了。

厦门神龙航空科技有限公司注册于 2015 年 4 月,致力于无人机定制化行业应用解决方案;专业配套无人机服务[航拍、农林植保、电力架(巡)线、航空地理测绘、应急救灾等];影像视频编导;AOPA 无人机教育培训及无人机创客教育等。

创始人杨柳青,在团队内被称为"老男孩",从小怀揣飞行梦想。退伍后,他开始了自己的寻梦之旅。在美丽的鹭岛厦门,闲暇之余你或许可以在以下几个地方遇见他们:

在沙坡尾,直升机带着轰鸣俯冲在海面和帆船之间,为这个古老的港口增添了一丝现代的气息。在白鹭洲,固定翼伴随着美丽的白鹭翩翩起舞,谱写着人与自然和谐的乐章。在海沧自贸区,"小精灵"越过了宽阔整齐的办公区,见证着一品创客海沧孵化基地的繁忙景象……

其实在刚离开部队的那会儿,神龙航空团队的这群年轻人,他们感到了迷惘,不知未来的路在何方。他们感到了困惑:为什么在部队年年能立功受奖,可回到地方就什么都不会干了呢? 难道当兵都当傻了? 可是仔细一想,自己曾经是名合格的军人,保家卫国都能做,还有什么不能做! 在部队,他们不仅学到了艰苦奋斗不屈不挠的精神,也学到了先进的航空知识。现在,不正是实现自己内心从未平复的蓝天梦的最佳时机吗?

对于神龙航空团队来说,创业初期的他们没有办公场地、没有宣传平台、没有创业指导,这是他们的"硬伤"。同时,他们也意识到当下创业不是闭门造车,要多与人交流才能出成果。听朋友说起一品创客·海峡两岸无

人机暨智能机器人孵化基地,可为创业者提供一站式的创业服务。他们随即联系了一品创客,入驻到了孵化基地

品质决定高度,科技创造未来。这群年轻人依旧爱琢磨,拥有4项发明专利的杨柳青和他的小伙伴们,仍然在工作台上拆拆装装,继续走在拓展无人机应用领域的路上。通过孵化基地的帮助和扶持,他们的事业也蒸蒸日上,研发的无人机产品获得客户认可,拿下海沧边防项目等多个订单。

问:创业初期遇到什么样的问题呢?

杨柳青:创业的过程是一个从无到有的过程,是一个从企划、论证到执行的系统工程。如果说思路和盈利模式都成熟了,那剩下的就是资金、技术和人力资源。如果说你比较熟悉这个行业,资金、技术和人都准备好了,那就可以开始了。最初我们在自己的家中开始创业项目和运营,这个过程是一个试错、不断学习、不断改变的过程,每天都要面对不同的问题。创业初期我们最大的问题就是场地、宣传平台和创业指导。其他一些创业的朋友遇到的难以坚持的问题,因为我们都曾当过兵,反而不是问题。可以说,吃苦耐劳,永不言败,这点也是我们最大的优势。

问:创业初期有没有其他预料不到的难题?

杨柳青:缺乏商业思维和实地解决各种问题的资源和能力。商场和战场一样,有生存法则。不懂得战术战略就上场,或者纸上谈兵没经过实战,都会输。有精兵强将,没有后方粮草支援,或者国力不足,也会输。总之输的理由各不相同,赢的人表面上有共通点,但实际细究下去,也是各有不同的。因为每个创业者的初始资源是不相同的。一品创客·海峡两岸无人机暨智能机器人孵化基地,则初步帮助我们解决了这些困难。

问:厦门神龙航空科技有限公司的目标是什么呢?

杨柳青:孙子兵法、三十六计,在不同的实战情况下要用不同的计策,说到底,创业也是一样。神龙航空的定位是工业级无人机产品及配套的专业服务,要合理地评估自身资源,并采取正确的策略发展壮大,根据市场变化及时调整策略,将自身的软硬实力传播出去,让大家都知道神龙航空,才能获得盈利。毕竟作为一家企业而言,只有盈利了我们才能生存下去,活着才

有发展的可能。

神龙航空的团队成员,他们相识已有十多个年头,在一同创业的路上,也经历了不同的阶段。在入驻一品创客·海峡两岸无人机暨智能机器人孵化基地的这段时间里,神龙航空折腾出不小动静,除了借助于无人机创新技术载体,发展创客教育,推动教育创新发展外,还进军"娱乐圈"为影视拍摄助力;值得一提的是,他们又给中国的执法团队注入了一股新兴力量,为厦门海沧执法局带来了多款警用无人机系列,让无人机参与执法行动。

也许很多人第一次听到他们的故事,会很费解为什么他们愿意把自己30～40岁这段最宝贵的时间,花费在一个处在中国"过热"的项目上。神龙航空创始人杨柳青表示:"只是有的时候,你会觉得有些事情太重要了,哪怕害怕也必须去做。作为一家才刚起步的创业公司,我们要走的路还很长很长,也许,有关天空的故事才刚刚启幕。"

的确,生活中总有一些人,他们面临困境阻碍,却能从容应对。这并非是一种天赋,而是因为他们在性格养成方面投入了时间和精力,并借助良好的思维习惯,最终收获这样坚毅的性格。

案例 17　耶鲁女博士投身医疗光学领域创业[①]

厦门作为中国最南端的创业氛围最浓的城市之一,气候适宜人居,创业成本相对较低,许多在北上广深积累了第一桶金的人,都会选择回到厦门创业。在政府的"东风"借力下,使得厦门汇集更多来自海内外的优质青年创业者带上自身专精的技术,从国外回到"小而美"的鹭岛创业。

近两年,国家大力提倡国产医疗器械自主创新和推进医疗器械质量提升,并支持基层医疗建设,逐步落实分级诊疗政策。

2015年,刚在耶鲁大学完成学业的陈怡,怀揣梦想,带着她独立研发的

---

① 作者:叶燕(一品创客海沧孵化基地)。

光学成像技术,横跨太平洋,带着独立研发的光学成像技术,希望在中国的医疗健康行业打开一片新天地,并以"正汝形、一汝视"的态度专注于健康事业,她飞越太平洋后取势中国如火如荼的医疗健康市场。

归国创业不只是为了实现个人价值,更是为了实现社会价值。陈怡于2015年年底以独立研发的光学成像技术为核心优势创立厦门天和至医疗器械有限公司(以下简称天和至),开始其独具优势的创业之路。

"若正汝形,一汝视,天和将至。"这是出自《庄子·外篇》中最后一篇《知北游》的一句话。被衣告诉啮缺,假使你形体纯朴,视觉集中,天道和顺之理就体现在你身上。这句话阐释了庄周的无为之道和朴素唯物辩证法,颇具静得天和之意。这也是公司名称"天和至"的来源。

精准医疗,对企业技术水平有着较高的要求,创业的技术同样有高门槛。但医疗、人工智能这样高深科技领域不必多说,向来都是博士们的聚集地。天和至在医学技术领域同样有着非常"高质量"的技术储备。国际专业团队加盟助阵技术的革新是市场竞争的核心要素。

天和至医疗项目创始人的学识履历可不简单,陈怡本科毕业于北京大学医学部,2006年远赴美国世界级学府耶鲁大学学习深造。师从耶鲁大学细胞与分子生理学系、生物医学工程系教授、美国科学院院士 Dr. Fred J. Sigworth。

深造期间,她主攻冷冻电子显微镜成像、图像处理方法学研究,她曾于Nature Neuroscience、Journal of Neuroscience 等著名期刊发表过 4 篇论文。

目前,陈怡已经获得专利一项,有两项专利获得受理,多项专利处在申请阶段。

更值得一提的是,陈怡的导师 Dr. Fred J. Sigworth 也受到鼓舞,加盟成为技术顾问。导师曾是膜片钳(1991 年生理学与医学诺贝尔奖)放大器的发明人。而在这国际型的技术顾问团队中,还有一位来自普林斯顿大学电子工程系的教授 Dr. Paul R. Prucnal,这一位可是光通信 CDMA 技术的发明者。

医学内镜迄今已有 200 多年历史。近年来,微创手术技术在全球范围内的推广和普及,推动了微创医疗器械的发展,内窥镜微创医疗器械在其中最具有代表性。

作为最重要的微创医疗器械,内窥镜产业增长飞快。除了欧美发达国家和地区,中国、印度、巴西等发展中国家随着医疗投入的不断增加,对内窥镜的需求也快速增长。根据《中国医药报》的数据,2011 年,全球医用内窥镜市场规模约为 61 亿美元。

陈怡博士表示:"单从中国消化道疾病领域来看,疾病病例的高发使得对内窥镜的需求与日俱增。"然而,陈怡又用一组数据切开了一个残酷的事实,"有专家提出,北京 4 家大医院调研中,绝大部分消化内镜微生物检查不达标,北京 12 家医院调研中,十二指肠内镜不合格率高达 91%"。

内窥镜已经成为众多临床科室不可或缺的诊疗器械,而在消化道疾病领域更显得严峻。陈怡分析说,全球消化道内窥镜市场规模约 35 亿美元/年。

不过我们看到,目前,全球内窥镜市场主要被强生、奥林巴斯占据,少数小公司通过独特的技术创新也占有一席之地。进口微创医疗器械价格昂贵,不仅加重了患者医疗负担,也影响了就医体验。

"我们希望用国产替代进口,做老百姓用得起的高端医疗。"陈怡旗帜鲜明地表达了自己创业的初衷。

"我们主要是做创新医疗光学器械的,主要是用了新一代的成像技术,可以把内窥镜微型化、小型化而且一次性化,跟其他不同的地方就在于,我们的截面积可能只有别人的 25%,可以给病人减轻很多痛苦。"

陈怡说起自己当下的产品时,尤为自信。"因为我们可以做一次性的产品,在安全性上也有很好的保证。"

她介绍项目目前的医疗光学产业线有轻薄款消费级医疗光学成像产品(一类)、新一代微型电子内窥镜系列(三类)、根管显微镜等手术显微镜(二类)三块。

公司研发的一次性微型电子内窥镜具有更小的损伤、更清晰、更安全、更廉价等特点。它采用的是"无畸变＋高分辨率"的非球面镜头微型光学设计,同时是新一代的感光元件和发光元件,含有纳米级镀膜技术,产品设计满足临床医生的特殊需求。

目前天和至开发了两款微型内窥镜样品并进行了动物实验,它能够将成像通路直径控制在创纪录的 2 mm 以下,并保证良好的成像效果。

2016 年年底推出的光羽系列口腔观察仪,它是包含专业版和个人版的。专业版对于医生来说,它可以完善病例记录,并且帮助大家进行医患交流和学术沟通;对于普通大众来讲,他可以拿回家每天观察,甚至他可以拍一些照片上传到服务器上,或者向医生咨询都是可以的。

陈怡介绍说道,这是团队针对口腔医疗的痛点,最新研发的一款产品。

在创业的"99 号公路"上,天和至团队从"我"进化到"我们",创业不再是一个人的空想,而会慢慢成为许多人自我实现的寄托。经过长时间的打磨,终于熬到了进入市场阶段——熬到了价值回归,让好产品"会说话"。

走出实验室、进入创业领域的陈怡以及她的创业伙伴,将持续地凭借技术革新来创造美好明日世界。值得一提的是,陈怡博士已入选福建省第五批引进高层次创业创新人才、厦门市第九批引进高层次人才"双百计划"领军型创业人才,在创业路上将获得更多的支持。

未来医疗充满无限可能,天和至希望能够一同让无限可能的未来医疗健康新生态早日到来。

若正汝形,一汝视,天和将至。

案例 18　大千商业品牌设计：好设计是诚实的[①]

2016(IADA)国际艺术设计大赛银奖,一品威客网 2016 年度十佳设计服务商,全国艺术设计平面设计三等奖,百花 LOGO 平面设计大赛二等奖,

---

① 作者:大千商业品牌设计机构王彪彪。

CDA 中国设计师平面协会会员……这是大千商业品牌设计机构所获得过的奖项、荣誉等。

王彪彪，大千商业品牌设计机构创始人、设计总监，拥有 8 年品牌设计策划从业经验，曾担任企划总监及电商策划多年，是 Adobe 中国认证设计师、中国艺术设计平面协会会员。下面一起来了解大千商业品牌设计的故事。

谁背后都背着故事，无非是年少无知和离奇身世。2008 年毕业后，王彪彪与朋友创办"博弈网络策划工作室"，初生牛犊难免各方面能力欠缺，最终撤出工作室选择继续深造学习，但初心未泯，创业这个小梦想一直羁绊于心，待羽翼丰满，再铸理想。

后来王彪彪在多家设计公司担任设计及企划总监要职。2015 年正值"互联网＋"模式盛行，他决定辞职再创业，投身于自我价值的实现。这次创业自己构想蓝图清晰，其实深扎在这个行业里，他们只知道把东西做得漂亮，并不懂营销、经营，并不能通过漂亮的方案来实现设计真正的商业价值。

于是在经营大千商业品牌设计机构同时，王彪彪与他人合伙创建了自己的餐饮品牌"哞牌牛臻"，不单只为客户做好看的案子，同时自身也参与实体经营，让设计师更了解市场，更好地服务于客户，提升设计价值。

因自己深知创业不易，在 2017 年，王彪彪正在筹建启动"大千造梦"计划，可先设计后投入使用再付费，并长期关注品牌发展，予以提供视觉设计支持，与有志创业者共赴理想。

不是所有的往来都要成为交易，也不是所有的付出都要带来利益。大千商业品牌设计机构历时八年，赤诚可鉴。"优秀的设计师未必不合群，但必定爱独处。"初来乍到嘲讽客户啥都不懂，客户嫌弃设计师缺乏市场营销意识，还自带各种怪癖。

是的，值得托付的设计团队不易寻找，毕竟长情陪伴并非易事，所以王彪彪更在意每次客户回购，并引以为傲。设计是诚实的，好的设计是直观的，讲眼缘也投脾气。

大千商业品牌设计，隶属于十方文化传播有限公司。致力于高端品牌视觉形象设计与改造，注重品牌长效生长与体验，深度挖掘品牌价值，为伙伴提供实效、创新的品牌解决方案。服务包括：品牌策划、LOGO/VIS 设计、宣传物料设计、包装设计、UI 设计、品牌设计整包、年度战略合作等。

记得 2015 年年底，大千商业品牌设计机构顺势乘风加入一品威客网，开始新征程，渠道的拓展加一品威客网的助力扶持，让他们取得了优异的成绩。可以说，一品威客网是王彪彪梦开始的地方，拉近了设计与客户的距离，源源不断的订单让他们不必再陌路愚行。

受人之托，忠人之事；尊重原创，尊重自我。王彪彪表示："非常高兴，大千商业品牌设计获得了一品威客网授予的 2016 年度十佳设计服务商称号。希望在未来能与一品威客网一路深耕，友谊长存，共创佳绩。我可以自信地说：品牌设计找大千，众包服务来一品威客。"

王彪彪不信世上有怀才不遇这事，更反感物美价廉的量产设计。设计从来不是随便搞搞，大千倾注年华不只为苟且。深耕行业八年有余，对设计团队稍有愚见。真正好的品牌设计公司，往往人数不多。毕竟这年头遇见个靠谱讲实力有觉悟的设计师堪比找对象，更何谈组建一支优秀互补的设计团队。

品牌设计师，大都如同匠人，创造意味着耗时、少量、劳作。王彪彪说，他很难认同业内千方百计地将设计泛滥量产，大都与抄袭剽窃同罪，借鉴是个学习增进的过程，绝不能成为当下苟且的结果。"做自己认为值得做的事"，印在大千商业品牌设计机构的墙上，也种在他们的心里。

案例 19　这家创业公司在人脸识别领域深耕 7 年[①]

在不少谍战类电影中，特工通过政府的庞大情报数据库就可以在人海茫茫的交通枢纽中利用人脸识别系统迅速辨别出目标人物。可以负责地告

---

①　作者：叶燕（一品创客海沧孵化基地）。

诉你,这样的情节并不是电影的艺术性夸张,而是源自真实的生活。

什么是人脸识别呢?

人脸识别技术是基于人的面部特征信息进行身份识别的一种生物识别技术,用摄像头采集含有人脸的图像或视频流,提取体征码并与库中体征码进行比对,确定身份,进而采取相应的反应措施。

搜查通缉犯和丢失儿童的下落时,可快速精准地从监控摄像头等的大量影像中检索出在特定时间和地点出现的人物以及进行特定行为的人物。

科技发展日月异新,人脸识别技术并不算是新鲜科技,很多人在手机、平板等设备上都有所体验,有些单位的门禁系统也采用了人脸识别技术。不过,从严格意义上来讲,这些针对个人消费市场的人脸识别,属于刻意式人脸识别,要求被识别人正对摄像头,供软件识别,这样的技术无法用在布控追逃领域,逃犯不会主动让软件识别他的身份。

人脸识别的方式

人脸识别技术包括两种识别方式:一种是被识别人的图像在大量人脸图像数据库中查找比对,确定被识别人的身份,即"1 对 N 识别";另一种是判断两张人脸图像是否属于同一个人的"1 对 1 识别",例如,确定身份证持有者是不是身份证本人。

一品创客·海峡两岸无人机暨智能机器人孵化基地入孵企业厦门再现科技有限公司拥有人脸识别核心算法与应用软件。在安防监控、智能终端等领域提供解决方案,服务终端用户、智能安防集成商及摄像机制造商。同时开放 SDK,支持第三方开发者基于此开发应用软件,其应用范围广阔,例如:布控追逃、智能检索、人证核验、远程开户、人脸门禁、客流统计等场景,将广泛应用在刑侦与强化市场营销方面。

厦门再现科技有限公司创始人、CEO 董雨松说:"在人工智能时代,让机器智能起来,提供差异化的服务,这一切的前提就要让机器拥有眼睛功能,人脸识别技术是让机器认识人、认准人。"可想而知,人脸识别技术不容小觑。

"再现科技"是怎样的一个创业团队？

有着十多年的影视传媒经验的董雨松（创始人）与庞浩博士（首席技术顾问）以及一批资深的计算机视觉、深度学习、人工智能等领域的专业人才组成有力团队。经过多年研发，再现的人脸识别在识别率、识别速度、识别宽容度等各方面都处于国内第一梯队。

厦门再现科技有限公司于 2009 年 8 月成立，专注于计算机视觉应用开发，于 2012 年 3 月论证了非刻意状态下的成像逻辑；2014 年，再现科技组建人脸识别研发团队，将深度学习、神经网络和 2D 转 3D 自动建模技术引入人脸识别技术中；同年 7 月，再现人脸识别 V2.0 正式上线，并被公安刑侦部门应用于刑侦工作。

董雨松表示，目前该人脸识别技术还在不断升级迭代中，并希望再现只专注于技术的研发，不断丰富人脸训练库，优化算法，应用层交由第三方开发者完成。同时开发了海量人脸识别系统、司机防瞌睡系统、人证核验系统、人脸客流统计、人脸门禁系统等应用方案。

对于初创企业来说，资金和团队永远是绕不开的话题，再现科技也不能免俗。董雨松表示："我入驻了一品创客·海峡两岸无人机暨智能机器人孵化基地，一品创客为创业者的发展提供了良好的环境的同时，还提供了一站式的创业服务，为我的创业征程省了不少的心思。然而，真正令我忧愁的是一件产品是否能够生存，关键在于用户习惯和用户体验，虽然'刷脸时代'将成大势，但现阶段如何占领市场，展开推广，这才是我们最大的困难。"

为了打开市场大门，培养用户的习惯，再现科技寻找了与楼宇对讲机企业、监控摄像机企业建立战略联盟，商场进行线下合作，一旦再现科技的产品推广开来，将会有千万级的海量数据等待挖掘。

在未来，人脸识别的使用场景还有更大的扩展空间，不但能够随时知悉看到的人脸的身份，还可以建立虚拟形象，并将形象广泛地应用于社交、娱乐等场所。与此同时，人脸识别技术会进入千家万户，进入人们的日常生活,再现科技也将不断引进投资助其发展。

今天你初步了解再现科技与人脸识别技术后,是不是觉得我们正逐步踏入一个"靠脸吃饭"的年代呢?权威机构预计,仅在中国,未来十年内有望形成年销售额过千亿的人脸识别市场,用户对移动应用的图片处理请求势必将迎来爆发式的增长,开发者们也急需功能强大的图片处理引擎来支撑自身业务的高速增长。

仔细想想——上班不需要刷员工卡,大门自动打开并为你完成签到;下班来到地铁站,闸机在你靠近时自动放行;超市、商场买完东西,刷个脸就完成付账走人啦;网购时,不再需要接收验证码或者使用 U 盾,脸对着摄像头,银行系统就可以判定是不是你了……

嗯,未来无限可能。

案例 20　约洽:在线约单,即时洽谈

在互联网高速发展的今天,威客这一依靠互联网发展的新型职业如雨后春笋般迅速崛起。随着移动互联网领域的不断发展和威客、创客行业的自身特点,服务供求方能随时随地发布、接受并完成任务等等已成为市场发展的基本诉求。与威客相比,传统的项目外包在面对工作量比较大、工时比较长的任务时,可以与需求方充分沟通,为其提供更为贴心的、有针对性的服务,并且很容易将客户发展为长期、固定的合作伙伴,而目前市场已有的商业运作模式,显然无法与传统项目外包抗衡,约洽 APP 应运而生。

约洽 APP 是职业技能变现利器,一款以设计、软件开发、影视制作等相关技能大师在线接单、企业主技能需求方发布众包任务为目的的商务社交APP,打造全新商务模式,以合作双方纯自主方式解决约单匹配需求。在这里,企业主及各类相关技能需求方免费发包各种任务需求,设计师、软件开发者、影视制作师等与其"在线约单、即时洽谈",让寻求合作的双方在平台上通过商务社交功能,彼此了解、搭建人脉、提升信任感、构建商业合作基础。

运营特色：约洽 APP 坚持信任、信用、信心，着力打造一批以设计、软件开发、影视制作等相关技术过硬、自我管理能力强、沟通有效的海量技能达人，促进服务供求方彼此发展为长期、固定的信任合作伙伴。主要功能：

商务社交：服务供需双方在线互动，彼此了解、搭建人脉、提升信任感、构建商业合作基础。

精准匹配：海量搜索，一键精准匹配技能达人，寻找最合适最靠谱的合作伙伴。

即时约单：在线沟通，随时随地洽谈，即时响应，高效解决问题。

技能变现：个人主页展示卓越技能，在线约单实现时间、技能变现。

学习互动：海量技能达人同台交流，分享互动间技能提升。

安全交易：资金托管、法务咨询、电子合同等保障双方交易自主性和安全性。

约洽 APP。约：强烈的社交属性，洽：明确的商务属性。打造中国首个商务社交软件，倡导先交朋友后谈生意的理念，以设计、软件开发、视频剪辑等相关技能拥有者在线接单、企业主发包任务为主要诉求的社交 APP。在这里，企业主及各类相关技能需求方免费发包各种任务，设计师、软件开发师、视频剪辑师与其"在线约单、即时洽谈"。让寻求合作的双方在平台上通过商务社交互相搭线，彼此了解、搭建人脉、提升信任感、构建商业合作基础。

先以浓重的社交属性让技能用户和服务需求用户在平台上形成黏性和活跃度，再在此基础上产生交易匹配需求，最后提供包括高级搜索、电子合同、资金托管、法律咨询等相关的增值服务，平台不介入双方交易流程，不做闭环，只提供双方交易需要的增值服务。

◎ 第四章

如何提升创新力

创新力是可学习、可提升的

以前我们说"人才是企业最宝贵的资产"，现在这话可以升级了，我们说"创新是企业最有价值的资产"。当然，创新的载体是人，既包括企业内部那些富有创新力的员工（公司内部的创客），也包括公司外部那些充满智慧创意的威客，他们的共同点有一个：都是极具创新能力的。这些人无论在地球的哪个地方，都是这个世界最宝贵的金子，社会的进步最主要就依靠他们在推动。

创造力是我们开发有价值的独创见解的能力。

创新则指的是我们将新想法付诸实践的能力。

每个人都拥有巨大的创造力，关键是如何将其开发出来。

对于企业而言，创新能力如何界定？简单说来，就是想出创意并把它变成客户想要的创新产品或创新服务的能力。

创新力决定了一家公司是否可以成功。组织在任何一个环节的创新，都有可能会改变自身的命运。

本书的目的是希望既能帮助狭义的创客和威客取得成功，也有助于帮助企业在公司内部培养出一批"内部的创客"来，从而提升公司自身的创新能力。创新需要的技巧，通过学习是可以发现、培养、驾驭的。

创新是普通人可以学会的，而不是靠运气——当然，如何改善你的运气，其实也是有一套方法和技巧的，可能需要另外写本书探讨了。

《世界是平的》一书作者托马斯·弗里德曼曾经说过："学校的任务会变

得更加艰巨:它们不只要改善阅读、写作和数学运算的模式,更要培养孩子们的企业家精神、创新能力和创造力。"①

笔者在这里要表达的是:成为一个创客(创新能手,不管你是在一个公司内部的创客,还是自己创业的独立创客——狭义的创客,总之是"广义的创客"),必备条件不是运气,而是需要掌握一个条理清晰的思维方法,它能让你想出好点子,继而挑出好点子,然后执行下去。它就像是一个创新的路线图,把方向给你清晰地指出来。凭借科学的创新术,你可以自信地想出犀利的好点子(其中也包括借助威客的助力),做出最好的选择,挑出最值得投入时间、精力和金钱的那一个。

创造性从哪里来?

清华大学经管学院院长钱颖一认为:创造性来自三个基本元素,那就是好奇心、想象力和批判性思维。它们都不是知识本身,都是超越知识本身的。

第一,要有好奇心。几年前,有四位诺贝尔物理学获得者来到清华理学院与学生座谈。当学生问及"什么是科学家发明最重要的因素"时,他们没有选择勤奋、努力、数学基础,而是不约而同地说到了"好奇心"。"好奇心"的确是驱动人类发现的原始动力。正是牛顿对苹果从树上掉到地上感到好奇,才激发他后来发现了万有引力定律。爱因斯坦曾经说过:"好奇心能够在正规的教育体制中幸存是一个奇迹。"(It is a miracle that curiosity survives formal education.)他是非常珍惜学生的好奇心的。好奇心是一种"童心",千万不要让学习的负担磨灭一颗儿童般的心。

---

① [英]肯·罗宾逊.让思维自由:用创造力应对不确定的未来[M].杭州:浙江人民出版社,2015:11.

第二,要有想象力。爱因斯坦还说过:"想象力比知识更重要,因为知识是局限于我们已经知道和理解的,而想象力覆盖整个世界,包括那些将会知道和理解的。"(Imagination is more important than knowledge. For knowledge is limited to all we know and understand, while imagination embraces the entire world, and all there ever will be to know and understand.)爱因斯坦本人的想象力就不用说了。大家喜欢苹果公司的产品。当键盘还是传统的信息输入方式的时候,苹果产品首先使用鼠标、触摸屏的输入方式。革命性的发明创造不仅改变技术,而且改变行业、改变生活。这要靠想象力。这就是乔布斯的想象力。

第三,要培养"批判性思维"能力。"批判性思维"的英语是 critical thinking,批判性思维就是善于对被广泛接受的结论提出疑问和挑战,而不是无条件地接受专家和权威的意见。同时,批判性思维不是对一切命题都否定,而是用分析性、创造性、建设性的方式对疑问和挑战提出新解释、做出新判断。一个人即使学会了人类的全部知识,但若没有批判性思维能力,他最多是一个有知识的人,但还不是一个有智慧的人,也不可能是一个有创新能力的人。

好奇心、想象力、批判性思维这三种能力的一个具体体现就是勇于提问题,善于提问题。确实如此,提出一个问题本身就包含了"好奇心"(因为你好奇,所以才提问题)、"想象力"(因为你会设想多种可能)和"批判性思维"(因为你想挑战已有结论)。中国文化传统和犹太文化传统都以注重教育著称。中国学生回到家里,家长都问:"你今天学到了什么新知识?"据说犹太学生回到家里,家长却问:"你今天问了什么好问题?"难怪只有北京市人口那么多的犹太人中就产生了上百名诺贝尔奖获得者。①

---

① 钱颖一.大学的改革(第一卷·学校篇)[M].北京:中信出版社,2016:24.

　　企业家精神的根本特征是企业家的创造力,而创造力可以进一步分解为三种创造性:创造性精神、创造性思维、创造性能力,钱颖一教授称之为"创造力的三要素"。创造性精神是一种创造性心态,或称"心智模式",英文叫 mindset。创造性心态是一种永不满足于现状,总想与众不同的渴望。创造性思维不是通常的思考,而是一种超越现有框架的思考,英文叫 think out of box,就是跳出框子的思考。创造性能力是指能把创新事干成的能力,包括把创造性思维转换为创造性行动时必须应对的方法,比如面对失败的能力、不断学习的能力、调整自己的能力等。

　　第一,创业时不应只是想建公司,而是想与众不同的使命是什么,需要解决的新问题是什么。想什么是一种选择,这个选择表明了一个人的心态。具有创造性精神的人,就是选择了想其他人不想的问题,是那些看上去太显而易见而不愿意去想的问题,或是那些看来太遥不可及而不敢去想的问题。马云想的是要让天下没有难做的生意,扎克伯格想的是要把地球上所有的人都连接起来,埃隆·马斯克想的是把人类送上火星并在火星上建城市。

　　马斯克本科学习商科和物理学双学位。他说,在大学中学习的物理学原理让他在创新创业时最为受益。他说,物理学第一原理,也就是"追究最原始假设"的思维方式,而不是用人们通常的"类比"思维方式,帮助他做原始创新,包括去造火箭。这两种思维方式的差别,就是想什么的不同。一种是追根究底去想最基本的元素,一种是寻类似找捷径的办法。原始创新和边际创新的差别就在这里。

　　第二,创造性思维是"怎么想"(how to think)。创造性思维与习惯性思维、常规性思维不同,创业家们有各种各样的表述。比如针对 IBM 的座右铭"Think"(思考),乔布斯为苹果设计的广告词是"think different",就是"不同的思维"。马斯克则从量子力学中受到启发,特别推崇"counter intuitive thinking",也就是"反直觉思维"。蒂尔则非常强调"contrarian thinking",就是"逆向思维",即与绝大多数人不一样的思维。这三种提法——"不同思维""反直觉思维""逆向思维",虽然说法不同,都是创造性思维。

　　蒂尔在斯坦福的本科专业是哲学。在《从 0 到 1》这本书开头第一段,他提出了他面试雇员时经常问的一个问题:"哪些重要的真理,是很少有人同意你的?"(What important truth do very few people agree with you on?)他是要你举出你与绝大多数人看法不一样,但你的看法是真理的例子。他特别解释到,逆向思维不是在多数人想法的前面加一个"负号",这种"反着说"并不是"逆向思维",因为这是在同一个维度上的思考。"逆向思维"要想别人没有思考过的另一个维度,要思考别人还没有想到的领域。他举例说,当别人都在讨论技术问题时,你要提出商业模式问题;当别人都在商业模式上纠缠的时候,你的思维应该更多集中于技术创新方面。

第三,创造性能力是"怎么干"(how to do)。光有新的想法还不够,还要有把创新事干成的能力。干创造性的事不同于干常规性的事,失败是常态。所以,面对失败的能力,从失败中学习的能力,在挫折中调整自己的能力,都是创业者必须具备的能力。创业者通常乐观,而且过于乐观。如果客观上只有 10% 成功的可能性话,创业者则会认为自己在成功概率超过50%。这并不是因为他们真的一次就具有超过 50% 成功的概率,而是因为他们在失败后具有能力学习和调整,最终成功的概率超过 50%。这样才能提高把创新的事干成的可能性。

用创新的方式回答"想什么""怎么想""怎么干"这三个问题,就是培育创造性精神、创造性思维、创造性能力的过程,就是培育创造力,培育创业精神和企业家精神的核心。这是创业教育应该做的事。可惜的是,在传统教育中,教师以传授知识为教学责任,学生以掌握知识点为学习目标。这并没有错,它们对管理企业也有用。但是这并非培育创造力、创业精神和企业家精神的精髓。①

---

① 钱颖一.大学的改革(第一卷:学校篇)[M].北京:中信出版社,2016:24,418-419.

苏格拉底式提问和绝杀式提问有助创新

苏格拉底式提问就是：用一连串的提问来质疑你的观点，激发你论证自己的观点，而不是简单回答一个之前学过的"正确"答案。

苏格拉底认为：获取知识的第一步是承认自己的无知。

创新诞生的过程也是如此。想要解放自己、自由探索，第一步就是承认自己现有的知识不足；为了设计出新产品，构思出新概念，你需要跳出去，寻找新的信息。

批判性思维原本是美国高等教育的主要课程，但在《创客学》（菲尔·麦肯尼著）一书中，批判性思维是如何正确地提出颠覆性问题，在这里，它的另一个说法是"如何提问才能激发别人思考"。在《柏拉图对话录》中，苏格拉底的提问方式能够用一连串的提问来质疑对方的观点，并激发论证自己的观点，从而得到一个双方满意的答案，这种提问方式被麦肯尼称为"绝杀式提问"。

正如著名物理学家李政道所言："能正确地提出问题就是迈出了创新的第一步。"在《创客学》一书中，作者最大的绝招便是"绝杀式提问"，如如何提问才能激发别人的思考；如从"与众不同"的"为什么"开始；再如现身说法，惠普就是通过创新盈利的。自然，要进行"绝杀式提问"，必先突破之前的条条框框，如此，点子才会喷涌而出。

绝杀式提问被菲尔·麦肯尼归结为提出三大问题：你的客户是谁？你卖给他们的是什么？你的组织是如何运转的？在该书里，每一问题的下面有 20 个绝杀式提问，并用事实中的案例去剖析优秀企业是如何运用这些规则实现高额利润成长的。

菲尔·麦肯尼最喜欢的一个绝杀式问题其实十分简单："在客户的购买体验中，他们对哪些方面不满意？"这个经典的问题，一眼看上去稀松平常，可是企业里大家一旦真的开始琢磨，就会发现自己从未思索过这事。

　　和大多数批判性思维一样，绝杀式提问也需要突破惯性思维假设。麦肯尼认为："创新的第一步就是摆脱陈规和假设的束缚，让自己和所在的公司做好迎接突发震荡的准备。"其次一个有创新思维的团队很有必要，麦肯尼把团队成员称为"创新抗体"。如同人体免疫系统一样，创新抗体有时也会遇到阻力。在本书中，麦肯尼首先分析了创新抗体的四种类型，即自高自大型、身心疲惫型、怕担风险型、追求稳妥型，然后得出勇气是创客必备的素质。

　　麦肯尼提出 FIRE 四步法，简单定义如下：为解决创新短缺和延迟的问题，创客可以从聚焦、构思、排序、执行四个步骤实现把小点子转为新产品。"聚焦"在特劳特《定位》一书中是"让自己的品牌成为同种类产品的代名词"，但在这里是营销学上定位的另一个定义，即找到你需要创新的领域。

　　麦肯尼的定位是选择机会最大化，成本最小化的理想领域，实现这一目的必须回答三个问题：谁是我们的新目标客户？我们应该做什么？怎么做？似乎在麦肯尼看来，正确的聚焦才是创新成功的一半。

　　价值链是企业运营的整个产品增值过程，正如麦肯尼所言："价值链的盲点，也是利润的薄弱点。"在本书中，麦肯尼给出的定义是："价值链，指的就是企业追求成功所必需的各个环节，比如产品研发、制造、营销、销售、分销等。"麦肯尼将价值链拆分为五个环节，即研发、制造和供应、营销与销售、配送与分销、客户体验。在研发这一环节，麦肯尼分析了模块式创新和开放式创新的优劣势，认为开放式创新是创新来源方式的最佳选择，如福特与IDEO 及 Smart Design 合作设计新车型。

积极分享，激发创意

　　广告学教父美国人詹姆斯·韦伯·扬(James Webb Young)早在 20 世纪 40 年代出版的 *A Technique for Producing Ideas* 一书中就指出，创意的产生是有章可循的。创意产生的全过程分为五个步骤：收集原始素材，放在脑中消化吸收,用潜意识孵化,创意诞生,修正。并且他认为,这个流程是可以刻意培养的,创意思维能力也会随之增长。他描绘了一个定向开发创意的过程,更适合从事广告职业或相关文创职业的人。可能有人会说:"我的创意总是在不经意间悄悄来临,就像流星划过天空时,脑中闪现的亮光,抑或是与他人闲谈时,深受启发妙手偶得的金点子。"我想,只要是人类认知了的东西,就会有办法将其规律化描述,并以此来教化人类自身。

你也许获得了一个比牛顿那个苹果更甜的苹果,更重要的是,你得双手捧好,好好琢磨下怎么超越"万有引力"的束缚。事实上,生活中大多数的灵光闪现最终都无疾而终。每个人都有这样的体验,创意闪现时我们总是被各种意外打断思绪,回头再来找它时,它早已悄然走远,所以能被历史铭记的只有牛顿。不让创意轻易溜走,有效率的人总会抽出时间集中精力思考每个创意,而不会被各种推送消息所打扰。在这个信息爆炸的时代,如果不能主动识别获取有用信息,就会被海量垃圾信息所掩埋,找不到自己在哪里。

由美国人奥斯本(Osborn)于 1937 年所倡导,强调集体思考的方法——头脑风暴法(brain storming)——着重互相激发思考,鼓励参加者于指定时间内,构想出大量的意念,并从中引发新颖的构思。一场有效的头脑风暴至少需要两名以上的成员,但参与人数最好不要超过十位。人员的构成应该注意"认知的差异化",尽量不要让同一职业或类型的人扎堆出现。《群体的智慧:协作激活创意》一书的作者凯斯·索耶(Keith Sawyer)说:"真正重要的是,需要保证每一个人,都跟他人有不一样的知识储备和思维方式。"

阿莱克斯·彭特兰(Alex Pentland),麻省理工学院人类动力学实验室主任,在其新书《智慧社会》中,通过对周围成功科学家的观察认为,成功的创意者更多地借鉴了他人的新想法。史蒂夫·乔布斯也说:"创造力只不过是把事物关联在一起而已。当你问有创造力的人,他们是如何做成某件事的时候,他们会感到一丝愧疚,因为他们其实并没有做什么,他们只是明白了某些东西。一段时间之后,这对他们而言就是显而易见的了,因为他们能够把自己的经验联系起来,合成新事物。"

创意需要激发,尤其是众人在一起的头脑风暴。创意需要分享,没有分享的创意只能是一个人的遐想。分享才会产生价值,分享才能实现价值。在众创空间里的创客们之所以需要聚集在一起,不是大家在一起好玩,而是大家在一起会有更多的创意,会激发出思想的火花,会分享到自己没有想象到的好创意、好点子。

一个人的一个创意是没有多大价值的,但是,大家在一起,就会把你的创意深化、改造、修正,持续延伸,持续衍生,使创意机会不断地扩散、不断地发酵,最后就会变为现实的行动,甚至变成一个现实的产品,进而会变成一个创业的种子,最终会成就一番宏伟的事业。

如今,移动互联网把整个世界的人连在一张网上的时候。创意分享就像是亚马孙河边的蝴蝶一样,稍微扇动一下创意的翅膀,就可能卷起超级创意风暴。当创意遇上互联网,每个用户可以将自己的碎片化知识或者创意,展示在自己小小的手机屏幕上,而互联网以最快捷的方式,在这些手机屏间提供了几乎无限的相互连接,无论你在何处,无论你在何时,无论你是有意的分享还是无意的上传,无论你是无聊所为还是独到的想法,一旦进入互联网的世界里,分享的双手就会拉成一张巨大的网,把你的创意传播得无边无际。

好的创意并不容易,不好的创意比比皆是。但只要我们在创意,我们在分享,我们在共鸣,创意的"布朗运动"总会撞到商业奇才,总会撞到发明天才,总会有人将你的创意转变成具有市场价值的产品或者商业模式,将其变为对人类有意义的财富。我们需要创意,但我们更需要分享,只有分享才能产生碰撞,才能够点燃沉睡的思维,才能激发出创新的火花。莎士比亚说:发光的不一定是金子,是金子一定会发光的,也许晚一点,但足够耀眼。创意亦是这样。

◎ 第五章

搞懂创客，成为创客

认清创业的目的和动机

创业路上充满了风险和艰难，只有在创业前认清目的，明确动机才可以成功。目的明确，动机明了，创业就有了更多成功的可能。

在创业之前，在你将花掉大部分与家人在一起的休闲时光和自己的闲暇时间，放弃很多其他途径的成长机会，甚至拿自己未来的生命运作一次赌注之前，你必须对你想要创业的目的或动机作一个发自内心深处的创新，这会极大地减少创业的盲目性。通常创业的目的和动机可分为以下几类：

第一种动机：为生活所迫。为了解决生计问题而不得不走上创业之路。

第二种动机：为了追求独立和自由，不愿为别人打工，喜欢自己做老板的感觉。通常这种人不仅个人能力强，而且有着极好的人际关系，被老板压制的可能性很大，因此不得不转而创业，仿佛当年的石达开。

第三种动机：心理不平衡，想一夜暴富或积累更多的财富，迅速提高生活品质和社会地位。

第四种动机：源于个人理想，想要开创一项属于自己的事业，实现自我的人生价值。

创业动机可以说是千差万别的，甚至是千奇百怪的，有多少人选择了创业，就会有多少种创业的动机。而动机是推动前进的动力，"穷则思变"，想改变"穷"这种状态的欲望就是一种推动力。如果你觉得自己什么都不缺，那你就不能强有力地去争取，因为一切对于你都是可有可无的，这也是为什么会有"富不过三代""富两代腐两代"这样的现象，因为他们丧失了推动自己不断奋斗的动力系统。所以，在创业者上路之前，有必要先要给自己找好动力源，不然，半路就很容易抛锚熄火。

分析一些成功创业家，大略看来，出于最后一类动机，成功率较高；而出于其他动机，特别是第二类动机，成功概率较低。为什么？且看下文分析。

有的人创业的原始动机是因为在公司觉得没趣，觉得工作没有什么意思，于是想自由支配自己的生活，做自己喜欢做的事，过一把当老板的瘾，这样的动机是有问题的。以上动机很可能是做出创业决定的一个催化剂，但是不应当是主因，否则创业断无成功的可能性。正所谓"不当家不知柴米贵"，不创业不知老板难。在选择创业之前，一定要先想清楚自己离老板的角色有多远。拿绝大多数新开的小公司、小工厂、小店来说，老板一般也要兼任伙伴之职，每天忙里忙外，早出晚归，说辛苦，比打工有过之而无不及。虽说不用再看老板的脸色，可还要看顾客的脸色，还要看供货商和经销商的脸色，大多数情况下，忍气吞声是免不了的。如果生意不好或管理失当，还要面对员工辞职的压力。万一生意不顺手，很容易把自己的身家都要赔上。可以说，做了老板就没有多少退路，因为你是企业全部风险的终极承担者。

如果创业者对上述问题认识不足，由此产生种种对于未来的幻想，毫无疑问，它就会自然而然地成为创业动机的一部分。然而，这些幻想对于创业却可能是无益，如果它成为唯一的创业理由和动力，那带来的将是害处，甚至危险。

每个人都渴望无拘无束的"自由"，都希望自己能够做主，比如工作不用看别人脸色，自己的想法能够说了就算，还有不用别人批准等但是，当你真的以为选择创业，自己做了老板，就能实现这样的"自由"，那就大错特错了。事实上，选择创业，其实是选择了更大程度上的"不自由"！表面上看，你可以迟到，甚至可以不用上班，并没有人来限制你；实际上你将比以前打工时更加辛苦，付出更大努力，因为你是在为自己工作！事实上，你会比以前更加检点自己，因为你的一言一行，都被你的员工、客户和关系网默默地看在眼里。

　　不仅如此，更大的不自由还在后头——对于初创企业来说，大都会遇到一些生存中的危机，当企业资金链断裂时，当企业发生亏损时，当发不出员工薪水时，当你被客户骗了一大笔足以让你倒闭的资金时……这时的你再也难以感受到做人的轻松与自在，即使你苦不堪言，也不得不装出笑脸。你不能跟家人说，因为他们会担心；你不能跟客户说，因为他们只会离你而去；你更不能跟员工说，因为他们在危机中尚且处在一种惴惴不安的状态当中。

　　从许多新生代企业家的经历中可以看到，真正的创业动机并非为了赚钱，而是源于某种理想。一项调查也显示，"追求更大的成就感"是民营企业家最大的精神动力。马云就是一个典型代表。

　　作为中国电子商务网站的开拓者，阿里巴巴网站创始人兼 CEO，马云的创业动机似乎从一开始就是纯真无瑕的，自 1999 年创业，阿里巴巴就以"让天下没有难做的生意"的强烈使命感开始了自己的梦想之路。马云的心态是相当平和的，然而心态平和的人却可以是豪情万丈的。马云出于帮助企业做生意的目的，创办了阿里巴巴；出于帮助商铺和个人之间买卖交易方便的目的，创办了淘宝网；之后涉足金融业的支付宝，以及阿里妈妈也应运而生。

　　马云是那样地乐于助人，以至于人们给他的回报也是如此的深厚：2007年，阿里巴巴上市后的市值超过 200 亿美元，并且马云本人也受到了众多人的爱戴和尊敬，成为新时期创富精神的代表，成了人们心目中无可取代的精神偶像。

　　真正赚大钱的人，要把钱看轻，正如马云所说："我最初的创业理想并不是想成为一个百万富翁，更不是千万富翁。如果真想赚钱，没有激情、没有眼光、没有亲情，你就不可能成大器，男人要培养自己的眼光、自己的胸怀，胸怀怎么培养大的？是气大的，冤枉大的。"

　　"思想有多远，我们就能走多远。"创业动机在很大程度上决定了创业之路能够延伸的距离。人们常常看到许多创业企业在初期的前几年快速成长，就像是旭日东升一般，让人为它的亮丽表现感到激赏。但可惜的是，几年过后就开始走下坡路，风光不再，甚至黯然退场。

为什么会这样呢？究其原因，就是因为这些创业者的创业动机中缺少了理想。

创业者的动机完全出自发财致富，这是极其正常的事情，但如果这是创业者建立企业的唯一目标，其结果往往未必最佳。一般说来，只注重积累财富的创业者常常不会把眼光放得太远，这使得他们更注重战术，而不是战略上的决策。他们的公司或许能在短时期内非常成功，可一般不容易发展成大型的出色企业，因此也不能给投资者和创业者本人带来持久的回报。

仔细分析之下会发现，创业者在创业初期只是为了赚钱，心中苦思要如何经营才能够与众不同，吸引消费大众的注意与支持，于是在风格上创新，有别于传统的同业；在商品上创新，提供消费者更物超所值的消费享受。当这些创新与市场上的传统竞争同业有着很明显的区隔，而且这些创新也真的能够符合消费者的期望时，于是果真就吸引了大批客户或者消费者的喜爱与支持，生意红火，业绩不断地向上攀升。

可是经过两三年后，创业者最初的赢利目标已经达成后，就迷惘在当下，找不到下一个可以凝聚共识、一起努力的目标了，这就是缺乏经营理念与理想所造成的。

在创业的道路上，会有顺境与逆境、有高峰有低谷，在面对逆境、困境与低潮时，创业者唯有重新设定目标，继续追逐理想，才可以再度点燃创业时的热情，产生持续努力下去的动力。

慎选项目，避免盲目跟风

在初次创办企业时，创业者要从自身优势出发，选择有限而明确的经营项目，才能形成自己的核心竞争力，以减少创业风险。

大千世界里，行当多得不可胜数，可对一个具体的创业者来说，由于他所拥有的资源有限，经不起初创期的风险，这就需要谨慎选择创业的项目，以防止落入不必要的陷阱。

在巨人大厦危机之前，史玉柱是一个觉得有赚钱机会就不会轻易放弃的人。但是经历了这一次切肤之痛的教训后，他不再轻易做一些无谓的冒险,决定投资项目越来越谨慎了。

在这之后的十年中,史玉柱只做了三件事:做保健品、买入银行股票、做网游。而在保健品当中,几年时间只做脑白金一个产品。出于谨慎的考虑,很早就研制出的黄金搭档,直到 2002 年才最终被推出。如今,史玉柱手里仍有十几个新产品,但他一直不肯推出去,因为没有必胜的把握。

由于史玉柱的事业越做越大,因而,很多人也希望史玉柱去扮演风险投资家的角色。

"在互联网项目上面很多人找我们。如果有好的我愿意投,有的人只想投几十万,但是项目不好,我就不愿意投。但如果是好的;原来是几十万的我愿意去花几亿买他的项目,买了之后就不是风险投资,是我们的项目。我们不怕花钱多,但要控制项目的风险。"

为了保证自己不至于因为一时的头脑发热而酿成大祸,史玉柱在巨人投资公司内部建立了 7 人的决策委员会,投票决定提名的项目。几年下来,虽然汽车、手机等很多富有诱惑力的机会都出现过,但均被决策委员会拒之门外。

国内某家汽车公司想转让股份而找到了史玉柱。史玉柱也动心了,但遭到决策委员会的拒绝。史玉柱曾对手机行业动心,希望能收购国内的某家手机企业,最终也被决策委员会否决。

现在中国的机会太多了,你不用去找机会,机会都会自动找上门。史玉柱认为:创业者的最大挑战在于是否能抵挡诱惑。宁可错过一百个机会,不可投错一个项目。过去十年,他抵挡住了诱惑。他十年所做的三件事:保健品、金融投资、网游都很成功,没有失败。

由此可见,选对项目对于创业者而言是何等重要。

找准一个点(痛点)快速进入

痛点就是创新点。众人皆知的乔布斯引得无数苹果粉丝竞折腰,你看他做的每款爆品无不是解决用户的痛点,MP3 把索尼征服世界的产品

Walkman 随身听、唱片公司给弄没了；做个手机把盛极一时的摩托罗拉和诺基亚给整垮了；做个 Apple Store 把软件行业给颠覆了。纵观苹果的产品，其中用到的大部分技术甚至包括某些核心技术未必是苹果公司自己原创的，但集成整合的每个产品几乎都是爆品。用户为什么选择苹果产品？苹果产品的特点难道仅仅是品牌宣传上传递的时尚吗？

我们再看看现在的出租车行业，滴滴打车、Uber 打车，尽管出租车行业由传统的管理部门垄断管控，但滴滴和 Uber 仍然如野火般迅猛发展。专车的随叫随到和管家式的服务，犹如我们拥有专职的司机，他们的顺风车业务既服务了顾客，又降低了城市交通的压力，有了这样的服务我们还愿意站在街边等出租吗？我们还愿意打电话叫出租车吗？轻轻一按手机，车子就会善解人意地来到你面前，我们无法拒绝，我们愿意为享受到的美好服务多付出一点。

据说，Uber 的诞生就是其创始人卡拉尼克一次在巴黎雪夜的寒风中叫不到出租车的经历催生的，资本市场说一个打不到车的巴黎雪夜催生了一个估值 400 多亿美元的 Uber。这样的寒风刺骨的雪夜就是用户的痛点，现实中这样的痛点，在我们的各行各业无处不在，无处不有。

所以从某种意义来讲，痛点就是创新点，放眼望去，人类生活、工作、学习的所有痛点，都将是我们创新的着力点。而现在我们从这个角度去看，正在创新创业的公司提供的产品或服务，无不是解决了某个痛点，我想未来也必将如此。过去一段时间，我们所看到的所谓"后来者颠覆前者""创新者颠覆守旧者"，其本质都是在解决痛点上取得了突破，苹果熟了落到地上，无数人都看到过，只有牛顿深究了为什么苹果不落到天上，而落到了地上，也只有他发现了万有引力定律。

创业公司第一步就需要将问题和解决方案匹配起来。

核心问题：手头有没有值得解决的问题？

在创客创业的第一个阶段，必须先确定手头有没有值得解决的问题，不能在没有确定之前就花上数月甚至数年的时间来推出解决方案。想一个点子不费什么劲，但是要实现它的话需要花费大量人力和物力。

要知道某个问题是否值得解决,可以从以下三个问题入手:

你的解决方案是否是客户想要的?(必要性)

他们是否愿意为你的解决方案掏钱?如果不愿意,那么谁来买单?(发展性)

你的解决方案是否能够真正解决问题?(可行性)

在这个阶段,我们可以通过对目标客户进行观察和访谈相结合的定性方法来回答这些问题。

在经过这个阶段之后,你应该能明白真正的问题有哪些,并且得出一套能够解决这些问题但又最为精简的应对方案,我们将这个方案称为"最简可行产品"(minimum viable product,MVP)。

创业的第二个阶段是将产品和市场匹配起来。这个阶段的核心问题是:我做出来的东西是人们想要的吗?

一旦找到了值得解决的问题并设计出了MVP,下一步就是测试你的方案能否有效地解决问题。换句话说,你必须检查做出来的东西是不是人们想要的。

将产品和市场匹配起来(或者说让产品具备吸引力)是创业路上的第一个里程碑式成就。在这个阶段,你的计划开始逐步实施:开始有客户了,而且你还能留住客户,并让他们掏钱。

创业的第三个阶段是扩张。这个阶段的核心问题是:怎么做才能加速发展壮大?

如果你能将产品和市场匹配起来,那基本上就成功一半了。在这个阶段,你会把注意力转移到公司的发展上,而公司的发展其实也就是商业模式的扩张①。

除了从痛点中找创业机会外,从大数据中找机会也是一个好办法。阿里巴巴没有生产一样产品,没有自己的工厂,但这丝毫不影响它成为市值庞

---

① 关于创业三个阶段的阐述,资料来源:[美]Ash Maurya.精益创业实战[M].北京:人民邮电出版社,2013.

大的公司。Facebook 没有自己拍摄一张照片，也不自己撰写一篇文章，但市值相当于一个石油公司。它们凭什么那么值钱？让我们来听听最会投资互联网的人孙正义的说法，当年他巨资投资雅虎的举动震惊了美国投资界，当时美国人一直搞不懂，为什么他上亿美元砸向一个在车库中倒腾网站的杨致远，但雅虎后来的成功，证明了他对互联网的独到理解。马云的阿里巴巴上市，他也是最大的赢家。

孙正义对日本的工商业发出了震耳欲聋的提醒，即要么数据化，要么灭亡。他说道："数据化之于许多人，并不是主动进行的，而是走投无路被逼进行的，特别是最近，日本的家电产业在持续与'赤字'苦战。我认为，其原因就是数据化的动作太慢了。如果仅仅组装零件，那么就仅仅只是电子化。日本制造的硬件非常轻薄，故障率低，这是日本的'传家手艺'，这也面临数据化不足的问题。要让软件和硬件融合，一定要活用云技术和大数据，就一定要积极地进行数据化。"

孙正义自己创业起步时选择计算机软件批发作为切入行业的过程就是一个绝佳的例子。

> 孙正义列出能让自己倾心的事业的标准：
>
> 十分独特，别人不可复制；
>
> 10 年内可以成为日本顶尖的产业；
>
> 喜欢这个行业，喜欢到能够让自己在未来 50 年全身心投入；
>
> ……林林总总一共 25 项。然后孙正义开始查阅资料，拜访形形色色的人，听取经验。最终他列出了 40 个候选行业。在定下 40 个行业之后，孙正义开始对它们进行细致的市场调查。在他 23 岁（1981 年）时成立"Unison World 日本"以公司名义进行市场调查，用时 1 年半，在这 40 个行业展开一连串市场调查，拜访过各式各样的人、阅读了许多书籍与资料，分别编制出十年的预估损益平衡表、资产负债表、现金流量表，以及组织结构图。然后他将这些数据与自己定下的项目选择标准逐一对照打分，判断这些是不是适合自己投入一生的事业。40 份

产业的调查报告文件加起来接近 34 厘米厚。看起来,孙正义似乎是一家公司的老板,但事实上他的公司只是为了方便调查而成立的,没有任何收益,所以实际上他在这个阶段是个没有工作、没有收入的人。孙正义知道,这段时间是必需的,那是高飞前的潜藏与蛰伏期。他认为未来的方向和目标必须以理性作指导。除非他知道为什么要做这件事,意义何在,结果如何,否则他不会轻易动手,而一旦决定就会马上行动。花了一年半时间,孙正义终于找到了自己要进入的行业——计算机软件批发。不是软件开发,而是卖软件,成立一家流通软件开发者和使用者的公司。

华为的精神领袖任正非说,所有生意都是数据化的生意。

物流行业的顺丰快递公司,最值钱的不是他们分布在各地的训练有素的快递员,也不是他们的存储中心和运输工具等,而是他们的软件系统及其所沉淀的数据信息。其核心竞争力是物流路线和装运配送规划,以及由此产生的经济性和快捷性。比如他们通过对业务中沉淀的数据挖掘,发现上海到南京的包裹最多,且沿途城市之间的包裹最多,他们就在这条线上倾斜相应的资源配置,沿途物流中心面积和选点,都根据数据分析的结果进行布局,这样他们的车、人、仓储都是最经济和快捷的。车载设备通过整合 GPS(全球定位系统)、GIS(地理信息系统)、内嵌的传感器和高速的无线通信技术,在运输过程中实时采集车辆位置、工作状态和任务配送等信息,车辆的利用率和车队的整体效率得以精确整合,达到作业透明化管理。中美物流行业的对比研究,发现了物流行业的车辆空驶率降低 1 个百分点,相当于创造 4 000 亿元的利润。

深入进去你会发现,其后台沉淀的数据,可以揭示合肥某小区的消费习惯,当他们发现这个小区海鲜快递最多,如果市场达到一定的规模,那么,他们就可以把他们的“嘿客”便利店布局到这个小区,该店主打各种海鲜产品,从而实现了精准布局达到精准营销。他们的便利店的盈利能力,你还用怀疑吗？数据的应用还体现在找工作上，现在应聘腾讯公司的一些岗位，是不要你简历的，只需要你提供一个常用的 QQ 号或微信号就可以了，通过对你账号的不涉及隐私的一些轨迹分析，就可以知道你是什么样的人，是客观的不带偏见的，与简历自说自话的介绍信息相比，谁更可靠呢？

而大家上亚马逊、当当、京东购书，必定会看到主动给你推荐的书目，也会定期收到新书推荐，这都是基于你的历史购买、浏览信息，进行数据挖掘而产生的主动推送。所以说互联网公司本质上就是数据公司，它们最大的财富，就是用户和与用户相关的数据沉淀，而这些将是取之不尽、用之不竭的资源。

用头脑风暴法来寻找潜在客户[①]

刚开始的时候，你对问题的认识可能很模糊，只有一个大体的解决办法，可能还有一个目标客户群体。冲动地做出个解决方案，很可能会造成浪费，同样，草率地选择目标客户群体或者商业模式，也可能会造成浪费。这个步骤的主要风险在于这种选择是没有经过任何验证的，很容易出现偏差，所以就无法得出最佳商业模式，可能只得出局部最佳的商业模式。

虽然我们无法完全避免犯局部最佳的错误，但是若能从一开始就非常愿意去探索甚至同时测试多种商业模式，总能增加找到更好方案的概率。

使用头脑风暴法寻找产品的潜在客户应该注意以下问题：

区分客户和用户

如果你的产品有各种用户，那么必须找出哪些是真正的客户。

为产品掏腰包的人才叫客户，一般的用户则不会。

---

① ［美］Ash Maurya.精益创业实战［M］.北京：人民邮电出版社，2013.

细分目标客户群体

一些创客认为自己要解决的问题几乎人人会遇到，所以人人都适用。但实际上你绝对无法制作、设计和定位一种可以让所有人都满意的产品。

虽然你的目标可能是要做一种面向大众市场的产品，但是仍需先考虑好一个特定的客户群体。即使是 Facebook 那么厉害的公司，现在的用户超过了 5 亿，但是他们在一开始的时候选择的目标客户也是非常细化的，那就是哈佛大学的学生。

先把所有客户都放到一个画布上。

如果你的公司业务涉及多个不同的市场，那就应该把不同市场的问题、渠道和卖点都列出来。你可以先做一个大画布，使用不同的颜色或者标记来区分不同的客户群体。这样你就能在一页纸上看到所有的信息。然后，你可以按需求来分割画布的内容。

为每一个目标客户群体做一张精益画布。很快你就会发现，目标客户群体不同，相应的商业模式中的元素也大有不同。建议你为最了解或者最有潜力的两三个目标群体各制作一张精益画布。

先从最小化的可行产品开始"精益创业"

《精益创业》的作者 Eric Ries 对创业如何"作于易"给出了系统化的建议。

Eric Ries 是一个硅谷的程序开发者，曾参与若干家公司的创业过程，也看到过更多团队的创业经历。失败和成功都见得多了，他开始更深入地思考创业：到底创业是艺术还是科学？令人炫目的创业案例背后，是否有固定套路可循？他的思考成果就是精益创业（lean startup）理论。该理论借鉴了精益制造（lean manufacturing）的很多概念，但将其移植到创新型的脑力生产活动中，提出了一套系统化的方法论。

Eric 给创业企业（startup）和创业家（entrepreneur）做了自己的定义，即："创业公司是在高度不确定的情形下，进行产品或服务创新的一个机构。"这里的要件包括机构、产品、创新和不确定。作者认为产品可以是各类有价值的东西，这种价值甚至不一定要以金钱来衡量（比如 NGO 的创新）；创新则同样可以体现在很多方面，新的技术、新的应用、新的业务模式甚至新的客户群都可算是创新；不确定则说明创业过程中一定会存在一些无法预见、无法把握的外部因素（一家从技术、产品到目标市场都完全复制他人的新公司不是作者心目中的创业企业）。综上可知，作者对创业的定义比一般概念里的创业要宽泛得多，涵盖了令大脑的价值在更大范围得到体现的许多场景。

Eric 将精益创业提炼为 build-measure-learn（BML）循环：（想法）→建造→（产品）→衡量→（数据）→学习→（新的想法）。根据该方法，创业团队需要从一个想法开始，在层层循环中持续地建造、测试和优化产品，为产品注入真正的价值。由于创业活动的不确定性很强，最初的想法和现实之间必然存在差距。精益创业的关键就是，团队必须让每次循环的过程尽可能短，并在每次循环的结尾识别出正确的方向，以实现对宝贵的时间和资源的最大化利用。

任何一个创业的想法要成功，都必须满足两个假设，即：能给客户带来价值；客户能够不断增长。Facebook 刚推出时，只为有限的几个大学社区提供服务，也没有做任何市场推广。但一个月以后，它已经吸引了 3/4 的哈佛本科生注册，且用户平均访问率超过了一天一次。这两项数值充分说明了该产品满足增长假设和价值假设，不愧为一个划时代的天才产品。并非所有创业团队都能在一开始就站在从成功走向成功的道路上，但这种道路是可以找到的。第一步，就是把想法变为产品。

在产品建造阶段，强烈建议采用最简可行产品的方式，即投入最少的人力资源建造一个刚刚能够体现创新点或核心价值的产品，并立刻将其投入市场。这种做法基于以下假设：客户需求只有在实际使用中才能辨明，再多的前期调研也只能发现"客户认为他们想要什么"，而不是"客户实际上想要什么"。因此在不了解客户真实需求的情况下,只会多做多错。一般意义上,功能越多的产品,将会有越多部分不满足客户的实际需求,因而变成无用功。很多人不肯把一个简陋的产品推给客户,但这实际上是一种病态的"完美主义"。比认为产品简陋更糟糕的,是客户对产品的不屑一顾。MVP是以验证基本的商业假设为目标。认为产品简陋,至少说明客户用了这个产品。如果客户对产品的核心价值表示赞许,那正可以在此基础上进一步完善;如果客户表示不满意,那就应该顺势改弦易辙。

至于 MVP 能够简陋到什么程度,作者所举的一个极端例子来自 Dropbox。Dropbox 公司创立时,希望将网盘与用户终端上不同类型的操作系统进行无缝集成,该功能的实现需要较高的技术门槛,也需要一定周期。因此在创业初期,Dropbox 很难拿出原型呈现给客户或投资者。于是 Drew Houston(Dropbox 的 CEO)做了一个 3 分钟的演示,在演示中描述了产品的功能特点。这段演示令产品的预订者在一夜之间从 5 000 人增至 75 000人,很好地验证了市场对这一概念的接受程度。另一个例子来自 Food on the Table(FotT),一家帮助家庭用户提供蔬菜预订配送和食谱建议的互联网公司。FotT 最初只有一个用户。在没有任何 IT 手段辅助的情况下,FotT 的 CEO 和产品副总裁每周上门收集客户订单并为其配送蔬菜。在这种极度没有效率的原型服务中,FotT 逐步地累积了对市场需求的认识并扩大了客户群。随着客户的增多,他们逐渐添加了邮件下单、菜单推荐、网上支付等各种自动化功能。在这过程中,每一项功能的增加都不是源于空想,而是源于实际的、迫切的用户需求。目前,FotT 提供覆盖许多美国城市的食谱选择、蔬菜团购和配送的自助式网络服务。

衡量的目的是通过一些真实有效的指标来判断,当前的产品相对于上一个版本,是否带来了真正的价值提升。这里特别强调创业企业与成熟企业的不同,不能以总量的变化而应以速度的变化来衡量产品(变化)的价值。例如,对一项头一个月有 500 名注册用户、头一年有 6 000 名用户的新服务而言,虽然用户总量在持续增长,但每月的新增用户数却基本持平。那只能说明,它在这一年中所做的更新或变化,并未增强对潜在用户的吸引力。因此，真正有效的衡量指标必须要能够揭示产品特性的变化与业务增速之间的联动关系，以便识别正确的增长引擎。

公司的增长率主要取决于三个因素：单一客户获利率、获得新顾客的成本、现有顾客的重复购买率。这些指标表现得越好，公司增长得越快，也就会赢利越多。

数据能够揭示增长状况，而作者认为存在三种增长模式。其一，病毒式增长：通过口碑传播实现用户数的指数式增长。其二，黏性增长：通过增加已有客户对产品的黏着度，提升产品的价值。这两种模式仅通过产品的优化就能实现增长，无须额外的市场或销售投入。但还有第三种模式：付费增长。付费增长要求企业为新开拓的用户投入销售、广告或市场宣传成本，但只要从每个客户处获得的收入大于招募每个客户所需的成本，那这种增长模式就是可持续的。不同产品可以采用不同的增长引擎驱动，并无一定之规。即使是同一产品，在其演化的不同阶段，采用的增长引擎也可能是不一样的。

学习过程是 BML 循环中的调节和稳定器。在此，用户可以识别现有问题并改进之，排除危险因素，并将循环过程控制在合适的速度，既避免过快（盲目发展），也避免过慢（带病发展）。作者为学习过程提供了"五问"这一工具，用以挖掘测试和衡量阶段所发现问题的各种原因（从表层到核心），并改进之。所谓"五问"是对任何一个错误或事件的原因进行五次递进式的分析，并为每层分析结果找到合适的解决办法。作者所举例子如下：

（1）为什么新版本发布后某项功能失效了？因为某台服务器宕机了。

（2）为什么这台服务器宕机？因为其上的某一子系统配置错误。

（3）为什么配置错误？因为配置他的工程师不知道正确的做法。

（4）为什么工程师不知道？因为他没受过培训。

（5）为什么工程师没培训？因为他的经理认为他"太忙"，没时间培训。

还有一点需要注意的是，"五问"应在所有干系人到场的情况下展开，以免未到者成为永远的过错方。

每次循环结束，创业者可以有两个选择：维持或转型。如果分析结果表明之前的假设基本正确,在学习过程中实现的小改变让产品越来越趋向于假设中的理想状态,那么自然应当保持。但如果再怎么努力,假设也与现实渐行渐远,则可能需要通过转型对假设做一些本质性的改变,这种改变可能涉及创新的各个层面:核心技术、应用模式、目标市场、目标需求、增长模型、推广渠道等。至于到底哪些因素的改变会带来最佳效果,可以在下一轮循环中验证。为了处理有太多新的想法需要验证的情况,创业者可以用之前某个较为稳定的产品版本作为基线,在此之上升级出多个平行的版本,展开多个循环分别验证新想法的合理性,剔除其中不佳的部分,并将较好的想法合并到下一个基线当中。这可能需要相互独立却又并行地处理多项任务,于是有了批量化的问题。

创业最痛苦的是寻找商业模式

"这十年,我遇到的最大困难就是:怎样把握好市场,找到商业模式。"2014年,回溯自己十年创业历程时,张黎刚开门见山地总结道。

2003年,受一本杂志启发,张黎刚意识到中国在健康管理产业上蕴含着巨大的商机,次年就成立了爱康网,实行B2C的商业模式,向消费者卖会员卡,但成果微乎其微,"卖了一个月只卖出去一张,我就知道这商业模式有问题"。根据自己之前在艺龙转变商业模式的经验,张黎刚将爱康网的商业模式调整为B2B,由卖卡给消费者变成卖给企业和团队,业务量大增,很多在各地设有分公司的外资企业通过爱康网,总部可以顺利地了解员工的健康状况。

不过,问题又随之而来:虽然爱康网不愁订单了,但没有合适的医院来落单,线下的医院将其作为竞争对手,不愿意与之合作。为此,爱康网只能再次转变商业模式,从线上走到线下。2007年,爱康网和上海的国宾体检合并,从一家互联网公司转型为跨越互联网与医疗实体的健康管理平台,"从鼠标公司(爱康网),变成鼠标加水泥的公司(爱康国宾)，这是一个质的变化"。在这个商业模式的推动下，爱康国宾的收入在 2011 年达到了行业第一。对此，张黎刚说，"我们花了四年，学会怎么管理体检中心，学会互联网思维和实体的结合，学会连锁化经营，从而做到行业第一。"

从 B2B 到 B2C，再到后来的线上线下相结合，商业模式的摸索期总算告一段落。"这三步路走完后，公司就没有发展障碍了"，张黎刚感叹，"对创业者来说，从一个想法到最终创立商业模式之前这段时间是最艰难的，要找到一个模式真正能够把你的公司发展下去，能够更快发展，能够造一个品牌。"

在商业模式的寻找中，张黎刚经过很多的纠结和挣扎。他本人是做互联网出身，深具互联网情结，在创办爱康网时，他极不希望将其变得重型化，但这份心愿在医疗行业行不通。"我多多少少也是在互联网行业经手过上市公司的人啊，可在医疗行业，人家并不把你当回事。那一刻，我突然意识到，如果自己不掌控实体资源，有一天会死无葬身之地。"

这与医疗行业的特点有关。互联网依靠的是大流量和资源过剩，但医疗行业是资源稀缺的。"我后来意识到，酒店、宾馆，包括商品都是过剩，因此它需要阿里巴巴、艺龙帮其分销。但医疗服务是供不应求的，不需要分销。"因此，如果按照互联网思维，仅提供平台服务，价值极为有限。为了创业成功，张黎刚不得不进行妥协。"创业要学会妥协，虽然我做人的原则、公司的价值观从不会妥协，但在商业模式上，可以向市场妥协。"

商业模式并不是一成不变的。目前，随着移动互联网时代的到来，张黎刚也开始注重发展 B2C 的商业模式，他调整成立移动医疗公司，并将其视为继艺龙和爱康网之后的"第三次创业"。"我觉得大家的消费习惯已经改变了。这对我们来说既是机会，也是危机。当很多人开始把预约体检等服务从 PC 端、电话端转到手机上的时候，如果爱康还不在，那就是问题了。所以，就我们的主营业务本身，也需要在移动端有属于自己的服务体系。"此外，张黎刚还谈道，目前的医疗行业不存在以患者为中心的服务体系，未来只有转变为以患者为中心、以客户为导向，才可以建立起一个全新的商业模式。

从提升循环整体效率的角度讲，作者建议采用批量（batch）的工作方式，即令不同职能的人员（产品、开发、测试等）组成一个共同的小组，由综合小组完成某一循环内所有的工作，而不像瀑布式模那样，让不同角色的人分别完成不同阶段的工作。如果一个大的循环内有多个可以分离的改进目标，则可分给不同的综合小组分别完成。这种模式下，不同角色的人围绕同一个整体目标保持了紧密的沟通合作，其好处是：更容易发现和处理问题。当然，将不同角色的人员放入同一个团队会带来磨合问题。让开发人员去了解客户，或让产品经理听取开发人员的意见，都不是容易的事。而如果磨合不灵，将仍旧导致循环效率变低。因此作者也强调了，精益创业粗看比传统模式更为散漫，但实际上需要纪律性非常强的团队才能真正执行下去。

精益创业是否只适用于几个大学生在仓库里建起的小公司？当然不是。任何一家想在变化的市场环境中持续经营的公司，都必须不断创新，而精益创业方法适用于任何创新过程。作者建议大公司将创新工作与常规性工作加以区分，建立有稳定资源、能独立决策和对成果负责的内部创业团队。但同时，大公司与小公司情况确有不同。比如对创业公司而言，简陋的MVP可能会令客户不满，但不太会影响他们尚未形成的声誉。如果是大公司，则损害可能会大很多。对此，作者建议将创业团队与公司主业进行分割（在新公司、新品牌名下推出），在新产品成熟前保护母公司。内部创业在大公司内也更容易受到政治斗争或媚上哲学的影响。对此，作者认为令内部创业的过程、成果和评价体系公开和透明是杜绝黑手的有效方式。

Eric Riez 将精益创业的适用范围放得非常宽泛了，但我们还可以更进一步。即使是个人，只要所做的不是完全缺乏创造力的事情，也不是完全的自娱自乐，那么精益创业所提出的方法，也是多多少少可供借鉴的。在起点中文网或其他什么地方连载的网文作家，都是颇好的例子。

什么样的人才适合做创客？

"创业要面临非常多的压力，来自资金、管理、客户等方面，不乐观的人往往会被压垮。""情绪低落时不要去想，放一放，两天后那些事可能就不是个事儿了。"这是创客们在创新创业坎坷之路艰难跋涉时需具备的良好心态。

创客，需要不断地学习，也需要一种情怀。

不断地学习，持续地储备知识，才能成为一个合格的创客。作为创客，基本的科学知识必须具备，无论是理科达人，还是设计怪才，都要有深厚的理论知识作为基础。一个学霸不一定成为创客，但创客都曾经当过学霸。而这种学霸的状态还在继续，而且因为需要持续地学习，学霸转向了"宅霸"。想做一名优秀的创客，一定要有定力，要耐得住寂寞，要坐得住，即便是一条冷板凳，也要把它坐热，甚至坐穿。

俗话说："人为财死，鸟为食亡。"但创客偏偏是这样的一些"异类"。因为兴趣和爱好，他们才成为创客。创客追求的不是利益，而是对现状的改变。他们是"颠覆性创新"的主要推动者，会因为自己的创造"改变世界"而欣喜若狂，也会因为一个"荒谬"的想法而彻夜难眠。因为这种"痛并快乐着"的博大情怀，才铸就了创客不懈的创新精神。

> 王兴的聪明不是超出普通人范畴的聪明，绝不是一骑绝尘、让人望尘莫及的天才型聪明。在中学、大学，王兴也未展示出超乎常人的智商，绝不是班上最聪明的那一位。他的聪明更多是经过长久的自我训练而培养起的一套行之有效的思维方式。
>
> 王兴推荐过一本书，马尔科姆·格拉德威尔的《异类》。这本书谈

到,一些人能够成功,是因为他在这个行当泡的时间超过一万个小时,超过这个时间,你就会触类旁通,比一般人对行业的趋势、细节更敏感。例如巴菲特在投资方面为何比一般人更成功? 因为他从小时候起就比别人对投资更感兴趣。王兴同理,在中学的时候,他就显示了对互联网新事物非同一般的兴趣和热情。

《异类》的一万个小时是全情拥抱、全心投入、全力奔赴的一万个小时,而不是很多上班的人周而复始、机械麻木的八小时累积起来的一万个小时。即使在外界压力极大的情况下——例如美团网落后于竞争对手拉手网、窝窝团,或者饭否网关停而不得不奔波在路上解决这个问题的时候,王兴都保持着关注互联网新事物的学习状态。

他在国外留过学,英文好,能够破除语言上的障碍,快速获得最前沿的信息。大部分时候他是站在巨人的肩膀上学习别人的先进模式,在本土化的基础上进行改造。他对未知的世界充满好奇,也很敏感,有强烈的探索未知的欲望,什么东西出来就马上涉猎。他习惯开上几十个浏览器窗口,不断地看,不断地研究。2007 年夏,iPhone 刚发售,他就买来做研究。付栋平加入校内网的时候,和王兴聊天儿,发现王兴不只是看过 SNS,国外很多网站他都听过、看过。

王兴不是天才,他不是一开始创业就看得准,不然的话他也不会尝试那么多东西,折腾了近十个项目才找到校内网。

如果在聪明和好学之间选择一个,好学才是王兴最大的特点。他在学习上所花的时间比在任何其他方面可能更多:看书、查找资料、交流、学习同行、学习竞争对手、学习国外的典型做法。

他不是天生智商就高人一等的,而是好学高人一等。就像挖坑一样,天才一铲子挖一尺,你一铲子挖一寸,坚持挖十天,别人来看坑的时候,也觉得你聪明,居然能挖出这么深的坑。王兴所表现出来的聪明是长期学习之后形成的结果。

博闻强识,先博闻再强识。你先吸收很多东西,再思考分析,得到这些东西的共性和差异性，建立起一套方法论。如果你能把这部分做好，已经比别人跑得更远了，再加上你敢于尝试，那就更不得了了。

总结起来，王兴本人有三个特点：

- 对世界充满好奇，始终保持开放的心态学习。
- 独立思考，就算做士兵，也要做明白为什么要打仗的士兵。
- 长期专注于研究互联网领域。

而他内心始终有信仰，希望给社会创造有价值的东西，而不是就想赚点儿钱。这也使他关注的是，能够广泛影响用户，能够给人与人之间的关系、给人与商家的关系带来深层次影响的事物。

他的逻辑思维建立于这一套理念之上：寻找的新兴事物要能够触发用户需求的底层。所以他能抓住互联网浪潮中的大浪花，而非小浪花。

当时团购出来的时候，FourSquare 也很火，大家也在考虑到底做哪个，这是两朵典型的浪花，谁大谁小？王兴得判断团购和 FourSquare 到底满足了用户的什么需求。他认为，FourSquare 更接近极客的行为，用户觉得新鲜，通过 FourSquare 好像成了这块地的地主，并没有什么长远的价值，是一股新鲜的风。团购是消费者拿到了实惠，商家拿到了客流，是能够持续运转的生态系统。在这些关键问题上，通过方法论筛选出他认可的能够做得更大、更有价值、更长久的事情。

专注、好学、独立思考，让他比旁人思考得更深入，加上足够的实干精神，快速执行想法，这就是为什么王兴比别人跑得更快。

王兴说："互联网改变一切，没有被互联网改变的行业都会被互联网改变。"

他坚持创业的内心驱动力究竟在哪里？也许故事得推向更遥远的时候。

洞察机会蕴含的潜能。"你在向前展望的时候不可能将（过去人生）这些片段串联起来，你只能在回顾的时候将点点滴滴串联起来。"

2005年，乔布斯在斯坦福大学毕业典礼上如是说。王兴坐在美团网北京办公室的工位上，引用这句话，解释他为什么会走上创业的路。

王苗是王兴的父亲，这位瘦小的福建男人，在福建龙岩市永定县开了一个水泥厂，总共投资6亿元。王苗是大股东，占有40%的股份。这个厂出产的闽福牌水泥是当地最好的水泥，2010年销售额大约6亿元，2011年超过7亿元。福建多山，有"八山一水一分田"之说。从龙岩到永定，不过三四十千米的路，沿途都是海拔五六百米的山。过去有"闽道比蜀道更难"的说法，现在交通发达，全程都是水泥公路，只有几处隧道和桥梁证明当年山路的艰险。造桥用的水泥就是他的工厂生产的。

王苗出生于知识分子家庭，父亲当年是龙岩二中的教导主任、龙岩歌剧团的编剧，"文革"时被诬蔑为"龙岩三家村的大掌柜"，1966年自杀。母亲1949年前毕业于厦门大学经济系会计专业，导师是厦门大学经济系主任、《资本论》译者王亚南。

在父亲死后，王苗掉到了社会底层，回到农村种田。因为家庭成分不好，当时的招工、考学、当兵都没有他的份儿。1979年农村搞副业，王苗去社办企业当泥瓦匠，后来承包小的建筑工程，做了包工头，1981年赚了3万元。1986年至1989年，社会掀起全民经商浪潮，当时流行一句话是"十亿人民九亿商，还有一亿等开张"。王苗投资开办了选矿厂，筛选精矿出口贸易。1989年经济形势不好，他关闭了选矿厂，静待时机。1992年邓小平南行之后，王苗嗅到商机，马上将十几年积累的资金300万元拿出来，与人合办了一家年产8.8万吨的水泥厂。2003年，他再次和人合伙投资6亿元，办了年产200万吨的水泥厂。现在，年过六十的王苗已经不再管理水泥厂的具体业务，聘请职业经理人打理。

王苗这种敏锐的嗅觉似乎遗传到了儿子的基因里。在王兴的创业故事里，最迷人的地方就是他如何精准地踩到了每一次互联网创新浪潮。

王苗对儿女的教育一向宽松、民主，充分尊重儿女意见。他希望王兴能做陈景润，专注科研，他不认为儿子有经商才能，希望儿子能读完博士。在王兴卖掉校内网之后，他还问王兴能否到美国继续完成博士学业。"他对我创业与否，不支持也不反对，尊重我的意见。"王兴说。王兴高中班主任吴老师觉得王苗在教育上很宽松，不像有些家长把孩子盯得死死的。

王苗家从不打麻将，也不会大吃大喝，"家里有好的环境，大人勤勉做事，小孩也不会偷懒"。他喜欢书，买了很多书，也鼓励儿女博览群书。"儿女都是理科生，但人文素养都还可以，不像有的大学生，除了专业知识以外，文化知识少得可怜。我认识的很多有钱人，家里什么豪华家具、家电、车都有，就是没有书，很糟糕。"

在这样的家庭成长起来的王兴，在师长眼里是个独立、有想法的人，在同伴眼里是个不会维护老师权威的学生。他喜欢科技，热衷于动手做实验，与赖斌强、陈亮等同是科技爱好者——后来，这两位伙伴先后加入他创业的行列。由于家庭富裕，王兴是龙岩市里第一批拥有电脑的人，他甚至和陈亮他们动过卖上网卡的脑筋。他也是市里最早接触互联网的，陈亮记得县城刚有互联网接入的时候，王兴带他们去了邮电局。王兴有亲戚在邮电局工作，为他们触摸互联网提供了便利。通过浏览器打开雅虎的首页，在中国的一个小县城里就能看到美国最新的 NBA 新闻。互联网的神奇魅力在他们的心灵里种下了一颗种子。这是 1995 年的事。这一年通常被视作中国互联网商业元年。丁磊在宁波搭建了他自己的 BBS；马化腾在深圳创办了 PonySoft 站台；马云在杭州开设海博电脑服务有限公司；张朝阳带着 ISI 中国首席代表的头衔返回了中国。

更早的时候，王兴已经开始摸索这个世界运转的道理。他和伙伴去爬火车，老师问他们为什么这么顽皮。他们回答："我们在研究蒸汽机。"小学五六年级，他和伙伴一起接触无线电，动手做录音机、功放；在中学,他和伙伴们一块儿读艾柯卡、比尔·盖茨、戴尔的书,一块儿尝试创业售卖调制解调器,讨论《未来之路》描述的信息化的美好前景。这个时期,他也读了卡耐基的《人性的弱点》、奥格·曼狄诺的《世界上最伟大的推销员》——这些书他再未看过,因为"成功学能达到的高度是有限的"。他的梦想不是"成功",而是来自他对科技的信仰,从做功放开始,他就"对结构感兴趣,从根本上相信这个世界的运转是有道理的"。

《数字化生存》是他的启蒙之书,书中说互联网的本质是移动比特比移动原子的速度更快、成本更低。人们在降低社交成本的校内网上、在提升信息传播速度的饭否网上,以及让商家和消费者更便利地获取对方信息的美团网上,能看到这种思路的一脉相承。

王兴相信科技改变世界,他内心渴望的是理解事物的本质,探究未来可能实现的方向,并转变成现实,让未来变得更美好一点儿——虽然这有点儿虚,但确确实实是他内心的驱动力。

谈到王兴后来的创业,王兴的高中班主任吴老师觉得王兴家的经济实力起了很大作用,家里情况允许他不是为谋生而读书,也允许他失败。从王兴与他姐姐对家里财富的态度来看,两人对钱都不太看重,喜欢靠自己的能力挣钱。王苗以前告诉他的儿女,不指望他们赚多少钱,如果他们愿意搞科研,对国家做点儿贡献,他可以在资金上支持,让他们生活得不至于太清贫。但是他的儿女都没有走科研的路。王兴的姐姐清华毕业后去了美国留学,在硅谷做工程师,自己买别墅和车,没找父亲要一分钱。王兴除了最初的一部分创业资金来自父亲的支持,此后再也没要过父亲的钱。他在北京的房子也是自己买的。他们都告诉父亲,不会继承他的财产,让他多捐钱。"总不能留下钱给他们,让他们只做个富二代吧。如果将来他们的孩子还花我的钱,那是悲剧。"王苗说①。

---

① 李志刚.九败一胜:美团创始人王兴创业十年[M].北京:北京联合出版公司,2014.

创客，需要带着梦想，立刻行动。

怀揣梦想，激情造就创客；立刻行动，创客成就梦想。就像比尔·盖茨说的那样："想做的事情，立刻去做！"

作为国内第一个创客空间的上海新车间，这个曾经因教育孩子和缓解家庭矛盾的需要而产生的新车间里，有一个奇怪的纸箱子，上面用英文写着"创意箱"，可当你真的写下自己的想法投入其中，却发现箱子的底部是空的——"创意"穿过箱子直接掉进了正下方的垃圾桶。这个创意箱的创造者是号称新车间第四位创始人、曾就职于微软、视编程为小菜的说着中文的荷兰小伙李欧。他来到新车间后，发现"这里的人和我的想法很接近"，但同时也发觉人们总是会不停地念叨自己有了什么想法，而不注重付诸实践。于是李欧制作了创意箱，提醒大家：想法无用，行动至上。

"不同于美国的车库精神，中国比较缺乏创客的基因，我们想法很好，但动手能力不强，因此对做一件东西很陌生，一旦产生了陌生感，就会觉得实践起来特别困难。"北京创新车间的创始人王盛林认为创客要有梦想，但更需要付诸行动。

有一项调查表明，在全球范围内有自主创业计划的人当中，预计在 2 年内创立自己事业的比例为 38％，而在中国，这一比例高达 61％，由此可见时下中国人创业热情之高涨。

什么情况下需要合伙人？

合伙人随着技术创业风潮的兴起才开始变得越来越重要，很多早期的传统行业，比如地产、制造，往往最开始都是单枪匹马。

如果解决的问题很熟悉，是和之前工作本质一样的领域，你就是公司的核心竞争力，那么这样的初创者往往可以解决创业初期的很多困难，也不那么需要合伙人。

对应地，要解决的问题越复杂，行业跨度越大，产品越新兴，初创者就越需要一个或多个合伙人。

技术公司要成功,需要团队有很强的综合能力,一个人光在技术方面厉害,但并不懂得营销或市场也很难把公司做起来。

合伙人必须精通初创者缺失领域的技能和行业知识。创始人不用再花时间去学习和了解缺失的内容资源,然后筛选面试员工。总之,缺失的部分可以完全交给合伙人负责。

而相比之下,创始人和合伙人之间需要承担相同的责任,为公司承担风险,而核心员工处于接受管理的范畴中。

成为合伙人的第一个条件就是要愿意与初创人一起承担风险,比如一起融资、贡献彼此的时间并且愿意把个人积累的资源投入到公司并最大化使用,另外合伙人可能在早期都无法获得收入。简而言之,公司在发展过程中一定会遇到各种各样的问题,例如观点出现分歧或因信息不对称而产生误解时,合伙人需要和初创者共担风险,维护牢固的合伙关系。

要多少合伙人?这个得根据公司未来的发展需求和实际情况分析。

从一个完整的创业公司架构来看,人力资源、财务、创新发展、管理优化、技术这5个方面应该都有能独当一面的人,因此初创者要考虑在这5个核心领域里设置合伙人。

用技术创新公司举例,有一种做法是从业务的里程碑去倒推,比如将公司的最简可行产品作为第一个产品里程碑,去计算研发出这样一个MVP产品需要多少合伙人——这是很多创业公司早期会使用的方法。

信息不对称是寻找合伙人时的难题,初创企业可以通过以下三种途径去找:

第一种方法是通过周围朋友的介绍,或是在行业圈子里寻找熟悉这块领域的人,这样的合伙人比较知根知底,有信任基础。

第二种方法是根据垂直领域的需求找。

第三种方法是通过一些网站来寻找合伙人,比如"创派"。这些方式都可以让初创者建立与目标合伙人的联系。除了主动寻找,创客可以"自我推荐"。在社交网络平台,比如知乎或是微博上主动做一些个人品牌的搭建和宣传,当个人品牌有了一定的知名度,相关的合伙人也会与你沟通。

合伙人应该具备哪些特质?

1.是否彼此认同?

这体现在对这家公司要做的事情的认同,以及对初创者本人的认同。合伙人之间有共同的价值观和认同感,能保证在未来创业过程中如果遇到问题,可以一起坚定地克服困难。价值观趋同衍生出的包容和信任有利于稳固合作关系。

价值观趋同是合伙人最重要的指标,尤其在创业初期,合伙人团队应该尽量保持同化发展,避免沟通不畅甚至内耗的发生。

2.合伙人之间能否互补?

所谓互补,可以概括为能力互补和性格互补。

能力互补是找合伙人的主要目的,合伙人能通过自己的资源和经验来弥补初创者的短板。

另外,合伙人最好能和初创者性格互补。刘翔形容自己属于发散型思维,对于机械化的事务的处理意愿不是很强,而公司需要一个这样的角色去运营和优化,因此合伙人的逻辑性和计划性应该要很强,性格也最好能相对稳健和保守。

3.有没有风险承受能力?

这种承受能力一方面是心理上的,当公司的发展遇到困境时,有没有决心解决问题? 心理承受能力差的人往往会在危机时做出消极的选择,甚至还会影响团队士气。

另一方面,风险承受力指的是实际的资源和能力,即能不能帮助公司渡过难关?

另外,在遇到资金周转困难时,合伙人是否做好了一段时间内拿不到钱的准备?

怎么说服目标合伙人？

在确定了目标合伙人之后，就要想办法说服对方加入自己的团队。对于创业初期的公司来说，难点可能在于公司业务还没有得到市场的认可，缺乏外界因素来证明自己，因此很难用资源或基础去吸引优秀的合伙人。

这个沟通的过程与公司招聘员工的面试不一样。招聘员工更侧重了解对方的业务能力和专业技能，与目标合伙人的交流则是一次更坦诚的相互沟通的过程——是一种双向交流。

一方面，你要从多维度去了解对方，包括过往的经历以及遇到的挫折和收获——从对方对待生活和工作的看法中可以判断对方的价值观和处世态度。

另一方面，因为要找的是未来和自己一起共同创造事业的亲密伙伴，因此在第一次见面的时候，初创者也应该诚恳地展现自己，包括自己的过往经历、目前公司的发展情况以及未来的计划和打算，这样才能够让对方与你坦诚交流，从而建立起相互信任的关系。

尽管个人魅力对于一个创业者来说非常重要，是初创者在最开始吸引核心团队时的重要资本，但并不是每个创业者都具备这种能力。

经过更深一步的了解之后，如何打动对方加入团队？具体来说，首先要了解对方的诉求，并且评估公司要做的事情是否有助于实现他的诉求。

当然，这样的沟通也并不是每次都能成功的，寻找合伙人本来就是互相试探和磨合的过程，初创者在沟通之后很有可能会发现对方与自己构建的"合伙人肖像"有差距，或是觉得正在努力的事情并没有获得对方太多的认同，这种现象都很普遍。

想要说服合伙人加入自己的团队，先要理解对方的诉求，评估公司要做的事情是否有助于实现他的诉求。如果可能，可以帮助目标合伙人一起解决他现在所遇到的困难。这也是一种表现坦诚的方式。

哪些问题要提前确定？

总的来说，在合伙人加入公司之前，应该将每个合伙人需要承担的责任、拥有的权利、后期会获得的利益以及退出机制都先商议好。公司发展到不同阶段，可能会出现合伙人各自发展的速度不一样，在团队中的价值也相应发生变化，这种情况下一个提前约定好的基础性原则就很有必要。

每个合伙人在不同时期起到的绝对价值是不同的。

在利益分配上，初创者要考虑以下情况：在公司还没有开发项目和产品时，资源型的创始人处于核心位置，他最大化地发挥资源的价值创立公司，而其他有专项技能的合伙人，比如擅长技术或者商务沟通的合伙人，此时的价值可能没那么大；进入到开发阶段后，技术类合伙人的价值就处于最大值；到了产品推广阶段，商务型合伙人的价值就体现出来了。

很多人会基于眼前的价值分配权益，而忽略了在时间发展轴上不同合伙人价值的变化。

一个比较理想的做法是，在团队开始前有一个长远的规划，将 4 年作为一个基础周期，来讨论公司未来的发展情况，比如可以规定第一年离职拿不到股权。另外，在分配股权时，鼓励每位合伙人从自己的股权中拿出一部分作为预留期权池，如果一个人在团队中的价值变得越来越重要，那么可以对这样的人给予奖励。

如果一开始就将 100% 的股权都分配完，之后一旦个人在公司里的价值发生了变化，很难再有余地做修改。

向客户融资

创业资金从何而来？如何融资？找谁融资？这是创业者最常面临的问题。

似乎只有 1% 的人能够回答这个问题——数据表明，即便在好的年景，对 500 万寻找创业资金的美国创业者来说,只有 5 万人能获得天使投资,这简直是杯水车薪!

绝大多数创客并未获得风险投资,那么这些公司的启动资金来自哪里呢?

《零成本创业》这本书回答了这个问题:与其花时间、精力去追逐投资人,不如将客户的价值最大化,将客户变成企业的投资人——这就是向客户融资模式。

1.媒人模式

媒人模式是那些最初没有或只有极少投资的企业,将买家和卖家聚集起来——而对购买和出售的东西实际上并无所有权——通过完成交易赚取手续费或佣金。他们从客户那里赚取的费用或佣金收入(来自买家,更多是来自卖家)提供了业务启动期和成长期所需的大部分现金。

媒人模式最鼓舞人心的案例就是 Airbnb 了,类似的还有 Uber、淘宝等,实际上,这一模式的核心就是消除信息的不对称,把供给与需求更有效率地匹配起来。

你需要回答以下问题:

· 为什么你的企业很可能成为"通吃"的赢家?

· 你在何种程度上解决了一个针对买方、卖方或双方的问题,通过网络效应证明?

· 你是否试图打破一个错误定价并且结构混乱的市场?

· 在你的业务范围中需要何种程度的信任,你将如何保证?

· 重复购买行为:什么能让客户在未来业务中不"直接交易"?

· 你是否在买方和卖方都有市场细分?

· 你最开始的目标市场定位狭窄还是广泛?你要建立一个本田还是奔驰?

　　1981 年，孙正义正式成立在日本国内的首家公司，并命名为软银（SoftBank），意思是软件银行或者软件库。公司成立的当天，孙正义站在一个用来装苹果的铁皮箱上激情地对手下仅有的两个员工说道："公司营业额 5 年要达到 100 亿日元，10 年要达到 500 亿日元。"看着眼前不足 1.5 米的小个子夸夸其谈，两名雇员目瞪口呆，在抛下"疯子"的耻笑声后迅速辞职。

　　虽然称为"软件银行"，其实孙正义手中的软件乏善可陈，而且全部资本加起来只有 10 000 日元，但随之到来的机会改变了孙正义的命运。软银成立不到一个月，一年一度的家电、电子业界展览会在大阪市举行，孙正义从全部资金中拿出了 800 万在展览会场租下了规模与松下、索尼一样大的展区。操作模式是由软银承担展区租借费和装饰费，软件公司只负责提供参展的软件，同时孙正义希望借助大型而气派的展场提高软银的知名度。效果出奇地好，不仅前来咨询的客户异常火爆，而且最终发生了 30 万日元的展会交易额，同时"日本软银"这个名字开始进入人们的视野。

　　从展会回来后，孙正义接到了来自一家名为上新电机的第一个订单电话。这是一家刚在大阪开设了一家当时日本最大电脑专门店的公司，对方希望软银能给他们提供软件产品。送上门来的肥肉绝对不能放过。在与上新电机签订了垄断合同后，软银在一个月的时间内对从北海道到九州的 100 多家软件商店展开了地毯式扫描，并最终收集购买了 1 万多种游戏和实用软件，总额达到了 4 500 万日元。利用这些软件，上新电机与软银举办了一个户外展览，并最终录得了超过投入数倍的销售额。

　　接下来拿下日本第一大软件公司应当是令孙正义更为欣喜的一件事。当时日本各种游戏应运而生，而 Hadoson 正处于游戏软件的中心地位，他们向市场推出的《星际战士》《高桥名人的冒险岛》等游戏大受游戏发烧友的欢迎。

流通的力量在于产品的供求力量。虽然当时软银必须拿出 5 000 万日元的垫付资金取得 Hadoson 的垄断销售合同，但在后面不到一年的时间，软银却获得了高达 36 亿日元的销售额回报，并跃居为软件流通行业的老大。

2.预付模式

预付模式是要求客户预先支付一笔钱——也许是一笔定金，也许是用其他方法计算的一笔钱，也许是全款——作为开始建造或者获取客户同意购买的东西的必要条件。

你需要回答：

· 和别人相比，你的项目有什么特别？

3.订阅模式

订阅模式并不新鲜，是指用户付钱购买某些东西，然后商品或服务在随后的几个星期、几个月，甚至几年内交付。订阅模式就是客户同意购买在一段时间内反复交付的产品——例如有线电视订阅或一份报纸每周直接送到你家门口。

订阅模式下，公司在生产产品或者为其所销售的商品（或服务）付款之前已经获得客户现金。

你需要回答：

· 订阅模式可以让你的产品或服务对客户来说更物美价廉吗？

· 获得客户的成本多高？这项投资多长时间能收回？客户的全生命周期的价值有多少？

· 你在销售易腐品、易耗品还是耐用品？

· 是否有证据证明你的订阅者在帮你"病毒式传播"？

· 你的技术开发，是基于你的能力，还是你的业务依赖于它？

用爱与尊重来与客户沟通[①]

不要高估你在顾客生活中的重要性：你不是宇宙的中心，你必须听取和考虑别人的意见。对于你的公司来说同样如此。客户使用你的产品是你的荣幸，而不是反之。

考虑整个客户体验

个人不同于企业，其往往具有可怕的记忆能力。购买你的产品的客户，当产品没过多久就坏掉时他可能再也不够买你的产品了。

认识正确的关系并调整这种关系

不是你所遇到的每个人都会成为你最好的朋友。有些人是酒肉朋友，有些人是一生的朋友，还有些人只是点头之交。我们的目标是与每个人保持正确的关系。这就要求能够熟练识别不同的人。弄清楚如何接受并改善你的客户关系，当这个关系不健康时要会说"不"。

成为人们愿意选择的公司

假设有两家公司可供消费者选择，一家是看不见摸不着的大公司，另一家是可以直接而轻松地进行交流的公司，那么消费者一定会选择后者。你的公司拥有个性，这不只是称得上不错，甚至是至关重要的。当市场上存在大量的选择时，这种个性能帮助人们识别自己希望产生关系的那家公司。

保持透明

人们喜欢开放和诚实的公司。把你的消息无论好坏都要展示给你的客

---

① ［丹］米克尔·斯瓦内，［美］卡莉·阿德勒.创业，从一个小目标开始［M］.北京：中信出版社，2016.

户。客户倾向于认为公司会通过隐晦的定价和令人迷惑的退货政策欺骗他们。建立信任和忠诚的唯一方法就是充分地公开信息。

使你的员工能展现出最好的自己

允许并鼓励你的员工表现得像正常人。我们一直不明智地把客户服务代表培训得像机器一样——做作的笑容，写好的脚本，强制性地问候"祝你度过愉快的一天"。当人们做出决定时，小错误或低效率都是难免会发生的，公司应该接受这些事实，正因为如此才使得公司容易与客户建立关系。

真正关心你的客户

当员工只考虑其作为销售或客服人员的职责时，企业的客户关系是很容易被忽视的。

人际关系不是简单的事情。有人会说，人际关系能够而且应该加以管理。但遗憾的是，在商业中如同在生活中一样，人际关系都是无法管理的。虽然公司与客户的关系与个人之间的关系是不一样的，但所有关系在一定程度上都是个人之间的关系。当人们购买产品时，他们购买的是一群人生产的产品；当他们给公司发电子邮件时，回复邮件的是某个人；当他们决定是否再次购买一个公司的产品时，他们是个人做出的决定。因此要专注于那个个人。

在某些方面，客户关系就像任何其他关系一样。你必须持续地投入努力，而不是只靠过去的努力。一旦你认为什么都是理所当然的，并停止维持关系的努力，那么从这一刻起，你就是在开始破坏这种关系。对于许多公司来说，建立客户忠诚度意味着制定奖励重复购买行为的忠诚计划：购买10杯我们的咖啡，你的第11杯将是免费的。但客户的忠诚度是因为他们想要那杯免费的咖啡，还是因为他们真正喜欢你的产品或喜欢和你互动呢？

企业需要面对客户经济的新现实。客户关系比以往任何时候都显得更为重要，因为你未来的收入依赖于那些超出一次交易的持续客户关系。客户的影响力从未如此之大，你的客户具有为你带来（或者带走）更多业务的能力，他们还可以通过像大众点评网这样的社会渠道放大好评或者差评。客户服务的交互活动正在成为你创造真正的客户关系的主要手段。今天要想成为一家成功的公司，你必须了解客户关系如何起作用，以及如何建立客户关系。

下面我们看一个由于客户关系没维护好而走向失败的创业案例。

Homejoy 成立于 2012 年 7 月，总部位于旧金山，由 Adora Cheung 和他的弟弟联手创办。它的特点是借鉴了 Uber 中心总调度的方式为用户提供钟点工清洁服务，在 Homejoy 上你可以根据自己的实际需求提前 24 小时对钟点工服务进行预约，服务价格为 20 美元/小时。另外，Homejoy 对平台上的保洁员进行审查和考核，但就像 Uber 的司机一样，他们并非某家公司的雇员，而是一群可以任意分配时间的自由工作者，根据自己的情况接活，Homejoy 向其保洁工支付每小时大约 13 美元的薪水。

自成立以来，Homejoy 的发展速度一直很快，不到一年半的时间，已在 31 座北美城市开花，有超过 1 000 位保洁员在平台上提供服务。2014 年 4 月，它又宣布开拓国际市场，陆续在英国、德国、法国等地启动了业务。快速扩展的背后是资本的一路追捧：Homejoy 和 2013 年 3 月获 170 万美元种子轮投资，同年 10 月完成 A 轮融资（数额未公开），2 个月之后又宣布了 3 800 万美元 B 轮融资。资方阵容也称得上亮眼，Homejoy 最初在 Y Combinator 孵化，之后包括 Redpoint Ventures、Google Ventures、Andreessen Horowitz 在内的数家知名机构等都参与了项目的投资，总额累计约 4 000 万美元。

从投资者的角度来看，共享经济的模式是靠得住的——包装精致的产品，能够从发布第一天就开始盈利，病毒式地扩张。Homejoy 也符合这些条件，却失败了。

Homejoy 的公司宣言是清晰而且非常令人钦佩的——为房主提供

便捷高质量的房间清洁服务（并扩展到更多更垂直的家政服务上去），并且，Homejoy 的工作经历很有可能会帮助那些专业人员最终成为创业者。了不起的模式，了不起的定位——2013 年时就获得 3 900 万美元融资的 Homejoy。

但它失败了。失败的原因中首当其冲的就是员工的误分类诉讼：Homejoy 将专职清洁工归类为合同工，而工人却认为自己应当成为公司的正式员工。自然地，他们也要求享有和正式员工一样的薪资、福利和其他相关权利。

这样一来，Homejoy 的运营成本增加了很多，同时也完全影响了公司的盈利情况。

Homejoy 支付给清洁工的费用约 13～18 美元/小时，Handy 为 22 美元/小时，而在加州最低的时薪是 10.5 美元/小时，这就意味着 Homejoy 对供给端人才的吸引力是很有限的，它给的薪酬太低，清洁工们完全可以找一份技术含量稍微高一些但是服务溢价会好很多的工作（成立于 2012 年的 Handy 模式与 Homejoy 十分类似，不过业务要比 Homejoy 更丰富一些，除了清洁外，还包括维修、刷油漆、家具组装等。目前已覆盖了美国、英国、加拿大等地的 37 个城市，月订单量超十万）。好的家政服务人员要找到一份工作是很容易的，市场对他们的需求很大，因为口碑的传播是很快的。Homejoy 业务以小时工为主，扣除给清洁工支付的费用外，平台本身能够赚取的利润其实是很有限的；而竞争对手 Handy 除了清洁外，还开启了利润空间更大的服务，扩张时的资金压力自然没有 Homejoy 这么大。

Homejoy 员工向《福布斯》爆料指出，Homejoy 只注重扩大客户数量与营收，却不把心力放在如何挽救低到谷底的客户回头率上，Homejoy 的客户在一个月内的回头率只有 15%～20%，相对的，竞争对手 Handy 的客户一个月内回头率则超过 35%，Handy 表示，其服务是客户会一再使用的服务，而这在家政服务领域相当重要。

Homejoy 的基本商业模式与 Facebook、Google 等经营网络外部性特强领域的企业有所不同。Facebook、Google 可以一开始没有获利，直到使用者成长到某个数量级以上才产生巨大价值；Homejoy 状况则不同，利润不是靠流量广告，而是从每笔交易而来，一笔打扫交易亏钱，一百笔只会亏损一百倍，因此，基本核心商业模式没有获利时，盲目扩张规模并没有太大意义。然而 Homejoy 却把自己当成是 Facebook 或 Google，催眠自己用户成长才重要，不急着马上获利。

只想短期冲量的策略最后也没能达到冲量目标。Homejoy 恶名昭彰的一次打扫 19 美元超低价，不仅单一客户就要赔上 12 美元，也因为付给打扫人员的费用相对较低，服务品质差强人意，或服务人员爱接不接找不到人，最后使得客户试用过就不回头。于是客户数量冲到一个限度就遇上瓶颈，一旦涨价更是跑光光，进而下一轮资金有可能泡汤，公司内部士气低落，圈钱模式也运作不下去。

Homejoy 的创始人有很好的计算机背景，对客户服务、家政行业并不了解。因此出现了很多管理上的问题，比如在不同市场采购最佳的清洁材料，清洁工用完剩下的材料的回收再分配等问题，这也造成了大量的浪费。

除此之外，还有些说法认为过快的扩张速度让公司不堪重负——不应过早涉足加拿大和欧洲市场。因为当一家公司在一个新市场推广业务时，前期的资本投入是巨大的，因此 Homejoy 的快速扩张必定烧了投资人不少的钱。但是如果公司能够制定出一套详细的计划，以达到预期的投资回报率的话，投资人还是会被说服的，乖乖掏钱让公司烧。

不过可惜的是，Homejoy 的基本盈利原理是不可行的。即使继续让工人们辛苦地做合同工，即使公司的业务只在核心城市原地踏步，Homejoy 还是会死。原因是 Homejoy 的业务属性是不适合共享经济的。

家政服务行业其实是块巨大的蛋糕，有分析认为其市场规模在4 000亿至8 000亿美元之间——这样一个巨大的市场成功吸引了创业者和投资人的目光。但从根本上来说，它和其他服务类市场是有很大区别的（比如交通类、物流类、自媒体人等）。

毫无疑问，人们都视家为港湾，是让人觉得最有安全感的地方。你吃在那儿，睡在那儿，你爱的人也在那儿。所以，能够踏入家门的人必定都赢得了我们的绝对信任。

当我们预约家政服务时，我们会对服务有很多期许。

Homejoy让上门家政服务变得更简单：只要房主想要一个有能力的家政工人就立刻能找到——双方信息不对称的障碍被Homejoy消除了。一切都很美，但问题发生在了服务和成本的平衡上。如果家政服务想要通过共享经济模式成功的话，需要通过高质量的服务确保平台收入，服务还要具备快捷、简单、低价的特点。

Homejoy作为服务平台会在工人的每笔收入中抽取25%的中介费。因此，Homejoy主要吸引的是年轻的、缺乏工作经验的、业务不佳的工人（有时甚至会招来流浪汉），这就严重影响了服务水准，但家政服务水准的偏差往往是客户不易接受的，这就导致了平台的不稳定。

Homejoy接着做了另一种尝试，它加大了对工人的培训投入以确保服务的质量。但这一改变最终会因蝴蝶效应而影响到消费者。因为如果Homejoy想要维持交易利润，房主就必须支付高于市场价的费用，却只能享受到市场平均水平的服务。

更糟的是，客户找到了满意的工人后，完全可以绕过Homejoy直接联系工人，将交易转为线下。这种幺蛾子往往容易发生在家政服务行业，因为家政业的服务往往是高频次、对工人需要高度信任的。

Homejoy把工人们培训得好好的，送到了房主的面前，让他们建立起业务关系。然后问题来了：他们决定不带Homejoy玩儿了。

最根本的问题，就在于合作的清洁人员不是员工，这本来是分享经济平台的卖点，"买空卖空"，不用实际拥有员工就能销售服务，回避了许多法定雇用成本。但这点遇上双重挑战，合作的清洁人员每个都独立运作，结果是平台无法管控打扫的品质，品质好不好随个人而定，遇上不认真的打扫人员，消费者体验极差，下次就再也不使用平台服务。要是遇上让消费者很满意的清洁员，由于品质只看个人其实与平台无关，但平台还要抽成，其结果是，聪明的消费者很快就与喜欢的清洁员建立私人关系，不透过平台自己接洽，省下平台抽成费用。有 Homejoy 员工认为，Homejoy 实际上的客户回头率搞不好远高于账面上的回头率，只是客户回头的时候都私相授受了而已，但既然合作清洁员根本也不是员工，Homejoy 也完全无法阻止这种情况。

目前看来，共享经济模式的成功出路是家政服务以外的其他领域——比如交通领域（Uber）、食品快递（Instacart）、货运（Shyp）等。这些共享经济平台成功了，是因为用户不必对服务人员拥有巨大的信任，服务质量只要说得过去就能够接受。

尽管如此，工人的分类问题仍然不能忽视，他们究竟是正式员工还是合同工，如果划分不好都很容易对簿公堂。

借力众筹，零资金创业

如果您是一名创客，有一个很好的创意，通过不懈的努力，终于成功地将想法变成了产品原型。然而，这时候遇到了难题。您想让更多的人可以分享您的创新成果，可惜您没有资金，也没有找到途径说服天使投资人把资本投给您。因为他们认为您的项目前景并不明朗，或者说还没有显现出他们满意的商业价值。银行更不会把资金贷给一个没有任何抵押物也没有任何经营信用记录的新人。这时候您付出很大心血才做出的产品原型也许只能放在某个角落,无人问津。这绝对不仅仅是您在创新的时候才可能面临的窘境,这是所有创客都可能面临的难题。一个创新项目从最初的创建到最后的商业化,其间的过程是非常漫长的,成活率相当低,淘汰率却是惊人的高。在美国,99%以上的高科技创新企业无法跨越从研发到产业化的鸿沟,其中大部分都是因为资金的缺乏。但令人欣喜的是,仅仅依靠这活下来的不到1%,美国就出现了如苹果、微软、英特尔、谷歌、Facebook等世界超级豪门。我们可以想象,如果所有具有成功潜质的创新项目都能够得到足够的资金支持,对于整个社会来说又会创造多少财富啊。

当无法筹集到所需资金时,可能您最先想到的是向亲戚朋友借、向熟人借,但是这往往达不到您的要求,这时候您也许会想到我们正处在一个发达的互联网时代,是否可以把创意发布到网上呢?于是您就这么做了,而且您居然成功地筹集到了所需资金!是的,这就是众筹!

众筹的出现的确为创客们带来了福音,也许这是解决当前创客困境的可预见的最好的方法。

如果您关注过互联网金融,那一定听说过众筹。众筹的雏形可追溯到18世纪,当时欧洲很多文艺作品都是依靠一种叫作"订购"(subscription)的方法完成的。例如,莫扎特、贝多芬就曾经采取这种方式来筹集资金,以完成自己的作品。他们先去找订购者,这些订购者提供资金,当作品完成时,订购者会获得一本写有他们名字的书,或是协奏曲的乐谱副本,或者可以成为音乐会的首批听众。类似的情况还有教会捐赠、竞选募资等。只是随着现代网络技术的发展,您可以把筹资的对象扩展到所有能够接触到互联网的人,众筹变得更容易实现,更加具有普适性。

比如说现在您有一个项目需要融资1 000万,对于传统的投资人来说,1 000万的投资需要考虑的因素太多,找到具有这样投资能力的人也相当不容易,而且即使找到了也很难获取他们的支持。现在有了众筹,事情就没那么复杂了。您可以把项目发布在网络平台上,同时向200个人征集资金,这时候每个人只需要支付5万,这种额度的资金对于很多人来说都没有什么难度,您可以找到太多符合条件的人,使筹资的难度大大降低,这是众筹得天独厚的优势。

也许您是苹果的"粉丝"，知道 Apple Watch，但是很多人可能从没听说过一款名叫 Pebble 的智能手表。正是这款名不见经传的 Pebble 智能手表，在 2012 年那个"众筹"还不怎么为人知晓的时期，创造了一段传奇。虽然刚开始的时候 Pebble 并没有得到投资者的青睐，甚至有的投资者中途退出，但是 Pebble 刚刚登陆 Kickstarter 就引爆了消费者的热情，其放出预定的 8.5 万只手表几天之内就销售一空，融资额也迅速达到 1 000 万美元。而在 2014 年 Pebble Time 再次登陆 Kickstarter，成功刷新了众筹界的多项纪录，一个月内筹到了来自 78 463 人的投资，总共获得了 20 336 930 美元的资金，人均出资额不到 300 美元。Pebble 的成功是鼓舞人心的，而且也并非不可复制的，对于创客们来说这显然是一个大快人心的好消息！

借助一些专门帮创客推介自己产品的平台①

对于创客们来说，解决钱只是第一步，创客产品又该如何走向普通老百姓的市场呢？在美国，由于创客和创客产品数量的增加，美国应运而生了一批 B2C、B2B 的平台。

美国有一家叫作 The Grommet 的公司，乍看与其说是电商，倒更像是媒体。对于产品，他们更加关注的是产品背后，尤其是创客本身的故事。The Gromment 每周会从数百个创客产品中挑选出 7 个进行发布，提供从产品包装、发布，到市场统计和销售咨询等一整套服务。

The Grommet 从创客、顾客的利益出发，被投资人三木古好史誉为"温暖的平台"。创始人 Jules Pieri 对小人物的关注源于十年前，自己在一家玩具公司的工作经历。"我在 1990 年代就意识到商业中存在的问题，我们最

_____
① ［美］陈一佳.创客法则——顶级创业公司的创新密码［M］.北京：中信出版社，2015.

好的产品总是无法卖给零售商,这个问题在大公司里很普遍。他们告诉我,沃尔玛不想要这些产品。这让我很生气。"

当时的 Jules 虽然心里有各种不甘,但并没有找到解决的办法。直到社交媒体时代席卷全球,Jules 在时代的大转变中得到了灵感。"如果我们能够制作视频,将产品内容发布在社交媒体和网络上,一旦吸引了普通人的参与,一般的民众,就可以决定哪些产品和公司能真正获得成功。"这就是 The Grommet 提出的"公民商务"的概念,普通人不但可以创造新产品,还可以成就新产品。

而正是 Jules 口中的这些普通人成了 The Grommet 最大的"武器",2008 年创办的这家公司,到今天拥有超过 60 万的粉丝。千万不要觉得 60 万少,他们这些人当中很多都是知名专栏作家和博主。一有新产品发布,除了这些媒体红人会有点评文章,虽然也是褒贬不一,但是扩大了其影响力,也增加了对于创客产品的讨论和关注。同时各路粉丝都会给予反馈和数据。The Grommet 有了这些资源,声称根据头一天的反响和销售,就能预测产品长期的销售。

除了 B2C 模式,The Grommet 还为创客搭建了 B2B 平台,有很多零售商家也是 The Grommet 的粉丝,比如 Container Store 就通过 The Grommet 进行采购。因此,The Grommet 在 2014 年增加了批发的服务,从方方面面为创客的长线发展"铺路",让像 Fitbit、Sodastream 这些原本无人问津的产品,成为家喻户晓的品牌。

◎ 第六章

威客可以帮创客降低创业成本

"大众创业、万众创新",国家积极鼓励用众包等模式促进生产方式变革。那么,对于中国千万级的中小企业来说,运用威客众包模式来解决一些非主营业务需求,是非常方便和快捷的。在网络时代,企业如何借助威客众包平台来解决这些非主营业务需求呢?

目前,国内的威客众包平台较多,但是发展得好的也就那么几家而已。其中,一品威客网就是非常不错的一家。

随着国家对众包模式、分享经济的支持和鼓励,以及互联网和移动互联网技术的不断发展,众包服务平台不断涌现并取得快速发展。众包作为一种新的商业模式,是指企业利用互联网将工作分配出去,以发现创意或解决问题,并降低生产成本,实现用人而不养人。而众包服务平台通过打破时间、区域限制,有效连接需求和人才,让双方便捷交易,在降低交易成本、释放创意能量、提高交易效率、拓展线上就业等方面发挥重要作用,成为中国传统企业转型升级和文化创意产业拓展发展空间的重要手段。

由厦门一品威客网络科技股份有限公司运营的互联网威客众包平台"一品威客网",坚持"让天下没有难办的企业"的核心使命,一方面让广大企业便捷、实惠、放心地在一品威客网上找到具有专业技能的威客(服务提供商),购买到满意的创意产品和服务;另一方面,让威客借助平台在线上提供服务,把自己的技能、智慧、服务转变为现金收益。截至 2017 年 3 月,一品威客网拥有注册用户 1 300 万,累计发布任务需求 400 多万个,网站用户活跃。

一品威客网提供的服务主要包括:

(1)免费发布任务

免费发布任务是所有注册用户均可享受的服务,用户可以通过多种渠道发布任务需求,并对任务进行跟踪、管理及获取解决方案。一品威客网的任务类型主要有设计、开发、装修、文案、营销、商务、生活七大类共计300多个细项,具体包括 LOGO 设计、动漫设计、工业设计、网站开发、软件开发、装修设计、文案策划、营销推广等。

(2)免费寻找人才

免费寻找人才是所有注册用户均可享受的服务,用户可以通过多种渠道寻找入驻一品威客网的人才,与人才进行沟通、联系、洽谈合作,让人才帮助解决创意需求。

(3)会员增值服务

在免费服务的基础上,用户可以通过付费的形式享受增值服务。在一品威客网平台上,用户主要分为雇主和威客。针对不同用户群体,增值服务也有所区别。

针对雇主(服务需求方),提供任务置顶、任务加急、屏蔽搜索、隐藏投标、客服包办、版权卫士等增值服务。

您可能还需要这些服务

顶	**置顶** 80%用户已选 任务三天内置顶，提高曝光率和参与度	¥50.00
急	**加急** 60%用户已选 适合紧急任务，提供多方式推广，提高参与度	¥50.00
屏	**屏蔽搜索** 50%用户已选 禁止百度，google等搜索引擎收录，保护您的隐私	¥50.00
隐	**隐藏投标** 75%用户已选 威客投标仅您可见，提升原创度和保密性	¥50.00
办	**客服包办** 需求撰写、点评选稿、产权转让办理，客服帮您搞定	¥50.00~200.00
卫	**版权卫士** 一品版权卫士，为任务稿件的知识版权保驾护航。（具法律效力）	¥50.00

☐ 全选

　　针对威客（服务提供方），提供 VIP 商铺增值服务。VIP 商铺是一品威客网提供的一项增值服务，即利用平台任务信息聚集地的优势，为 VIP 会员提供集"网站推广、品牌包装、线上接活和网上商务助理"为一体的网络营销综合解决方案。威客通过缴纳年费的形式，成为 VIP 会员，享受 VIP 增值服务，具体包括：

　　①VIP 身份标志。VIP 公司商铺，可信度更高，增加能力表示度，更易获得客户青睐。

　　②旺铺装修特权。自定义商铺，主题、风格、导航都可个性化装修设置，凸显能力标签。

　　③投标特权。免费使用投标置顶、投标隐藏、隐藏交稿功能，更多投标次数。

　　④VIP 商铺营销。形象营销：添加商铺简介技能、案例服务，展示实力。主动营销：查看商铺最近访客，主动开发潜在雇主。

　　⑤任务速配。任务分类，自由定制，任务信息专属匹配，不愁订单。

　　⑥黄金广告位。首页黄金推荐位独享，栏目推荐位独享，让更多订单找上门。

　　⑦强势品牌推广。站内、站外多渠道品牌宣传推广，最大化提升您的品

牌知名度。

⑧新媒体营销。微信营销、微博推广、移动客户端展示,最新最全最有效的营销推广。

⑨行业入驻特权。数量更多的行业入驻与技能标签添加,参与更多类型的任务。让雇主优先找到您,更易获关注。

⑩金牌客服。专业精细化的一对一服务,让您有更好的体验与更好的商业发展。

2.接单助手、众包助手(APP移动客户端)

2016年8月3日,中国互联网络信息中心(CNNIC)在国家网信办新闻发布厅发布了第38次《中国互联网络发展状况统计报告》。报告显示,截至2016年6月,我国手机网民规模达6.56亿,网民中使用手机上网的人群占比由2015年底的90.1%提升至92.5%,仅通过手机上网的网民占比达到24.5%,网民上网设备进一步向移动端集中。随着移动通信网络环境的不断完善以及智能手机的进一步普及,移动互联网应用向用户各类生活需求深入渗透,促进手机上网使用率增长。

在移动互联网日益普及的大背景下,一品威客网研发"接单助手""众包助手"APP移动客户端,为网站用户(雇主和威客)提供更方便、快捷的服务。

(1)接单助手

接单助手是威客手机接单专属APP。威客可以随时随地承接任务订单,掌握任务动态,信息在线即时沟通。接单助手主要功能包括:

①一键搜索海量订单:模糊搜索,快速定位匹配设计、开发、文案、营销、装修等订单。

②附近任务轻松获取:LBS定位系统,急速匹配近处订单。

③合适任务智能推荐:量身定制的任务推荐。

④社交媒体便捷分享:精彩任务众人分享,极简推荐好友共同接单。

⑤消息提醒一手掌控:交稿提醒,中标通知,雇主交流,消息及时提示。

⑥实时任务实时更新:实时任务不断更新,新鲜掌控第一手订单信息。

⑦在线接单实时赚钱：心仪任务，在线接单，及时知晓合适的订单。

（2）众包助手

众包助手是雇主解决需求、寻求帮助、发布任务的专属 APP。雇主足不出户，随时随地发布品牌设计、工业设计、UI 设计、动漫设计、商标注册、网络推广、软件开发、装修设计、文案策划等任务，找到最专业、最优秀的团队，收获最满意的解决方案，轻轻松松解决问题。众包助手主要功能包括：

①LBS 定位功能：地图模式查看附近人才信息。

②服务推荐：根据用户需求及特点智能推荐服务。

③语音发布：找开发、找设计，语音发布一键搞定，客服帮你解决。

④人才大厅：海量人才数据，雇主可以高效解决需求。

⑤任务管理：随时随地掌握处理任务动态。

⑥智能搜索：关键字、能力标签智能匹配需要的人才。

⑦分享：任务、服务分享让更多的人帮助解决问题。

⑧消息：系统消息、实时掌握便捷处理；站内私信。

⑨任务系统：发布、修改、完成任务功能一应俱全。

3.一品标局（www.epbiao.com）

据最新统计数据，截至 2017 年 3 月底，我国商标累计申请量 2 293.1 万件，累计注册量 1 514.5 万件，有效注册商标量 1 293.7 万件。自 2009 年《关于贯彻落实〈国家知识产权战略纲要〉大力推进商标战略实施的意见》实施八年来，商标战略取得了显著成效，注册商标审查期限从 36 个月缩短到 9 个月，企业注册商标拥有量从每 14 个企业拥有一件商标到目前的每 7 个企业拥有一件。

同时，随着互联网和移动互联网的飞速发展，"互联网＋知识产权"模式也得到了市场认可。一品威客网用互联网思维运作，借助平台雇主（中小微企业主)沉淀优势,结合大数据运用,打造企业知识产权一站式服务平台"一品标局"。

一品标局通过互联网、信息技术等手段创建知识产权生态系统与创新工具,有效解决传统线下商标注册、版权登记等的诸多痛点,为企业提供方便、快捷的商标注册、版权登记等知识产权保护服务。

4.有其屋装修网(www.youqiwu.com)

随着"互联网＋"模式的风生水起,各类家装平台如雨后春笋般的出现。一品威客网街借助平台优势,共享大数据内容,打造家装电子商务平台"有其屋装修网"。有其屋装修网(www.youqiwu.com)以全新的"类淘宝"便捷式家装理念,力求为广大业主提供全方位、跨区域的装修服务,让业主可以根据实际需求和喜好挑选最合适的装修公司,从而实现"有其屋"到"优其屋"的转变。

有其屋装修网的主要功能包括:

(1)发布装修信息

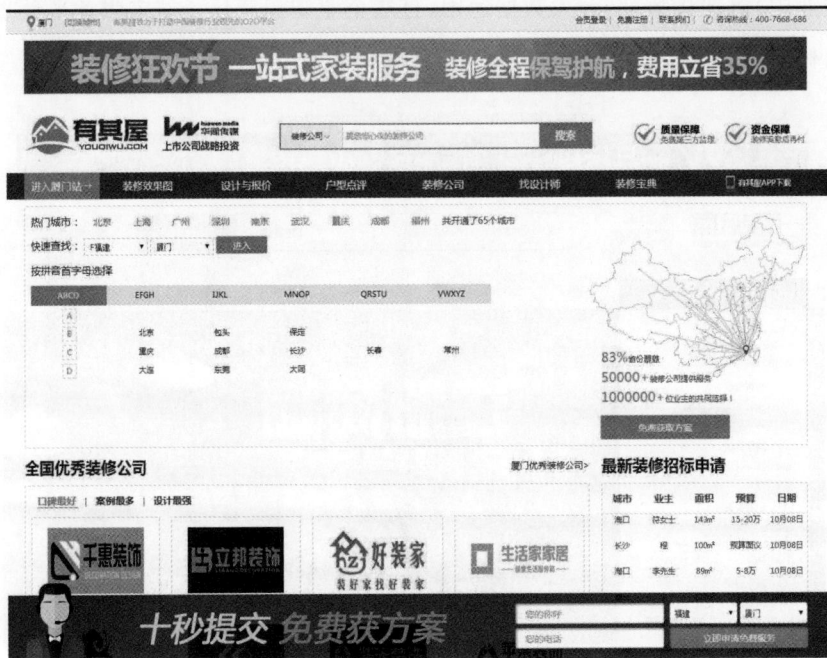

业主可以在有其屋装修网免费发布装修信息,寻找专业的设计师、装修公司来提供服务。

(2)会员增值服务

针对装修公司提供 VIP 增值服务。装修公司通过缴纳年费的形式,成为 VIP 会员,享受 VIP 增值服务,具体包括:

①开设网络商铺,包括企业介绍、装修案例、企业新闻、业主评价等内容。

②合作期间内推荐装修订单。

③黄金广告位,为装修公司做宣传。

④新媒体传播,通过微博、微信等新媒体,为装修公司进行宣传推广。

⑤系统的网络行销优化建议、首页友情链接。

5.一品创客(www.epjike.com)

在"大众创业,万众创新"的时代浪潮下,一品威客网承担的国家科技支撑计划项目实施,于 2015 年 5 月在厦门集美区软件园三期创办了线下众创空间"一品威客创客空间(简称:一品创客)",为两岸青年提供创业孵化服务。一品创客率先提出了"八大免费"服务的概念,通过线上线下资源帮助创业青年找资本、找市场、对接项目,孵化扶持成长。

一品创客孵化器体系展示如下:

目前,一品创客孵化体系,主要包括以下四大孵化基地:

序号	名称	地址	功能	荣誉
1	一品威客创客空间	厦门市集美区软件园三期A02栋4楼	主要为软件及信息服务方向早期孵化服务	国家级众创空间、国家级"海峡两岸青年创业基地"、福建省级众创空间、厦门市级众创空间、2016年厦门市小微企业创业创新示范基地、2015年度厦门十大众创空间

续表

序号	名称	地址	功能	荣誉
2	海峡两岸无人机暨智能机器人孵化基地	厦门市海沧区自贸区海景东路 12 号 9J－1	旨在孵化无人机、机器人、智能硬件等新兴领域的创新创业项目	厦门市级众创空间、海沧区区级众创空间、海沧区青少年校外创新实践基地
3	一品威客加速器	厦门市集美区软件园三期 A02 栋 6 楼	以高成长性团队、企业为主要服务对象	厦门市级众创空间
4	一品威客众创咖啡	厦门市集美区软件园三期 A02 栋 4 楼	一个活跃高效的创业交流和分享平台	厦门市级众创空间

一品创客集美孵化基地位于厦门市软件园三期,主要为软件及信息服务方向早期孵化服务等。一品创客海沧孵化基地,即海峡两岸无人机暨智能机器人孵化基地则专注于无人机、机器人等高端领域,是最前沿的科技创业平台。

一品威客加速器以高成长性团队、企业为主要服务对象,通过产业组织创新、资源配置方式创新和服务模式创新,在发展空间、技术研发、资本运作、人力资源、市场开拓等方面提供服务,帮助团队、企业加速成长。

一品威客众创咖啡致力于为更多创业者提供服务,打造一个活跃高效的创业交流和分享平台,让大家在优雅的环境、轻松的氛围中,与投资人洽谈项目,结交来自不同行业、不同背景、志同道合的朋友,扩大商务交往的范围,进而发展深度合作,实现共赢。

一品创客孵化器体系提供系列服务,助力海峡两岸青年创新创业。

(1)全免费服务模式

①免费提供办公空间。为创业者提供宽敞开放式办公空间,解决创业的基本问题。

②免费提供办公设备。提供高配电脑、3D 打印机、强大服务器等。

③免费配置订单信息。借助一品威客网任务聚集优势,提供订单信息。

④免费专家培训辅导。创业导师全程专业培训,跟踪辅导。

⑤免费"大咖"创业分享。邀请行业"大咖"分享经验,交流创业心得。

⑥免费协助注册公司。协助注册公司,帮助创业落地执行。

⑦免费协助人才招聘。协助入驻团队进行招聘,人才配备服务。

⑧免费协助市场营销。各种形式进行市场推广,提升知名度。

(2)资源换股权模式

以服务及资源置换创业团队少量股权的商业模式,孵化器一般占股3%~5%。

(3)增值服务收费

比如拓展青少年科技夏令营、程序员技能培训等服务,获得收入。

未来,一品创客将围绕"探索全新获利模式,择机做好全国布局,品牌整体输出加盟扩张,投资入股空间明星团队"等目标,打造海峡两岸自身具有获利能力,商业模式清晰,涉足早期优秀项目投资的孵化器连锁运营第一品牌。

对于创业者来说,在发展的整个过程中,总会遇到诸如品牌设计、网站搭建、文案策划、装修设计、知识产权保护等一系列需求。那么这些创意需求,创业者如何才能更好地解决呢? 单独聘请人员,显然不符合创业者的实际情况。

囿于人力资源等要素成本上升压力,创业者创办的企业将设计开发等非主营业务需求众包出去已经成为一种趋势。在互联网和移动互联网时代,借助一品威客网这个众包平台,足不出户就可以获得满意的解决方案,就是一个非常好的方法。

"买商品上淘宝天猫,买服务上一品威客。"一品威客网主要为中国千万级中小企业提供一站式的、全生命周期的全产业链价值挖掘的众包服务平台,涵盖企业注册、财税服务、创意设计、软件开发、商标注册及知识产权保护、营销推广等在内的众包交易服务。

对于企业来说,与企业相关的品牌设计、公司创建、传播推广、网站开发、商标注册、法律服务甚至是融资等,除了生产制造之外的环节,都可以在一品威客网这个众包平台上完成,一站式解决需求。正所谓"集威客之智,为企业发展提供智力支持"。

在对一品威客网进行了解之后,创业者要如何操作才能获得需求的解决方案呢？主要方法是:发布任务。有需求的创业者在一品威客网有个专门叫法,叫"雇主"。雇主获得方案的流程是:描述需求—选择合作模式—托管赏金到平台—获得解决方案—验收付款。

其实创业者发布任务就像普通的网购一样,流程都是类似的,主要区别就是网购的一般是实物商品,在一品威客网购买的则是非实物商品,即创意服务。创业者在使用一品威客网服务过程中遇到问题,都可以请求客服协助帮忙。

对于国内众多的初创企业、中小微企业而言,他们自身是没有专门的创意服务机构的,就需要把创意需求众包出去。如今是网络时代,利用像一品威客网的企业一站式众包服务平台来解决是最便捷、最有效、最节能和最环保的。

威客帮创客开发初始产品

创客并不需要自己会编程,第一版一般都是外包给威客帮自己实现,后面做起来资金流稳定了自然也就组建团队继续开发了。自己组建团队的话等人都找齐了估计也就半年过去了,招聘一个靠谱的技术总监不容易,而且团队的磨合,流动都将成为潜在的风险。

虽然外包的程序有这样那样的问题,但外包非常有效率,可以在最短时间内给投资人看到东西——如果这是你需要的话。

滴滴打车软件最初就是找威客软件公司做的。程维觉得两个月要把产品做好,现招团队是来不及的。他找到的公司要价 15 万元,被他砍到 9 万元。对方向他信誓旦旦保证,功能肯定全都实现。程维留了一个心眼,先付款 30％,做到一半的时候付款 50％,做完验收再付 20％——那 20％永远没付出去。后来,程维了解到这家威客公司在山东有合作的学校,滴滴打车最初的产品是一位中专老师带着几个学生给搞出来的。虽然最初的软件漏洞百出,还好它让程维找到了最初的投资方。

深圳伏茂斯科技的创始人郭利民和他的同伴,一直希望开发一个具有"颠覆性"的技术,他们将目光聚焦在了触控开关上——伏茂斯开发出的光感触控技术突破了传统触控方式很多的弊端,如外部环境的干扰、面板材质的限制、触控介质的限制等,实现了更好的效果。

它的原理很简单:当光敏元件被手指遮挡后,光强变化,然后便会激发按键。目前在市场上众多的产品应用中,尤其是家电市场,大多采用的是电容按键,其环境适应性比较差,且竞争激烈,产品同质化严重,大多数厂商的创新都是"微创新",无法解决用户的"痛点"问题。而伏茂斯从 2013 年就开始投入大量精力开展光感触控技术的研究与业务开发,最终开发出了这款拥有独立知识产权、创新性的光感触摸按键。在 2015 全球创客大赛上,伏茂斯的光感触控技术杀出重围,从数十个路演项目中脱颖而出,获得了三等奖!

然而最近这项技术却遇到一个说大不大、说小不小的问题:在电快速脉冲群的干扰下按键偶尔会有误触发的现象。对于一个"按"就是唯一功能的按键来说,这个问题是绝对不能忽视的。郭利民和他的团队想了很多办法,做了很多测试,却始终没能很好地解决这个问题。

参加 2015 全球创客大赛时,郭利民偶然听说了大赛承办方我爱方案网正在做一个叫作"我爱快包"的智能硬件和电子设计外包平台,希望以互联网为工具依托我爱方案网强大的在线工程师资源,帮助硬件产品的开发者或创客解决久攻不下的难题。刚好这个平台上线,郭利民抱着试试看的心态决定去我爱快包发布一个需求,看看网上有没有人能解决这个问题。

整个注册发布流程很快就完成了,没有遇到什么问题,在郭利民的心里这不过是一个"无心插柳"之举。这个困扰自己这么久的问题,这样发上来,会有人来解决吗?

没想到真的很快就有工程师主动联系郭利民,表示自己能够解决他们的问题。在郭利民在为"选择谁"而犯难时,我爱快包的工作人员向他推荐了其中的一位"星级威客",这个工程师是网站的资深网友,在电磁兼容社区中十分活跃,有过不少独立解决电磁干扰问题的项目经验。

很快双方进行了沟通,工程师威客在了解了整个项目的情况后,很快提出了整改意见,2天之后一份方案提交到郭利民的手中。后面故事,当然是喜剧收场!

这个经历让郭利民感触颇深,他本人在电子硬件设计圈子浸染多年,可以算是一个"老"工程师了,可还是会不时被一些突发性的问题所困扰。而实际上,很多问题的答案就是一层窗户纸,关键是能够找到刚巧知道如何捅破它的人。毕竟,电子设计涉及面太广,大家各自术业有专攻,很难面面俱到。以前遇到这样的问题,更多的是自己来解决,或者通过人脉找熟人帮忙;未来郭利民知道他多了一个选择——威客①。

把乔布斯语录奉为座右铭　他要持续为客户创造价值②

领袖和跟风者的区别就在于创新。创新无极限!只要敢想,没有什么不可能,立即跳出思维的框框吧。如果你正处于一个上升的朝阳行业,那么尝试去寻找更有效的解决方案:更招消费者喜爱、更简洁的商业模式。如果你处于一个日渐萎缩的行业,那么赶紧在自己变得跟不上时代之前抽身而出,去换个工作或者转换行业。不要拖延,立刻开始创新!

——乔布斯

---

① 资料来源:http://blog.tianya.cn/post-6916135-103884350-1.shtml。
② 作者:越陌网络供稿。

孙强东将乔布斯的这段语录奉为座右铭。孙强东是上海越陌网络科技有限公司创始人。2011年,他创办了工作室进行创业;2013年底,正式注册成立公司。公司经过三年多的稳健发展,已拥有成熟技术团队25人,固定合作团队30人左右,专业为企业、政府提供强有力的外包技术服务,同大连银行、腾讯、奇瑞、网易、吉利、万达等著名企业均有业务合作。

在2014年底,越陌网络P2P网贷系统、现货商品直播室喊单系统、一元云购系统均陆续成功上线1.0版本。P2P网贷系统现已经更新至3.0版本,上线2个月内完成22家平台的成功上线,目前较为优秀的客户案例日550万投资额,月短信消耗9万条以上。云购APP成功上架苹果应用商店,直播室喊单系统已完美对接各个细节及行业营销功能点。B2B2C商城、微分销等均有真正成功上线的案例,企业网站客户更是数不胜数。

从2015年起,越陌网络根据市场需求,结合互联网发展趋势,招聘了一大批多年从事游戏开发的技术人员,着力开发市场热门的棋牌麻将游戏、农场游戏、微信小游戏等。截至2017年初,越陌网络上线运作的成功游戏案例超过40家。

孙强东表示:越陌网络始终以客户为中心,以奋斗为本;持续为客户创造价值的心三十年不变,干大事的心三十年不变!越陌网络将持续为老客户提供成熟的技术支持,为新客户提供最成熟的项目实施方案。同时,也将不断创新,不断开拓自身的互联网项目以便获取更多的运营实战经验去帮助客户,减少客户的执行成本。

谈起和一品威客网的结缘,孙强东说第一次接触到一品威客网是在2014年。"当时一个偶然的机会接到一品威客网吴经理的电话,开始并没有过多的了解,处于不接受也不拒绝的状态;随后吴经理经常跟我保持联系沟通,让我慢慢地深入了解了一品威客网的服务态度;其间注册了一个账号,偶尔在任务页面留言区域留个联系方式。"

有一天晚上 10 点多，有个客户很着急要做商城网站，其他的服务商都没有及时回复他，而孙强东则马上把握机会，跟客户确定好合作细节和合同，客户当即就付了定金。孙强东马上安排技术部开展工作确保周内上线，最后客户非常满意并且拿到了当地的创业扶持金，还主动加付了 20% 的款项。过后没多久，孙强东在老家的躺椅上突然有个想法，就是一定要跟一品威客网合作，于是马上联系了吴经理并支付了款项开通 VIP 商铺。

通过合作，线上承接项目收获不少订单，孙强东也对一品威客网的服务给了好评。他说：一品威客网的任务秘书小雪格外贴心，服务热情周到，后来续费升级 VIP 版本也是妥妥地选择了她继续为我们服务。我觉得一品威客网的专注精神和服务态度，与我公司的经营理念高度一致，我相信一品威客网一定能够越做越好。

对于未来的发展，孙强东也有期待："希望更多的客户能够放心把项目交给我们越陌网络，让我们携手共进，一起成功。我也望所有的越陌网络的同仁继续秉承'简单、专注、犟性'的企业精神，共同协力，稳步前进。"

寻找客户

在不同行业的企业可以拿众包来作为"体验营销"的一种高效方式，威客可以帮创客寻找、增加客户。比如下面这个例子就是属于旅游行业的。

俱乐部旅游观光株式会社中的现场会议①

人们出于某种目的聚集在一起召开会议，这是一种最简单的参与平台。会议按结构化流程进行，人们参与"群体创造"的过程，在设计产品服务体验的过程中扮演重要角色。日本的俱乐部旅游观光株式会社就是这种方法的典型范例。

俱乐部旅游观光株式会社是日本第二大旅行社近畿日本旅游株式会社的一个分支机构。该旅行社构建了一个个俱乐部式的"主题社区"，拥有700多万社区会员，显示出这种"主题社区"的强大力量。俱乐部旅游观光株式会社不仅仅推销旅游服务，还与顾客、员工以及航空公司和连锁酒店等合作伙伴群体创造新的体验。该企业设有200多个不同的"主题俱乐部"，为志同道合的人们创造参与平台（比如品茶俱乐部）。

俱乐部旅游观光株式会社特别指派一些员工作为"友好员工"，经常与各个俱乐部进行交流互动，集思广益，设计新的旅游线路、改进现有的旅游服务、创造有吸引力的新式体验。在此过程中，企业可以获得对新的旅游和相关活动的早期创意和想法。现在，让我们想象一下，十几个茶艺爱好者被俱乐部旅游观光株式会社邀请到东京或大阪的一幢写字楼内，在"友好员工"的帮助下，"品茶俱乐部"设计出一次旅游，组织顾客们可能感兴趣的活动，比如参观茶园，或者学习了解茶叶的药用价值。俱乐部旅游观光株式会社也非常重视专家资源的开发，比如邀请茶道方面的行家，以及众多与俱乐部主题相关的专家。俱乐部贴近并鼓励以往参加过相关旅游活动的顾客贡献出一些照片以及其他内容。

比如一次俱乐部会议中，一位会员和一位员工播放幻灯片，与大家一起分享照片和经历。其间，其他会员也会畅所欲言，讨论如何提升今

① 文卡特·拉马斯瓦米、佛朗西斯·高哈特.众包2——群体创造的力量.北京：中信出版社，2011，第42—44页.

后的旅游服务——对各种不同种类的茶叶进行取样,还有关于茶道礼仪的活动等。

俱乐部旅游观光株式会社的"友好员工"有着双重角色:一方面听取会议中来自各方的意见和建议,并尽力将这些看法综合考量后加入旅游计划当中;另一方面,她(这种协调员大多数情况下由女性担任)将合作伙伴提出的对于旅游细节的具体事宜传达给各个小组。

关键在于人们可以提出问题,参与对话,深度讨论他们的旅游体验。

俱乐部旅游观光株式会社吸引了众多年长的旅游爱好者,这些人可以选择在旅游淡季出行,所以,旅行社可以获得更加低廉的住宿费用,这就减少了旅行成本,允许该旅行社获得更多收益,避免了旅游旺季时与旅游承包商之间的讨价还价。那些尝试过这种新型旅游的人们就是最好的"代理商",将这些精心设计的旅游行程介绍给其他顾客。很多最初参加俱乐部的会员们也会被公司聘为协调员或者导游,参与之后的旅行。

这种全新的旅游概念一旦成熟,并成功完成第一次试验,旅行社将进入大众营销环节。该公司的营销手段并不需要太多的科技含量,包括分发商品型录,这需要雇用兼职人员骑着自行车挨家挨户地分发。这些兼职雇员通常来自顾客,被称为企业的"宣传员工",他们在旅行社的顾客关系中扮演着重要角色,因为他们的造访对独自生活的老年人来说可能会是一天中最高兴的时刻。

"宣传员工"一方面扮演着俱乐部旅游观光株式会社的"福音传播者",另一方面也将顾客的兴趣反馈给旅行社,促进公司创新,设立更多的新俱乐部。这是一个将顾客提升至公司内部人员的系统化过程,这样,公司就可以专注于顾客体验了。另外,这一过程也消除了雇用新职员可能带来的风险,因为那些老顾客在公司的眼中代表着一个已知的群体。

在旅行开始之前,俱乐部的会员们在旅行社的教室中开会。教室名叫"智慧屋",会员们在其中展开自由讨论,学习旅行目的地的历史人文知识。旅行结束之后,会员之间会分享此次旅行的经验。同时,会员们也会将经验与"友好员工"分享,他们会将这些经验一一记录下来,并从中了解顾客体验。这些会议的指导老师均来自俱乐部旅游观光株式会社的顾客群,其中很多都曾经从事过教师职业。

俱乐部旅游观光株式会社与消费者进行面对面的互动,显示出巨大的群体创造力。虽然一些传统旅行机构也会从事此类活动,但是俱乐部旅游观光株式会社在旅行前后的旅行体验上花了相当大的心思,这一点在旅游行业的确是独一无二的。公司将旅行体验形容为一个循环,该循环以富有想象的设计为起点,将旅行体验贯穿于实际旅行的始终,在旅行结束后还会对整个旅行的情况进行正式汇报,最终给顾客留下此次旅行的美好回忆。旅行社的员工也将自己的业务视为对整个循环的支持,而不仅仅是在中间组织一下而已。

俱乐部旅游观光株式会社的成功在于:它成功地将自身角色重新定位,不再是以往的"节点公司",而是在顾客、合作伙伴和社区资源三者之间架起了连接的桥梁,使自身免受旅游业兴衰的影响。因此,俱乐部旅游观光株式会社已经成长为近畿日本旅游株式会社最重要的子公司之一,在销售收入和赢利方面都独占鳌头。

威客网站更是可以帮助创客与客户对接变得容易。

不加班不熬夜,坚持理想,他让设计师享受工作[1]

Fanso(梵素设计)坐落在上海近郊的鑫桥创意园内,红墙绿瓦,闹中取静,是魔都中少有的极具格调的地方。他们的服务包括设计研究、产品设计、包装设计、品牌策略及后端产业化服务于一体,涉及通信、IT、

---

[1]　作者:梵素设计项目经理周振球。

家电、家居、设备、包装、化妆品等领域。

2014年末，文木(梵素设计创始人)正式从夏普离职，着手创立Fanso(梵素设计)，当时的原因有两个：

第一，文木认为在企业或者设计公司的设计师，其实很多时候远离了生产和市场工作，在闭门造车，前端和后端都可以轻易否定设计。

第二，文木在夏普做全球会议的时候，无论是芝加哥团队还是日本团队，都是35～50岁左右的设计师；而在中国，所有的设计师都非常年轻，一旦超过30岁，能有机会转岗的都转岗，或者晋升到设计管理，不再直接做设计本身的工作了。

在国外，设计师是一个可以从事一生的职业，在中国却变成了吃青春饭的工作，然而设计师的黄金年龄是在35岁到45岁，在中国因为高强度的加班，很多人最终不得不选择放弃！

基于这两个原因，文木想做一个长期稳定的团队，让每一个设计师都能在这个环境里面一直安心地做好设计本身的工作，并且享受设计，成为其一生的工作，那就需要团队的设计师不加班，不熬夜，坚持自我理想。这就是文木创立公司的初衷，这也是他自己的理想。

为了实现这个目标，文木将公司的设计团队定位为有更强大的解决能力，包括前期的市场研究工作和后期产品的实现，打通每一个环节，真正地把控一个产品的从诞生到上市的过程，让设计有的放矢而不再是空中楼阁。

然而跟每一个创业公司一样，理想丰满而现实残酷，设计公司初期举步维艰，最大的问题就是项目的来源，在不被大多数人知道的时候，梵素设计需要不停地做线下推广、拜访客户、请客吃饭，每天拖着疲惫的身体回家的时候，几乎没有任何心思再做设计，拓展业务成了公司的当务之急，却想不到很好的突破口。

2015年，梵素设计在线下业务遭遇瓶颈的时候，文木也意识到公司其实漏掉了一个极大的市场，因为在目前的网络环境下，如果一个甲方想要寻找设计服务,大多数的第一反应应该是通过网络渠道,但是百度的推广费用在当时对于公司来说太高了。后来在朋友的推荐下,文木接触了一品威客网,这成为梵素设计的关键转折点。

通过一品威客网平台,文木和公司忽然发现了广袤的中国中小企业市场,那里有无数的亟须优秀设计的企业,公司因此告别低效的请客吃饭拉客户的方式,通过平台直接对接,省去了无数的线下推广成本而梵素设计也凭借独特优势成为 2016 年一品威客网十佳服务商,在工业设计领域排名前列,这样的转变是文木始料未及的。

目前 Fanso(梵素设计)已经成长为拥有十几名稳定设计师的团队,真正地实现了从市场研究到产品生产的产业链闭环,可以帮助中小企业实现一站式服务。公司做到了几乎不加班,让设计师享受工作,团队在这样的环境下日趋成熟和强大,Fanso(梵素设计)也越来越具备自我特色和市场竞争力,而这一切的转折都是来自一品威客网平台让他们完成了和企业的对接工作。

在文木看来,作为产业化整合的新型设计机构,Fanso(梵素设计)用心提供着专业卓越的设计作品,并且在产品批量化生产中亦有专业的经验,从而形成创意设计到产品生产的整合式设计服务。

如今,Fanso(梵素设计)已经有超 300 个成功设计项目,也在国内外也获得过一些奖项,比如 iF 设计奖、红星奖、国际设计产业年度大奖(PIN UPP Design Awards)、金点设计奖(Golden Pin Design Award)等。

从新生设计力量到初具规模,这是属于北京的梵尚设计①

努力过,付出过! 短短的一年多时间,梵尚设计从一支新生的设计力量,发展成为初具规模的专业设计公司。他们的目标是将公司发展成为"属于北京的梵尚设计"。一起看看属于梵尚设计的故事。

蛰伏燕郊

2015 年,在毗邻北京的河北燕郊,梵尚设计正式成立。作为一支新生的设计力量,梵尚设计并未因没有市场土壤的滋养而萎靡,反而根据市场形势,及时转换发展思路,与时俱进,开展线上业务与项目,在新型模式下用最新的理念服务客户。

当然,万事开头难,初创时期,因资金和地理位置的限制,难免四处碰壁。然而,虽然挫折不断,但是也积累了丰富的经验,为梵尚设计的下一步发展打下了坚实的基础,也让梵尚设计开始寻求新的突破。

携手并进

经过公司调研,梵尚设计入驻到了国内知名的创意服务交易平台一品威客网,双方成为合作伙伴。合作至今,一品威客网一直积极开展梵尚设计的业务,为梵尚设计提供了大量的客户群,这恰恰弥补了他们受限于地理位置而未能直击市场的短板。

不仅如此,一品威客网"服务不打折"的口号与梵尚设计一直以来"服务客户为第一"的宗旨不谋而合。同时,梵尚设计也拿出自己最优质的服务面对来自一品威客网的客户群体。正是梵尚设计怀揣一颗真诚之心,用最专业的态度为他们设计出了心中所想,才能在客户群体中有如此好的反响,所以才使得在梵尚设计后期发展扩大过程中,来自一品威客网的客户朋友们,成为梵尚设计最坚实而强有力的后盾。

---

① 作者:梵尚设计总经理高非凡。

正是由于一品威客网"笑迎八方宾朋,笑纳八方商机"自由开放的经营理念,为梵尚设计提供了更加广阔的发展平台,年轻的梵尚设计才能脱颖而出,蓬勃发展;同时,由于梵尚设计的加入,一品威客网的客户也得到了优质的服务与适合自己的设计,双方互惠,共同成长。

进驻京都

随着梵尚设计规模的不断壮大,也为了更方便地与北京的线下客户沟通交流,更好地为其提供服务,同时,出于开拓市场的考虑,进驻北京,势在必行。故此,2016 年 10 月,梵尚设计迁往位于北京石景山的点石商务公园,在北京传统与现代交汇的文化滋养下,梵尚设计仿若获得新生。

在这里,源源不断的设计人才加入,仅半年时间,梵尚设计便已初具规模:线上线下设计师已达到 30 人,其中资深设计师 6 人,总监设计师 3 人。并且凭借优质的设计和服务态度,更是在客户群体中树立了良好的口碑。

共赢未来

两年光阴,如白驹过隙,梵尚设计从河北燕郊的一个新生公司成长为北京的一个初具规模的设计公司,一路走来,离不开每位梵尚设计员工的努力与付出,也离不开与一品威客网的合作与友谊,更离不开客户群体的信任与支持。

高非凡介绍说,创业不易,需要找到好的平台支持。未来梵尚设计将继续携手一品威客网,以北京为依托,秉承"服务客户为第一,做适合客户的设计"的宗旨,真正将公司发展成为"属于北京的梵尚设计"。

乾唐锦观设计：从质疑走向信任 从信任走向共赢①

想做好设计却痛苦不堪

马正斌是兰州乾唐锦观形象包装设计有限公司的法人代表。公司在未入驻一品威客网之前，做品牌设计线下服务已有15年时间，所服务的客户主要为甘肃本地的各大政府、企事业单位，业务空间很有限，而且还时不时面临本地或外地品牌设计公司的比稿竞争。

每谈一家客户或者一单项目，所付出的时间成本和人力成本非常之大。有时甚至不得不和团队成员放下手头的设计项目去饭店、夜店应酬客户。对于一心想做好设计的我们来说，实在是痛苦不堪。相信很多做设计的朋友都有过这样的体验。

拒绝一次然后又拒绝一次

这个社会，人与人之间越来越缺乏信任。在2014年夏日的某一天，一个区号为0592的电话拨响了马正斌的手机。电话那头是一位女生的声音，她在简单的自我介绍和寒暄后说出了她是一品威客网工作人员，并就一品威客网所做的业务向马正斌做了概括的介绍。马正斌在听完之后，以手头正在做事为由谢绝了电话那头的这位女生，挂断了电话。

可是故事这才刚刚开始。没过几天，同样的电话号码又一次打了进来，马正斌在不耐烦中接通了电话，对方还是前几天的那个女生。

这次她语态变得更加轻柔，讲话也很有技巧。她开始先用简单的会话时间申请语稳住了他，然后向马正斌再次就一品威客网的业务与未来发展做了讲述。

马正斌在听她讲完后产生了许多疑问。首先是一品威客网能为自己的公司带来什么？其次是一品威客网是如何服务客户的？最后是一

---

① 作者：兰州乾唐锦观形象包装设计有限公司马正斌 。

品威客网是否收费？对面的女生一一回答了马正斌的问题,但当她说一品威客网 VIP 商铺是要收取相应的年费时,马正斌的戒备之心马上竖起了防火墙。很快,双方之间的通话在马正斌的推脱中又一次终止了。

多次沟通后做了一个决定

时间在不经意间过去了几个月,马正斌的手机铃声又一次响起。还是那个女生,在简短的问候之后,马正斌本想尽快拒绝,然后挂断电话。但是这次这位女生没有像上次一样和声细语地讲一大堆,而是先声夺人的说出了一句话:"马先生,当财富来到你门前敲你门的时候,你会拒绝它吗?"

哦……短暂的思维短路后,马正斌开始意识到自己应该重视这位女生,至少应该听听她想为自己的公司做什么。马正斌开始与她聊天,开玩笑似地沟通了起来。在沟通交流的最后阶段,她向马正斌要了QQ 号码,马正斌爽快地告诉了她。相互添加 QQ 后没多少工夫一份文件发了过来,马正斌打开文件仔细阅读后觉得这个一品威客网有点意思。这时候一品威客网才算是正式进入马正斌的工作日程表,虽然仍然有质疑与不确定,但他觉得可以继续了解推进。

就这样先后又与那位女生在电话中、QQ 上沟通了多次后,终于在2015 年的年末,马正斌和他的团队确定选择开通 VIP 白金版商铺入驻一品威客网平台,并在这位女生的配合下很快签订了合作协议。这位马正斌至今仍未谋面的女生就是一品威客网的张婧。

你所付出的终究会有收获

兰州乾唐锦观形象包装设计有限公司在一品威客网的商铺很快开通,并在金牌秘书小青协助下装修完成。但是,说实话到这时他们心中依然没有底:平台怎么样?靠不靠谱?一大堆的问号,毕竟他们是第一次接触线上平台。不过小青对于乾唐锦观这种威客"小白"没有任何的不耐心,反而跟他们梳理了很多线上的谈单经验。

　　从此乾唐锦观公司渐渐与她变成了身处异地的死党。入驻一品威客网平台初期，乾唐锦观公司的商铺访问浏览量极少，更别说接单了，马正斌和几个同伴谈单谈得着急上火，觉得有一种被欺骗的感觉。马正斌开始很恼火地向任务秘书发难，在电话和 QQ 上向她发火，向她施压，希望公司的商铺和订单能够尽快有所改善，有起色。

　　任务秘书却不争执辩解，只是告诉他说：希望乾唐锦观和她一起共同去努力，不要轻易放弃。过了一个多月，在马正斌和她的共同努力下，终于谈下了乾唐锦观公司在一品威客网的第一单，赏金虽然只有 800 元，但那天对于他们是不寻常的。

　　在金牌秘书小青的帮助下，乾唐锦观公司在一品威客网的经营开始有了起色。小青虽然年纪轻轻，做威客服务工作却是把老手，与雇主沟通很有一套，这可不是吹嘘。由于乾唐锦观公司地处西北经济欠发达的甘肃省，许多雇主对他们的设计服务工作能力表示怀疑，小青就不遗余力地向雇主推荐他们，并让他们以优秀案例为资本与客户进行谈判，全力以赴配合公司说服雇主。

　　就这样，乾唐锦观公司的订单承接量越来越大，其中一部分雇主也成为他们的老客户，很快他们便下定决心将原来的 VIP 白金版商铺升级为 VIP 钻石商铺。当然，也并非就此一帆风顺，这其中有许多的波折与不易，但他们总算是在一品威客网的第一年里，收获了公司在互联网营销中的第一块金——首年运营突破 10 万元。

　　正是小青和张婧的持之以恒，将马正斌从对一品威客网的质疑带向了信任；正是因为小青用不言放弃的努力，将双方带向了共赢。

　　摒弃质疑用信任去接受彼此，唯有这样的合作才能够实现共赢！

提升品牌影响力

威客平台的社区不仅可以提供更快、更好、更低廉的产品开发过程,而且还能进行更好的、成本更低的市场营销。因为口口相传是最好的营销方式,产品创造参与者的话比传统推销人员的话更可信。

2008 年 3 月,星巴克推出了公司的第一个社会化媒体网站——"我的星巴克点子"(www.MyStarbucksIdea.com,简称 MSI)。该网站就像一个即时、互动的全球性客户意见箱,消费者不仅可以提出各类针对星巴克产品和服务的建议,对其他人的建议进行投票评选和讨论,而且可以看到星巴克对这些建议的反馈或采纳情况。

对于星巴克来说,公司由此从消费者那里获得了一些极具价值的设想和创意,用来开发新的饮品、改进服务体验和提高公司的整体经营状况。更为重要的是,通过 MSI 网站与消费者进行交流,强化了广大消费者,特别是一些老顾客与星巴克的关系和归属感,也提高了星巴克在广大消费者心目中关注消费者和悉心倾听消费者心声的形象。

"星巴克的领导们已经总结出了从异议中吸取和学习经验的方法,这无论是对公司整体还是对伙伴个人而言,都大有补益。领导者不仅将注意力放在了问题本身上,还邀请持异议的人共商解决问题的方针,以图有效解决公司的不足和社会中存在的问题。另外,这样的态度还将一些原本抵制星巴克的转变成了公司的支持拥护者,真是一石两鸟。"[①]

MSI 网站("我的星巴克点子")共有四个组成部分:share(提出自己的建议)、vote(对各类建议进行投票评选)、discuss(和其他用户以及星巴克的"创意伙伴"进行在线讨论)、see(了解星巴克对一些建议的采纳实施情况)。从创建之日起网站就形成了巨大的流量,在创建的头 6 个月,MSI 网站共

---

① [美]约瑟夫·米歇利.星巴克体验[M].中信出版社,2012:113.

收到了约 75 000 项建议,很多建议后面可以看到成百上千的相关评论和赞成票。

在 MSI 网站上,星巴克目前派驻有大约 40 名"创意伙伴",他们是公司内咖啡和食品、商店运营、社区管理、娱乐等许多领域的专家,负责在线听取消费者的建议、代表公司回答提出的问题、交流星巴克采纳实施的消费者建议和正在进行的其他项目。

MSI 网站创建之始,就遭到星巴克公司内外很多人的质疑。人们的质疑主要集中在,MSI 网站能否对星巴克开发新品及改善消费体验有所帮助? 很多人认为,真正的具有突破性的创新很少来自客户的反馈,按照亨利·福特的说法:"如果我去询问我的客户想要什么,他们肯定会告诉我要一匹更快的马。"单从搜集消费者点子的角度来看 MSI 网站,应该说上述的质疑不无道理。据统计,有超过 50% 的建议是索要免费产品和服务的,很多的提议重复或缺少新意。这是 MSI 网站所统计出的前 10 个"big idea",很难说服人们这些创意真的对星巴克的业绩有重大提升。

MSI 网站耗资不菲,特别是人力成本投入巨大。尽管"创意伙伴"已从原先的 46 人减少到了 40 人,但是为了一个公司网站投入这么多的人力和时间,还是一笔不小的开销。人们会问,这么做值得么? 消费者的"点子"和"创意",真的是星巴克开设 MSI 网站的所欲所求吗? 作为星巴克第一个对外的社会化媒体平台,MSI 网站到底为星巴克提供了何种价值呢?

星巴克咖啡出售的并不是咖啡饮品,而是一种以咖啡为载体的独特体验。要吸引新的消费者或让老顾客频繁光顾星巴克,关键是让人们在店内获得一种独具魅力的消费体验,并为之深深吸引、欲罢不能。

公司创始人和 CEO 霍华德·舒尔茨很早就意识到,这种体验最终需要店内的"咖啡师傅"通过制作可口的咖啡饮品、营造富有情调的店内环境和提供亲切优质的服务来传递。

由于很多"咖啡师傅"是二十出头,在星巴克兼职工作的毛头小伙,星巴克面临的最大挑战是怎样吸引、激励和留住这些处在第一线的员工。只有建立企业与员工的良好关系,星巴克才能经由热情专注的店员,为客户提供能吸引他们不断光顾星巴克,公司的发展才能有一个坚实的基础。

自 1971 年星巴克于美国西雅图开设第一家咖啡店以来,至今已经在全球开设了数千家店铺。根据一项 1998 年的统计,每星期大约有五百万消费者光顾星巴克咖啡店,忠诚客户每月平均光顾星巴克咖啡店 15～20 次,其中不少每天光顾星巴克,把其视为有别于家和工作场所之外的"第三空间"。忠诚客户对于支撑星巴克咖啡店的日常运营和成长扩张,起到了至关重要的作用。

"星巴克崛起之谜在于添加在咖啡豆中的一种特殊的配料:人情味儿。星巴克自始至终都贯彻着这一核心价值。这种核心价值观起源并围绕于人与人之间的关系的构建,以此来积累品牌资产。舒尔茨相信,最强大最持久的品牌是在顾客和合伙人心中建立的。品牌说到底是一种公司内外(员工之间,员工与顾客之间)形成的一种精神联盟和一损俱损、一荣俱荣的利益共同体。"

从某种意义上讲,星巴克的咖啡饮料(或其富有魅力的店内环境)只是其核心竞争力最外在的一个载体。星巴克有别于其他咖啡连锁店,能获得持续高速增长的内因,是建立了与一线员工和忠诚客户的紧密的"关系",依靠这种"关系"而激发的一线员工对工作的热情和老客户对星巴克咖啡店的忠诚,星巴克才获得了发展和扩张的高品质服务、客户资源、声誉和财力。

关系是星巴克的核心竞争力。如果说星巴克的员工福利服务于建立与员工的"关系"这一目标,那么,MSI 网站则服务于强化其核心竞争力的第二个"关系",也就是与消费者特别是忠诚客户的"关系"。对于星巴克来说,目前企业已经形成了庞大的规模,维系客户忠诚度,比之吸引新的消费者,不仅更具可操作性,而且平均销售成本可大幅降低,建立和加强与忠诚客户的关系,具有战略上的重要意义。

回头再看 2008 年 3 月 MSI 网站刚刚创办时,人们的众多质疑大部分停留于 MSI 网站"显性"的商业目标——搜集客户点子和创意,而忽略了其"隐性"的商业目标——维护和加强与消费者特别是忠诚客户的紧密联系。而后者,正如一些 IT 评论家所指出的,并不取决于顾客是否能提供好的点子和创意,也不取决于星巴克是否能从这些点子和创意中节省多少市场调研或产品研发的费用,而只取决于星巴克和众多消费者能否借助 MSI 网站形成一种诚实、透明和及时的互动,形成一种"精神联盟"般的紧密关系,这才是 MSI 网站的真正价值。

星巴克的灵魂人物霍华德·舒尔茨幼年时在一个属于"贫民安顿计划"的社区中长大。在他 7 岁那年,父亲因一场事故失去了客车货运司机的工作,因为缺少医疗等基本保障,家庭因而陷入了极端困窘的境地,舒尔茨甚至要靠卖血才能读完大学。舒尔茨回忆:"我永远也忘不了那段日子……那一段痛苦不堪的经历让我体会到,一个有向心力的群体,对每个个体都应该有充分的照顾,这样才能增强个体对这个群体的认同感。因此我决不会让这(父亲的遭遇)发生在我的雇员身上。"

舒尔茨贫寒的家庭成长经历塑造了他的人生价值观和行事风格,他从小就理解和同情生活在社会底层的人们,并在以后直接影响到了星巴克企业文化的塑造,形成了尊重普通员工、重视沟通和交流,把"人"放在首位的企业文化。可以说,星巴克的企业文化深深地烙有创始人舒尔茨的印记。

星巴克独特的企业文化体现在企业的方方面面,最为人所熟知的是星巴克怎样善待其最基层的普通员工。星巴克要打造的不仅是一家为顾客创造新体验的公司,更是一家高度重视员工情感与员工价值的公司。霍华德·舒尔茨将公司的成功在很大程度上归功于企业与员工之间的"伙伴关系"。他说:"如果说有一种令我在星巴克感到最自豪的成就,那就是我们在公司工作的员工中间建立起的这种信任和自信的关系。"

据舒尔茨介绍:"我们每年花的广告费用只有区区 1 000 万美元,和那些擅长做市场的企业相比,这点钱可能还不够一个零头。我们没有复杂庞大的广告和市场推广,这里面的奥秘就是我们始终强调的可持续发展。"星巴克在短时间内名列全球最有价值的百大品牌,但有趣的是星巴克并不推崇做广告,在所进入的 30 多个国家里都是如此。"品牌不是一张广告,品牌活在我们员工与上门的顾客的互动中。我们一直努力实现的是顾客在我们店里所能体验到的特殊感受,这是通过我们员工的每一次服务和每一个顾客实现的特殊体验。"

　　星巴克通过一系列事件来塑造良好口碑。例如在顾客发现东西丢失之前就把原物归还;门店的经理赢了彩票把奖金分给员工,照常上班;南加州的一位店长聘请了一位有听力障碍的人教会他如何点单并以此赢得了有听力障碍的人群,让他们感受到友好的气氛等。简而言之,"星巴克的品牌传播并不是简单地模仿传统意义上的铺天盖地的广告和巨额促销,而是独辟蹊径,采用了一种卓尔不群的传播策略——口碑营销,以消费者口头传播的方式来推动星巴克目标顾客群的成长"。

保护品牌

　　2017 年 4 月 27 日,国家工商总局商标局官方网站公布 2017 年第一季度各省区市商标申请与注册情况,广东、浙江、北京分列前三位。进入 2017 年,我国市场主体数量持续快速增长,商标注册便利化改革效应凸显,带动商标申请量快速提升。第一季度,全国新登记市场主体 359.8 万户,同比增长 19.5%;商标申请量 83.7 万件,同比增长 13.9%。

　　商标申请量的持续增长,说明了市场主体品牌意识在不断加强。为了扩大自主品牌的知名度和影响力,2017 年 4 月 24 日国务院批复了国家发改委《关于设立"中国品牌日"的请示》,同意自 2017 年起,将每年 5 月 10 日设立为"中国品牌日"。

　　设立"中国品牌日",标志着"发挥品牌引领作用"上升到了前所未有的高度。早在 2016 年 6 月,国务院就印发《关于发挥品牌引领作用推动供需结构升级的意见》,提出要树立自主品牌消费信心,发挥品牌影响力,扩大自主品牌产品消费,其中一个方法就是设立"中国品牌日",大力宣传知名自主品牌,讲好中国品牌故事,提高自主品牌影响力和认知度。

　　其实,大到一个国家,小到一个企业,都需要重视品牌建设。特别是在"大众创业,万众创新"的时代背景下,越来越多人走上了创业的道路。对创业者来说,更要重视品牌打造,这就需要创业者树立全局观念,从长远考虑,统筹安排,有计划坚持不懈地进行品牌培育。

但是,品牌建设需要一个长期的过程,需要运用科学的方法来运作。然而现实情况是,很多创业者在发展初期忽视了品牌建设工作,比如到后来才发现自己使用了很久的名称却被别人注册商标,还有就是名称和公司 LO-GO 没有统一规范造成品牌形象混乱……

借助威客的力量,还可以帮助创客保护自己的品牌。下面这个故事可以让你感同身受。

漳州水果大王:如何进行品牌保护

从漳州一个默默无闻的水果批发商,到成为漳州的水果大王,漳州市富达果品有限公司总经理王瑞源表示,自己作为在传统行业的创业者,所经营的企业能够不断发展壮大以及自有品牌的建立,一品威客网这个众包服务平台起到了很大作用。

通过一品威客网,王瑞源以非常低的成本,获得了产品商标设计方案;同时,产品 LOGO、各类别的单品水果包装也新颖独特,富有创意,助力企业走上品牌发展之路。据了解,富达果品在 2015 年营业额就达到了 5 亿元。

富达果品经营历史超 30 年,已经是闽南地区最大的水果批发公司。他们只从源头选水果,不仅在越南和国内多地有水果生产基地,还与台湾及世界各地水果基地建立直批合作关系,经营的水果畅销闽南地区和国内各大水果市场。

富达果品主营水果批发,国产水果、台湾水果、进口水果品种齐全。凭借 30 年的水果批发经验,富达果品已形成以批发为依托,逐步建立自有品牌的发展模式,富达果品旗下闽兴源越南火龙果、金鹭红富士苹果、富达有机猕猴桃、富达安岳柠檬等自有品牌水果深受广大消费者的青睐。此外,新疆葡萄、台湾莲雾、东南亚水果榴梿和山竹以及美洲澳洲水果樱桃等水果,更深受大众消费者喜爱。

至今,富达果品已有越南火龙果生产基地、新疆葡萄采购基地、四川安岳柠檬采购基地、陕西金鹭苹果采购基地、富达有机猕猴桃采购基地等热销水果生产基地。其中,富达同新疆建设兵团合作,年采购各种葡萄 10 000 余吨,越南自有兴源火龙果生产基地年产火龙果 50 000 余吨。此外,富达还是漳州唯一一家进驻智利进行樱桃产地直采直批的水果批发商。

富达果品批售中心位于漳州市海峡农博汇中,总面积 5 000 平方米,是漳州海峡农博汇最大的水果批售中心。批售中心配备了国产水果区域、进口水果区域、中央冷库、集装车厢、国内外收银区、行政区等区域,功能齐全、分工细致,是专业的水果批售中心。

富达果品所取得的成就,离不开王瑞源的努力和坚持。

王瑞源在毕业后,就继承了父辈们的事业,在漳州开始做起了火龙果、梨子等水果的批发生意。凭着老一辈几十年的苦心经营和自己不懈的努力,富达水果赢得了客户口碑,在漳州及周边享有较高的市场占有率。

在 2011 年的时候,随着公司规模的扩大,王瑞源想将水果市场扩大到国外,主要目的是希望可以摆脱漳州和周边小市场的发展瓶颈。但是公司没有包装、没有品牌、没有附加值,想要转型升级面临着诸多困境。而这也让王瑞源意识到品牌包装的重要性,更让他非常苦恼的是,公司发展虽然还不错,但是却没有一个像样的商标。

当时王瑞源心想,市场上设计师多如牛毛,花点钱随便找个设计师设计一下商标,问题不就一下子都解决了。万万没想到的是,刚出手就碰了壁。当时王瑞源在漳州当地找了 5 家设计公司,5 个设计样稿花了整整 2 万元,设计出来的效果还远远达不到自己想要的,这让王瑞源不得不怀疑,设计一个商标真有这么难吗?

在偶然一次和朋友的聊天中，王瑞源得知了威客众包模式可以帮助企业解决这些高成本的设计难题。朋友还特地向他推荐了一品威客网，说口碑不错，很讲信用。

抱着一点好奇心，王瑞源在一品威客网平台上发布了两个商标设计的任务，费用仅仅是 2 000 元。公司叫作漳州市富达果品有限公司，而水果品牌名叫"闽兴源"。这其中，富达商标赏金 500 元，闽兴源商标赏金 1 500 元。

任务发布后不久，王瑞源就收到了来自全国各地的设计师提供的上百套设计方案。其中一幅卡通化的"富达"商标设计方案让王瑞源一见倾心，这个作品的设计师名叫"打杂设计"，出自一位漂亮的女孩之手。

这幅商标设计让王瑞源喜欢的地方在于，设计者巧妙地将"F"和"D"结合，拟人化为"一只辛勤的手采摘果实，犹如亲手采摘的水果"，寓意"美味中的乐趣"，设计可谓独具匠心。

闽兴源的商标，同样出自这个设计师之手。风格一致，都给人积极健康的亲切感。更为可贵的是，这位设计师还一并帮王瑞源把卡通形象——叶叶和果果也设计好了。一品威客网上设计师们不仅专业，而且真的很用心，王瑞源对他们不仅是佩服，更多的是信任。

获得满意的商标设计后，王瑞源及时进行商标的注册，保护好知识产权，从而开启品牌之路。据介绍，富达果品在 2013 年营业额达到了 2 亿，2014 年则达到了 3 亿元，2015 年为 5 亿元。

后来，王瑞源也把产品包装、网站搭建、营销推广等需求，发到一品威客网上面，借助专业人才的力量，来进行品牌的包装和推广。可以说，企业在发展中产生的一系列需求，在一品威客网都可以得到一站式的解决，当然知识产权也不例外。

王瑞源表示，自己在创业、经营公司的过程中，得到了很多的帮助。主要有两点经验分享，一是学会借助外力，借力互联网平台的力量。富达果品的企业规模不断壮大和自有品牌不断完善,众包服务平台一品威客网起到了很大作用,因为那边有很多专业人才。通过威客众包,可以利用大大低于市场价的成本,获得商标进行品牌的打造,让富达果品的水果走出了国门,开辟了水果高大上的销路。

二是要注重知识产权保护。市场未来的竞争,归根到底是包括商标在内的知识产权的竞争。作为创业者,不管你是在传统行业,还是互联网高科技行业,都要提高商标保护意识,注重对知识产权的保护,做到防患于未然,只有这样才能应对复杂多变的国内国际市场。

为最大限度帮助创业者,让创业者少走弯路,降低创业成本,快速打造品牌,国内领先的众包服务平台"一品威客网"推出了"品牌无忧任务包"服务。最主要目的就是帮助创业者在公司成立之初,就进行完整的风险评估,让公司名称、LOGO 设计、商标注册实现完美统一。

据了解,一品威客网创建于 2010 年 7 月 1 日,拥有注册用户超 1 300 万,聚集海量的服务商人才,成功服务超百万级的各类机构、单位和个人雇主。一品威客网通过整合平台设计师资源、取名高手头脑风暴、知识产权专业指导等服务,同时配置专职的品牌顾问,为创业者提供"创意设计＋知识产权"的一站式服务,帮助创业者打好品牌基础。

那么,一品威客网"品牌无忧任务包"具体有哪些服务?该项服务主要有三个套餐:品牌建设包(公司取名＋VI 设计 1 套＋版权登记 1 套＋商标注册 5 套),优惠价 9 998 元;品牌初创包(公司注册＋代理记账＋VI 设计 3 选 1＋版权登记 1 套＋商标注册 5 套),优惠价 14 988 元;品牌升级包[VI 优化升级 10 选 1＋版权登记 1 套＋商标注册 5 套＋物料延展设计(选 10 项)],优惠价 19 998 元。创业者可以根据自身实际情况选择不同的服务套餐。

同时,一品威客网配有专职品牌顾问,为创业者提供更专业、更放心、高性价比的品牌建设服务。"今天打下品牌基础,明天实现品牌腾飞。"对创业者来说,借助互联网平台—品威客网—揽子解决取名、设计、商标注册、版权登记等需求,在发展初期就做好品牌建设工作,为品牌未来更好的发展打下坚实的基础。

印轩品牌设计:让你的品牌会说话①

2014 年 6 月 30 日,湖南长沙威客印轩品牌设计加入一品威客网,开通 VIP 白金版商铺,从而填补了线上业务空白,结识了更多客户朋友,获得了不错的发展。因此,印轩品牌设计分别在 2015 年 6 月、2016 年 9 月连续续费,与一品威客网平台携手,共同发展。

雷颖臻是印轩品牌形象整合顾问机构的负责人,多年以来从事品牌形象管理工作。在公司成立之初,他就这样来设想:如何帮助企业把品牌管理与策略设计结合起来达到品牌营销纵深?如何实现品牌情感化管理?能否让企业品牌会说话?

那么这些就不是光靠单一的设计可以实现的,而是需要把企业BIS(品牌文化)、VIS(品牌视觉识别系统)、SI(品牌专卖店形象识别系统)结合起来打造。目前大多数企业在品牌管理上还停留在视觉设计的单一层面上,从而逐步丢失品牌核心内涵,与消费者之间无法达成共鸣。

经过多年历练,印轩品牌形象整合顾问机构,运用全新的品牌打造体系,实现企业品牌情感化管理,帮助客户提升品牌竞争力,快速增长销售业绩,完善企业形象,帮助客户树立品牌美誉度。

印轩品牌在零售+食品+专卖店、传媒+教育+文化、酒店+餐饮+娱乐、医药+保健+器械、政府+集团+法律等 10 多个行业,成功让几十家企业从粗放式运作到品牌化运作;并充分利用优势资源系统在品牌顾问服务[品牌诊断、品牌调查、品牌定位、品牌气质传递、品牌市场

---

① 作者:印轩品牌设计 雷颖臻。

策略、品牌形象的创建、品牌形象的重塑、品牌形象的推广、商业空间（展览展示、SI）、品牌商业摄影］，为中国品牌提供一站式顾问服务。

一品威客网作为文化创意交易平台，从中国文化产业后起之秀，一次次飞跃发展，到今天成为中国文化产业平台化交易的重要力量。它为无数文化产业的创业者提供了无数次机会，给中国文化产业的创业者带来新曙光。

在机缘巧合的情况下，雷颖臻结识一品威客网平台已经快3年了。平台为他们提供很多结识全国优秀企业家们的机会，也使他们为全国企业家朋友提供无数次优质的品牌设计服务。

雷颖臻说："作为平台老牌资深威客，不得不说，一品威客网平台兢兢业业，用热情周到如友人般的姿态为我们提供服务。在结识一品威客网之前，我们在线上这个板块一直是空缺。他们让我们线上渠道得到了不错的发展。"

流走的是岁月，沉淀的是友谊。在印轩品牌设计看来，他们就是客户事业的助手。在印轩品牌设计这里，客户不是上帝，而是战友，双方为"共同目标"而浴血奋战。雷颖臻坚信：诚实则事成——诚信不仅仅是兑现承诺，而是达成使命。他们用优质的服务回馈社会，回馈全国的创业者、企业家朋友，让客户的品牌会说话。

新型创意托付式服务平台

新型创意托付式服务平台是由一品威客网率先在国内威客众包行业打造的全新专业服务平台，是在原有一站式众包服务平台基础上的优化升级。一品威客网结合行业发展情况，以创新的服务模式，优选创意托付式产品，为企业提供高品质的创意服务，构建一个"专业、省心、更省钱"的服务平台。

为了更好地为企业提供服务，一品威客网逐渐由一站式众包服务平台向创意托付式服务平台过渡。一品威客网经过多年平台运营的行业沉淀，累积丰富的服务经验，构建企业全生命周期的服务体系。同时，整合优质服务商资源,配备专职品牌顾问团队,以自营的方式推出系列标准化创意产品,提供"更专业、更放心、高性价比"的一站式服务。

一品威客网标准化创意产品包括:品牌无忧托付包、网站建设托付包、知识产权托付包、网络营销托付包、QQ 表情托付包等标准化产品。未来,一品威客网将会根据市场需求,优选出更多的标准化创意产品。通过创意产品、服务、价格的标准化,优化创意服务交易模式,重构国内威客众包服务市场,促进行业标准体系建立和行业良性发展。

• 三大核心优势:

专业:创意服务平台,多年行业积淀,精选十万优质服务商效力;

省心:委托式交易,服务团队全程品控,让企业省时省事省心放心;

省钱:标准化定价,价格公开透明,一半价格更多方案,高性价比。

• 标准化体系:

产品标准化。一品威客网优选了不同类别的、多样化的标准化创意产品,满足不同地域、不同类别企业的各种创意需求。同时,一品威客网以平台自营的方式,接受企业委托,为企业达成每一个要求,为企业提供优秀的创意解决方案。企业主不论在哪个城市,可以不受地域限制,享受平台优质服务。

价格标准化。一品威客网的标准化创意产品,在平台上有明确的价格标准,一般来说比市场价优惠 40%～50%,是具有极高性价比的产品和服务。企业一键购买创意产品,委托式交易,保证了创意需求可以高效率得以满足。

服务标准化。一品威客网的专业团队建立完善的服务标准,根据创意产品包含的服务内容,为企业提供专业的、优质的服务。具体包括企业的需求梳理、任务发布、服务商对接和审核、服务品质把控、最终成果交付等,每个服务环节均严格把控,最大限度为企业节省时间,让企业省事省心放心。

服务商标准。一品威客网精选设计、开发、文案、营销等类别的优秀服务商进行合作。平台制定服务商审核标准,包括服务商的资质荣誉、技能标签、能力等级、信用积分、诚信保障等,确保合作的服务商具有高超的专业水平、优质的服务意识。

如今,有许多企业通过购买一品威客网精选的托付式创意产品,享受托付式服务,获得了圆满的解决方案。对于一品威客网的托付式服务,他们都给予了好评。

苏秋贵(巍朗照明):最近要新办一家灯具公司,经过了解后购买了一品优选"品牌无忧包",品牌取名、LOGO 设计、商标注册等都在一品威客网一站式搞定。最终收获了全新的"巍朗照明"品牌,并做好了商标行业品类保护。一品威客团队尽心尽力,尽职尽责,服务超赞。

王瑞源(富达果品):富达果品是闽南地区最大的水果批发公司。而富达果品不断发展壮大,建立起自有品牌,一品威客网起到了很大作用。通过一品优选的网站建设、品牌无忧、网络营销等产品包服务,很方便解决了商标、网站、设计等一系列问题,而且性价比非常高。

黄志艺(合明木业):如今的合明木业,已经是中国建筑模板领跑品牌。我们合明木业把网站建设、网络营销等需求,都交给了一品威客网。有专属顾问全程服务,非常专业和认真,网站做得好,网络推广体系也建立起来,给我们提供了很多很好的帮助。

颜英杰(优米思):上海钛舜科技公司发展垂直业务,开始生产爆米花。为让公司旗下品牌"优米思"爆米花走进影院,我们将优米思爆米花广告语、商标设计、展示柜外观设计全部托付给了一品威客网,一站式地解决了"优米思"面临的难题,一品威客网服务确实很好。

曹先生(浪起来 APP):"浪起来"是一款社交娱乐应用 APP,为了得到一个漂亮的"浪起来"LOGO,曹先生到一品威客网,把这项需求托付给了一品威客网。一品威客网汇聚威客智慧、优中选优,成功地为"浪起来"找到了简洁大方具有高辨识度的 LOGO,为"浪起来"未来的发展打下了坚实的基础。

吉满家:吉满家是一家秉持以现代经营管理模式发展中式传统饮食连锁店,2014 年吉满家第一次在一品威客网上收获了满意的 LOGO 设计,一品威客网的专业服务和负责的态度给吉满家留下深刻印象。两年后,吉满家再度征集广告语,再次第一时间选择了一品威客,一品威客用自身过硬的服务品质,赢得了吉满家的信任,见证着吉满家的成长。

胡先生(龅牙兔):江苏龅牙兔儿童情商乐园品牌形象由于品牌整体战略将进行升级,胡先生借助一品威客网征集龅牙兔卡通形象。一品威客网上千万卡通形象设计人才,从雇主需求出发,将龅牙兔新形象打造成"龅牙兔"具有企业文化、精神、情怀等高度凝练的集合体,及时有效地助力企业完成了品牌整体战略升级。

刘培彬(美妆说):美妆说是一个涵盖针对美妆网站、论坛、社区,以及APP的电商平台。作为美妆说联合创始人的刘培彬在一品威客网成功征集了美妆说APP的LOGO。在一品威客网发布任务需求至少有十余次了,每次任务都备受威客的关注,在提升了品牌知名度的同时,获得了高效率高质量的作品,一举多得。

杨先生(简园多肉植物花园):杨先生创立了一家以经营多肉植物为主的店铺,杨先生希望能够有一个时尚、简洁的LOGO,但却苦于线下没有更多选择。在朋友极力推荐下,他选择了一品威客网。一品威客网托付式保障模式不仅让杨先生倍感安心,同时也让杨先生一下子有了几十种优质方案可供选择,解决了杨先生的烦恼。

高先生(柿业亨):柿业亨就是一家以经营柿子产业为主的公司,公司负责人高先生经过对比后,果断购买了一品威客网品牌无忧托付包,服务内容包括商标注册与设计服务。一品威客网一站式为高先生解决了在商标注册和设计方面遇到的麻烦,相比线下来说价格更为实惠,品质更有保障,商标注册速度快,省心省时省力。

策划智囊

当你可以方便地在线通过威客网站平台向全球人才市场中的社区成员求助,为什么还非要招聘、雇佣一个正式员工来为你帮忙?而且你还没法确保你招聘到的人是否就是解决问题的最佳人选。

案例：乐高积木的实体体验和数字体验[①]

乐高的核心仍然是标准化的实体产品，那就是我们童年时代玩的乐高积木。

乐高工厂是乐高公司首创的几个群体创造的尝试之一。消费者可以使用乐高数字设计师这款软件，凭自己的想象设计模型。消费者只需下载免费软件，就可以从零开始设计模型，或者在一些启动模型的基础上加以设计。设计完毕，顾客便可以把自己设计的模型上传到乐高工厂图库，用户所有的设计都可以在这里储存并分享。设计者可以选择支付一定的费用让厂家把自己设计的模型制造出来。

通常，顾客设计的产品都会在盒子上印有顾客的照片，还有自动生成的使用指南。乐高公司会在顾客设计的众多模型中选择一些最受欢迎的模型投入大批量生产。所有这些个性化产品都是以乐高的标准积木和其他装饰性积木为基础的。乐高公司还与个体零售店密切合作，开发个性化产品。

在乐高工厂内部，公司已经构建了一个网络社区，通过留言板和"我的乐高网络"网站，吸引了 4 亿人次的参与。通过这些论坛，公司与积木爱好者展开对话，促进了彼此之间交流看法。

乐高公司的核心受众群体是儿童，同时，一大群成年的"超级用户"也会参与到产品创意开发中来，抑或发明出全新的产品。举个例子，那就是"乐高建筑"系列知名建筑模型。乐高集团"消费者洞察和体验创新团队"负责人塞西莉亚·韦克斯特伦这样形容"乐高建筑"系列："乐高建筑系列是由积木爱好者在乐高这一平台上创造的事业，它给纪念品产业带来了一场彻底的革命，并且吸引了另一个群体的注意。"通过建

---

① 文卡特·拉马斯瓦米、佛朗西斯·高哈特.众包2——群体创造的力量[M].北京：中信出版社，2011：55－57.

筑系列,乐高成了那些身为建筑师的乐高超级粉丝的供应链,为建筑师们提供设计灵感,这些建筑设计则会被设计者和乐高社区传播到世界各地。

乐高最新的网络产品是一个虚拟的网络世界,名叫"乐高宇宙"。"乐高宇宙"包含一款大型多人在线游戏,玩家可以在网上创造出自己的"阿凡达"。"乐高宇宙"将动画环境和人物、建筑物融为一体。每个玩家的"阿凡达"都是一个定制的数字人偶,由标准的乐高组件制作而成。玩家可以在网上创建角色,发动战争,摧毁建筑,或者简单地摆弄摆弄积木。乐高公司首席体验官马克·威廉·汉森曾提到:"我们要把数字游戏和实体游戏联系起来。实体体验是我们的核心,数字体验永远也不会取代实体体验,但是数字体验是一个不错的附属品。"就像在乐高工厂里那样,消费者可以在网上订购实体产品,可以让公司把实际的积木送上门去。

"乐高头脑风暴系列机器人"是乐高公司第三大群体创造的尝试。消费者可以用熟悉的乐高积木制作机器人。头脑风暴1.0于1998年问世,以微型计算机和按扣式红外线传感器为特点。用户可以将自己的电脑当作沙盒,编写计算机代码,并将所有代码拼凑在一起,制作出机器人,其过程就像搭乐高积木一样。令公司不可思议的是,头脑风暴系列让千千万万的成年人重新回到了童年,头脑风暴的用户中有一半都是成年人。同时,独立网站迅速涌现,让爱好者们分享经验,制作出不同种类的机器人,比如分拣机器人、防盗警报机器人、陆虎机器人等。久而久之,头脑风暴的爱好者开始用高级程序设计软件进行试验,这些软件均由其他公司提供,比如美国国家半导体公司。为了保持这些软件使用者的兴趣,国家半导体公司将其制作机器人的工序展示出来作为回馈。这样,一个完整的生态系统建立起来。

乐高将其设计开放,邀请乐高迷们参与程序编写,共同设计头脑风暴的用户界面。2006年秋天,乐高推出"头脑风暴2.0 NXT",拥有可编程的"智能砖"，以及新的移动触摸功能，还有一系列新的传感器，如陀螺仪、加速器等。NXT拥有一个名叫"虚拟仪器"的程序设计界面，该界面由乐高公司和一些乐高爱好者共同开发，其中很多乐高迷都拥有机器人学的高级学位。

　　乐高的大批申请人中有很多已经为头脑风暴专门撰写博客，公司从中挑选出几个机器人爱好者，让他们接触到公司的内部信息，鼓励他们发表对NXT的看法。乐高也创立了留言板，供用户讨论新产品的使用体验，同时也鼓励用户将自己的创造发明拍成照片，上传到网站与大家分享。从此，乐高公司与顾客社区的接触不再限于产品的设计、开发和营销过程，公司还鼓励社区超越乐高的掌控，发挥比扩展公司的开发资源更大的作用：他们代表着一种全新的人力资源，与公司员工创造性地联系在一起，组成新的竞争力基础。

让用户成为你的威客帮你创新

　　随着互联网、移动互联网时代到来，技术创新与市场的融合日益变得更加紧密，用户参与创新成为创新的重要形式。用户这一庞大而特殊的群体一旦加入创新队伍，其释放出来的能量，是无法想象的巨大。当今时代，很多企业倡导："仔细倾听客户的要求，然后开发出满足这些要求或者超出这些要求的产品。"将来这句话，可能会倒过来："我们听从用户的指示，他们让我们生产什么，我们就生产什么。"

　　我们面临着技术迭代加快、用户需求复杂多变的现状，如何迅速了解用户的需求信息，准确把握市场的发展趋势，成为企业创新的一大难题。有学者曾运用市场细分做过研究，结果表明在需求领域中，用户对于产品的需求存在巨大的差异。尽管用户对于定制产品的需求量在不断增加，但是企业认为放弃主流产品路线来满足用户的多种定制化需求，存在相当高的风险。因此，"以少量类型的产品来满足所有人"的市场战略，会迫使相当多的用户对市场失去信心。

近年来，用户的角色已然发生了重大改变，从单纯的被动购买者变成了共同生产者、产品设计者、价值创造者。用户创新成为颇为流行的创新方式之一，也是创新民主化的根本体现。现在通信技术的发展已经改变了人们交流、生活、工作和知识传播的方式，创新者不必在专业机构工作，大家都有机会接触到高质量的创新工具。用户参与创新已经日益凸显，他们会从自己的角度来提出需求，亲身体验往往早于设计师的预想，他们有强烈的寻求解决方案的意愿，期望能从自己提出的解决方案中获得体验价值和自我实现价值。

美国麻省理工学院教授希普尔（Hippel）教授在20世纪70年代首次提出"用户是创新者"的观点，他通过考察9个行业与实证分析将创新源分为用户创新、制造商创新与供应商创新；认为封闭式创新已无法满足顾客多样化、个性化需求，企业不得不向用户咨询真实需求以开发、完善创新方案，即用户参与式创新；并明确用户的参与作用体现在觉察某产品的新需求、给出建议性解决方案，并确定一种产品原型，对创新产品进行扩散。领先用户通常会开发他们自己需要的新产品和服务，从而成为用户中的创新者。当领先用户的需求成为主流时，由他们自己开发的产品往往成为重要的商业化产品的基础。

早在1986年，希普尔教授在其名著《创新民主化》一书中，将领先于市场潮流、创造的产品或服务有较强商业吸引力的用户从普通用户中区分出来，认为这部分领先用户期望从解决自己需求的方案中获得较高收益，因此，他们能为制造商提供有价值的新产品概念和原型设计等信息。他指出领先用户是用户创新的进一步发展，是包括公司和个体消费者的领先用户通过大众化创新工具与互联网沟通平台为他们自己进行的创新。

根据希普尔教授的统计，在262个手术设备中，用户参与的创新达22％；在197个极限运动装备中，用户参与的创新高达37.8％。领先用户的创意和创新成为公司研发新品时,想法和概念的丰富来源。有研究显示,将领先用户整合到创新项目中后,产品销量比传统方法高出8倍,而他们为此花费的研发费用却不见得增长。

让用户当威客参与创新,这种形态完全打破传统的知识壁垒与信息壁垒,同时促进技术进步与应用创新共同演进。

用户真的有这么伟大吗? 用户真的能起到这么大作用吗?

实践中我们不难发现,用户是最终产品的使用者,其使用的感受永远比产品研发和设计人员想象得好,来得更加实际,更加贴近使用的实际需要。用户没有那么伟大,而只是用户最知道自己的需要,最能感受到产品使用的方便与否。现实的体验远远超过美好的想象。难道你没有体验过,想象中的美好产品在现实使用中却令人大失所望吗?"让人尖叫"的产品,如雷军的红米手机,因为,小米公司让来自数百万消费者共同参与设计,超越了少数几个设计师的视野和想象,超过了单个人的创意和想象。因而,当单个消费者拿到产品时,发现其超越想象,从而发出尖叫"哇,有这么多功能啊""哇,这个产品这么好啊""这才是物超所值"。正是因为产品的实际价值超过了用户的期望价值,才会产生尖叫。

2009年,雷军二次创业成立小米,第一个产品是MIUI操作系统。如何不花钱拉到用户? 唯一的办法就是在论坛做口碑。黎万强带领团队泡论坛、灌水、发广告、寻找资深用户。黎万强从最初的1 000个人中选出100个作为超级用户,参与MIUI的设计、研发、反馈。这100人成为MIUI操作系统的"星星之火",也是最初的"米粉"。后来做手机,小米走的是同样的路子。在"零预算"的前提下,黎万强建立起小米手机的论坛,成为"米粉"的大本营。

目前小米论坛注册用户已经超过1 000万,日发帖量超过10万。在小米论坛上,"米粉"参与调研、产品开发、测试、传播、营销、公关等多个环节。"米粉"中重复购买2～4台手机的用户占42%。

不同社区渠道有明确的分工,如微博拉新、论坛沉淀、微信客服。微博的强传播性适合在大范围人群中做快速感染、传播,获取新的用户;论坛适合沉淀、持续维护式的内容运营,保持已有用户的活跃度;而微信则是一个超级客服平台。

小米新近进入了 QQ 空间,小米认证账号的粉丝数超过了 1 000 万,小米公司在 QQ 空间做活动时,很容易产生几万转发。

2014 年天猫"双 11"当天,5 万部小米盒子 13 钟内全部抢空,11 万部小米 3 手机 2 分钟内全部抢空,单店销售额 5.53 亿元,创造了"单店破亿速度第一、手机类单店销售额第一、手机品牌关注度第一"的成绩。

用户的参与感通过什么形式产生? 小米的方法通常是两种:话题和活动。

在小米论坛上,用户可以决定产品的创新方向或者功能的增减,下一周的周二,小米会根据用户对新功能的投票产生上周做得最好的项目,然后给员工颁发"爆米花奖"。众多"米粉"参与讨论产品功能,以在下一个版本中做改进。这种将员工奖惩直接与用户体验与反馈挂钩的完整体系,确保员工的所有驱动不是基于大项目组或者老板的个人爱好,而是用户的反馈。

这个活动已经持续了 3 年多。在整个产品开发过程中,无须小米主动引导,很多核心用户能够很清楚地知道手机的电话功能是哪位工程师做的,短信某个功能是谁做的,做得好的时候会说"牛",做得不好的时候就说"滚蛋"。

"并行模式、全产品周期参与"正是小米的秘诀:小米公司、米粉、小米供应商、小米电商(xiaomin.com)、小米售后全程参与"小米手机"的所有环节,各个环节的各个参与者高频度互动、高度参与。

用户是互联网思维的核心,所有的创新都必须建立在有效满足用户的需求之上。

用户参与创新不仅仅是提供一些创意,还希望自己动手去做,也就是

DIY。但是,如果自己动手,没有创新的工具是无能为力的,这就需要有创新工具箱。企业为用户提供创新工具箱是一个很不错的主意,这样用户就成为企业创新中的一员,企业也因此获得一个价值创造的新途径,甚至能够成为制造商创新的竞争优势。用户偏好是多种多样的,用户要定制化产品,完全依赖企业来创新是无法实现的,或者说是成本极高的。那么,企业让用户在开放的创新工具箱帮助下,自行设计出满足自己偏好的定制化产品,既提高了企业的创新效率,又能够满足个性化的消费者需要,还有用户愿意支付相当的额外费用购买自己设计的产品,以证明自己的创新价值所在,真是何乐而不为的多赢。

一些研究者发现,消费者愿意多支付一倍的费用购买自己设计的手表。越来越多的面临不同需求偏好的用户的制造商,会主动为用户提供创新工具箱。当然,不是所有的行业都可以开放创新工具箱,也不是所有的行业的创新都是那么简便容易,使得用户直接可以参与,用户参与创新是多层面的、多层次的,我们理解了用户参与创新的实质,就使用户在创新中的参与程度和可能性越来越大,用户不再是产品的被动接受者,而正在成为按照自己意愿和需求偏好来设计产品的创新者。

用户不甘于寂寞、被动、旁观、接受、扼杀自己的美好创意,于是参与创新的动机在持续涌动,参与创新的行为在呈几何级数增多,DIY成为实现自己理想的最好选择。

找威客时需要注意的事项

雇主要收到优秀的来稿,以下几点很重要[①]:

1.任务内容要单一

发布的需求要尽量单一,尽量简洁。一个需求一个任务,会员所做的工

---

① 素材由郑辉江提供。

作就不会烦琐,工作量不大,参与人数自然就会更多,交稿质量自然就会更好,任务自然也受威客朋友喜欢些。

2.关注稿件要及时

任务发布后,就有会员陆陆续续地交稿了。这个时候要抽出时间来多多关注交稿情况,当威客朋友知道雇主(任务发布者)在时时关注他们的劳动成果,对参与任务也就要更加积极。

请注意一细节,查看交稿时一定要登录查看,这样交稿的作品才会从未浏览状态显示为已浏览。

3.沟通交流要到位

好作品都是沟通出来的,当会员了解了详细情况后,当会员知道了雇主的想法后,所做出来的作品才能够更接近雇主的需求,自然就更能够满足雇主的要求,作品自然也会更让雇主喜欢。

4.邀请人才要耐心

发布任务后,可以到人才库里面去搜索一些与雇主任务相匹配的会员,因为他们的技能与雇主的任务类型相匹配,又是发布者去邀请,威客朋友就愿意接受。一个个地邀请更能够显示出诚意,比群发机械地邀请要强要好。

威客网站的在线交易服务模式

1.创意设计在线交易服务

一品威客网作为中小企业和创意人、设计师之间完成设计、创意产品和服务网络交易的平台,提供了精确的任务和威客匹配功能,帮助达成的交易内容包括:品牌设计、应用设计、软件开发、营销推广、建筑装修、文案写作、多媒体设计、照片处理、生活服务等。

雇主(个人或企业)发布需求任务,同时托管赏金,威客(平台注册会员)登录网站主动承接任务,按要求提交成果,雇主拿到作品满意后再付款。发布任务的可选类型包括:悬赏任务、招标任务、雇佣任务以及直接雇佣任务。雇主根据完成任务时间限制可选择置顶任务服务,提高曝光率和参与度。威客可根据偏好选择屏蔽搜索服务、隐藏投标服务等,提升原创度和保密性,威客创作的所有作品在版权卫士规范范围内可参与任务稿件的知识产权保护管理。因为网络交易存在虚拟性和不可避免的信任风险,为了保障双方交易进度和各自利益,公司成立专门的威客服务团队、雇主服务团队,为有需求的企业和个人提供一对一的供需咨询、促成最优化服务;另外成立了专门的企划部门帮助有需求的企业做营销推广及品牌建设,不仅推动企业发布的工作得到落实,也推动了中小型企业快速成长。

(1)全额悬赏任务易于操作和理解,但它的应用范围有一定的局限,比较适合简单任务,如:简单的在线工作、取名、撰写文章、图像设计、LOGO设计等。任务流程如下:

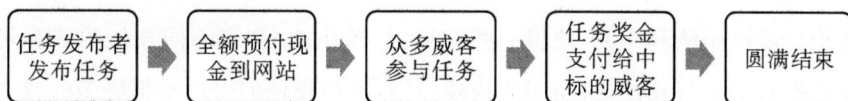

任务发布者发布任务 → 全额预付现金到网站 → 众多威客参与任务 → 任务奖金支付给中标的威客 → 圆满结束

(2)招标任务应用在科技领域,可以很好地帮助企业解决科技难题,与专家进行对接。招标任务流程如下:

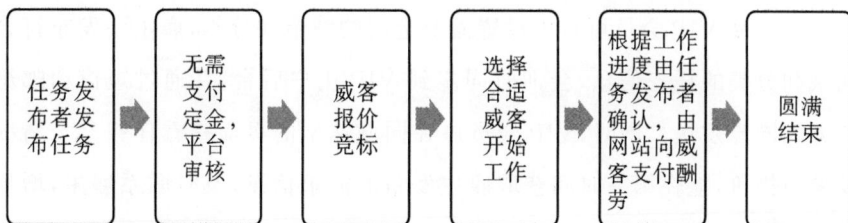

任务发布者发布任务 → 无需支付定金,平台审核 → 威客报价竞标 → 选择合适威客开始工作 → 根据工作进度由任务发布者确认,由网站向威客支付酬劳 → 圆满结束

(3)随着平台用户的积累,不断出现老用户,雇主和威客产生了第一笔交易后,互相建立了信任的关系。简化了"发布任务—投标—选标"等原有流程,衍生出新的任务模式:直接雇佣任务。通过人才商铺等途径,雇主直接雇佣威客开始任务,并且赏金100%归威客所有,真正让雇主和威客实现双赢。直接雇佣任务流程如下:

任务发布者发布任务	→	雇主威客双方确认	→	雇主托管赏金	→	威客开始工作	→	雇主可根据工作进度分期向威客支付酬劳	→	验收付款/支付尾款

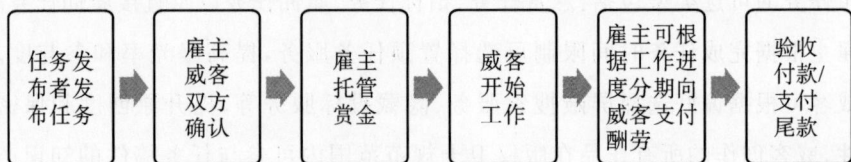

2.VIP 公司商铺模式服务

VIP 商铺是一品威客网的核心网络产品,为众多专业创意及服务类公司入驻威客平台首创了平台条件,新辟的"公司商铺",一方面提升了平台解决复杂任务能力,另一方面配合平台的资源,建立起集合网站建设、产品展示、企业推广、在线洽谈、身份认证、搜索引擎优化、承接订单等多种功能的网络商铺,使得 VIP 商铺会员企业不断积累起商铺的品牌知名度、信用等级,在相关产业链条中获得多重商机,相比个人威客大大增加了营收机会。

平台基于"社交—本地化—移动"(SOLOMO)的模式进行开发,方便威客构建虚拟团队和商铺,使得一些跨地区、跨组织、拥有不同技能的威客可以在平台上进行连接,组建团队构建商铺,从而使他们可以承担更多的威客任务。平台将大大增加威客之间的交互、信任和协作,从而增强威客的技能,使他们完成个体威客无法完成的复杂任务。

3.同城速配服务

即一品 VIP 会员可自由设置需要定制的城市和分类,雇主一发布符合同城和分类的任务信息,会即时同步到 VIP 用户后台,并通过短信和邮箱的方式同步发送。同时,VIP 会员可在同城速配的页面查看任务参与情况及参与报价,能在第一时间获取雇主发布的需求信息,及时联系雇主,增加获取订单的机会,有效提升资源配置效率。通过商铺的任务速配功能,让 VIP 用户和雇主一对一交流,谈妥后再正式进入交易,满意付款。付出即有所得。对于复杂创意任务,引导发布直接雇佣任务,平台提供撮合买家、卖家信息系统匹配服务,增加订单成交量。

4.中国原创威客品牌系列服务

为了培育和扶持更多的威客人才,提高其知名度,扩大影响力,让更多的人了解他们，一品威客网推出"中国原创威客品牌"系列，通过专题形式为能力等级高、交易收入排名前列和好评率高的威客提供包括威客优秀案例展示、威客新闻访谈、威客工作经验分享等服务，对威客品牌进行全方位的推荐宣传。目前已经推出 8 期，在威客品牌传播、树立典型方面取得良好效果。

5.小微企业创业孵化

一品威客网创意设计服务交易云端平台，是一品威客网专门为小微企业量身打造的。通过为小微企业提供办公场地，同时一品威客网也会组织相关创新创业技能培训，让小微企业培育自己的线上品牌，积累经验，实现财富增长和核心竞争力的增长，小微企业通过线上承接大额和复杂的创意、设计、开发任务，发展后可以成立实体公司，实现创业目标。

6.原创设计师数字版权经纪服务

公司与设计师共同拥有作品的知识产权，作品由公司进行市场运作，获取收益，最大限度地发掘设计师的价值。目前经一品威客网举办的两届表情大赛，大赛原创设计师成为一品威客网的签约设计师，作品进入公司原创设计师数字版权库，通过公司合作渠道进入市场售卖，获取收益。

一品威客综合网络平台将构建"原创作品库＋数字版权库＋教育素材库"三大资源库。数字版权经纪收益，开创威客行业全新的盈利渠道，通过买断或者代理设计师数字版权，向社交化媒体平台发行，获取收益分成。

◎ 第七章

创客的品牌经营

品牌的常规营销：微信、微博

创客要有营销意识,利用各种社交化媒体,如微博、微信等不断地扩大品牌的知名度,将社交网络营销战略和产品价值定位、品牌故事联系起来。社交网络正处于飞速发展演变的时期,一旦你自己开始使用,就会思考如何更巧妙地利用这个平台为自己服务。要仔细思考你的顾客是谁,通过移动营销策略,你还希望哪些人群能加入你的顾客圈中;用什么办法能吸引他们的注意力,提高他们的忠诚度,一定要着手尝试,去了解你的顾客们都喜欢什么。

现在已经进入移动互联网时代,越来越多的人开始用手机上网,手机用户已经成为最大的客户群体。正如马云所说:"未来最好的生意是流动的店铺,流动的老板,人就是门面,嘴就是营业窗口,缘分就是顾客,手机就是收银台,生意就在游山玩水间接洽,成交就在谈笑风生中雄起,你若有缘你就可以早点成为赢家!"可见,当你的产品出现在客户手机里,你就成功了一半。

近几年微博营销比较火,各大公司都开通了微博,政府官方也开通了微博,作为创客更应该开通自己的微博。

自从微信发展以来,对微博多少会有些影响。目前微信营销成为营销的主流趋势之一,在每天客户的咨询中就可以感受到微信的影响,微信已经成为各行各业的营销法宝,创客一定要及时建立自己的微信账号,让客户关注微信。当越来越多的客户关注你的微信,你有任何促销活动直接发条微信,就会产生流量,从而促成交易量。微商的影响力都可以感受到,借助好的营销工具,创客也会拥有更多的客户。

2012年12月11日,杜蕾斯微信推送了这样一条微信活动音讯:"杜杜现已在后台随机抽中了10位幸运儿,每人将获得新上市的魔法装一份。今晚10点之前,还会送出10份魔法装!如果你是杜杜的老兄弟,请回复'我要福利',杜杜将会持续选出十位幸运儿,敬请等待明日的中奖名单!悄然通知你一声,假设世界末日没有到来,在接近圣诞和新年的时分,还会有更多的礼物等你来拿哦。"①活动一出,短短两个小时,杜杜就收到几万条"我要福利",10盒套装换来几万粉丝,怎么算都划算。微信活动推广的魅力在杜蕾斯这里被演绎得酣畅淋漓,终究免费的福利谁都会不由得多看两眼。

现在像上面这样的微信信息已经是数不胜数,然而最先尝试、最先做的,一定是收益最大的。营销不是墨守成规,还需要不断创新,不断超越,出奇制胜。创新也是每个创客终生追求的目标。

不论创客选择何种营销,营销一定要跟进,要持续,要坚持,三天打鱼两天晒网,是难以看到期望的营销效果的。比如一个月发上10次信息,如3天更新一次,信息的质量要高,要吸引客户。在发信息的时候要注意不能总发一些关于自己的直白的宣传文案,那样时间久了,关注的人就会烦。发信息的时候要发80%对别人有用的,或是幽默的,在最后附上自己的微信账号,别人愿意看才会转发,从而起到好的营销效果。

海尔有一句话:"没有成功的企业,只有时代的企业。"同样,没有成功的品牌,只有时代的品牌,与时俱进,才能自信从容。时代在发展,营销工具也在不断创新,昨天是微博,今天是微信,明天将会是什么呢?不管怎样变化,只要有新的事物出现,就要积极地尝试,这样才能更好地开阔自己的眼界!

---

① 杜蕾斯官方微信。

从流量思维向用户思维转变—— 一品标局利用微信个人号提升业绩[①]

一品标局的知识产权业务,最适合做"微信营销"。这里面主要体现为:

1.商标注册和保护,对企业主重要;

2.需要专业技能和细心的跟踪服务;

3.客户终生价值巨大,重复购买多。

因此,一品标局利用现有业务和客源基础,做好细节和掌握新的有效打法,是提升业绩、克敌制胜的"秘密武器",而这些必须是建立在"正确的方法和工具",以及认真执行的基础之上。

过去,互联网时代赚钱模式,靠的是"流量思维":(1)暴利产品;(2)流量推广;(3)成交转化。简单说,就是"花钱买流量"。这些方式"立竿见影",可以快速赚到钱,但是用不了多久,就会越做越累。为什么呢?

原因有二:一是竞争对手的增加,二是流量成本的增加。最终这种做法就会沦为"替百度打工"。

现在只需要改变思路,就会随着时间的推移,推广成本越来越低,赚的钱越来越多。即由"流量思维"向"用户思维"转变:认认真真经营用户,和客户建立连接、信任和重复购买关系。

简单说,标局利用个人微信公众号进行营销,增加个人微信公众号的粉丝,有以下三大步骤:

一、增加粉丝

给自己设计一个带有"诱因关注"功能的微信二维码:

加我微信,立即赠送四大件;

[①] 作者:黄国华,分享于 2017 年 2 月 25 日。

24 小时商标注册免费查询；

商标保护与维权免费咨询；

《商标保护公益讲座系列视频》；

享受标局知识产权 VIP 级服务。

……

其他"诱因关注"，每位销售专员可自行设计，以上版本仅供参考。非实物产品、实物礼品和特别的服务，均可作为诱因。

二、扩散传播

1.请自己的老客户转发

图片文字，一并给有满意度和忠诚度的客户，客户只需要动动手转发到微信朋友圈就可以了。

例如：最近，我在一品标局成功注册了商标（配上自己商标的图片），一品标局知识产权专员小李服务挺专业，时效性快和性价比也高，价格只需 1 198 元。

图片：配上我们帮助他选择的商标，加上专员个人的微信二维码。

2.附加条件传播

有的老客户、新客户在接洽和成交过程中，都会索要优惠。要优惠可以，但必须把指定的文字信息和二维码转发到微信朋友圈，并同步到 QQ 空间。

文字设计如下（供参考）：今天在一品标局申请了企业的商标注册×件，感觉一品威客的知识产权服务团队很赞，给客户提供了专业、放心和性价比高的服务。下次要商标注册，还是会请他们帮忙。

图片：专员个人设计好的微信二维码。

3.夹杂在文章中传播

有的同事文笔好，可以把文章发表在 QQ 空间或个人微信公众号，在文章里面把自己的微信二维码发进去；自己不写的，有空可以编辑和转发你个人认为有价值的文章，发在个人微信公众号，再转发到个人朋友圈，形成转发和关注。

4.线下传播和名片派发

把自己的微信二维码印在个人名片的背后,出门遇到熟人、朋友就派发,邀请朋友关注你的微信二维码,也是一种很好的传播渠道。

5.在视频中置放传播。

比如:录制视频节目后,在视频前后或文字介绍中,可以把带有"诱惑关注"设计的二维码植入进去。

三、终身价值挖掘

所谓客户终身价值,就是指客户在接受企业产品或服务,并基于信任重复购买,在未来持续为企业带来的收益总和。

有的销售专员成单太急。今天找到或分到一个客户信息,就巴不得马上成交10单、8单。其实,任何买卖建立的前提是"信任",缺乏信任,靠生拉硬扯,效果不会好。

而最好的生意模式,是"引进和成交新客户,留住老客户,让老客户介绍新客户",这一切都源于"信任"。

基于以上目标,需要对客户进行的"终身价值挖掘"。

基于信托的交易过程:认识—熟悉—信任—成交—信任—重复消费……

因此,与其急切地让客户"买单""成交",还不如先设身处地考虑,如何获取客户"信任",让对方觉得我这个人"专业""靠谱""可信赖"。这些基础有了,成交和建立合作是迟早的事情。

我们以一个客户一年成交5单商标注册业务为例(1 998元/单),一个客户6 000元,如果你同时和500个客户建立了彻底的"信任"关系,你一年的业绩就是300万,按照毛利率50%计算,就是毛利润150万。

如果这500个客户持续3年跟你合作,你靠"吃这个老本",累计有450万毛利润。这里面还不包括客户中间延伸出来的各种其他知识产权增值服务项目。可见,花时间、精力认真经营微信个人号,与客户建立"信任连接"是多么重要。

如何利用微信朋友圈与客户建立信任,给大家5点建议:

1.要有干净的头像

采用真实的头像,有助于给客户留下真实印象和建立信任感。可请专业摄影师拍摄。

2.用户名采用真实姓名或昵称

但请不要在用户名上加电话号码或奇奇怪怪的符号。比如:在用户名加一个A或者几个A,这种没有意义;用户名带手机号码,给朋友圈的人感觉你就是一个营销号,做广告的,只会减分不会加分;奇奇怪怪的符号加在用户名中,只会给建立信任增加障碍。

3.传递正能量的信息

要把公司正能量的东西发布到朋友圈,也把自己正能量的东西分享到朋友圈。比如:公司年会正能量的信息很多,有的伙伴分享了许多精彩照片、公司愿景等正能量的图文、视频信息,起到很好的传播效果,个人也引以为豪;但公司个别员工啥都不传播,就在朋友圈发一条抱怨的话,抱怨自己啥奖都没捞到,大奖都被其他同事拿走了,再配上年会的几张稀稀拉拉的图片,这就属于负能量。这种细节貌似寻常,但在朋友圈里发布,给朋友或用户的感觉就是一个自私、狭隘、没有集体荣誉感和不靠谱的人,肯定减分,更不可能促进客户成交和建立信任。

4.多做少说

不管是国王还是乞丐,都需要聆听者。把用户加到自己的微信朋友圈,要用心去聆听,隔三岔五地去点评和评论用户的图片和微信,久而久之,用户就会对你产生好奇,关注你微信号上发布的东西,建立信任,就可能采购你的服务和产品。

5.服务过程案例展现

最近几天,有许多客户来我们公司参观、考察、签单,成交;有的客户购买了我们有其屋的大单产品;北京客户更是一次性签单99 980元……诸如此类故事,都是最好的素材,要学会拍下几张图片,配上三言两语,加上点评,发布到朋友圈,对目标客户形成正面引导,好的可以部门、公司大家一起转发,提升和扩大影响力。

新媒体运营三要素[①]

随着微信的普及,公众号也越来越多,相信我们的手机都关注着许多微信公众号。作为一个新媒体运营编辑,我向大家分享一下关于新媒体运营的一些心得体会,主要分为三个部分。

1.公众号的定位

在要开始运营一个公众号的初期,定位十分重要。那么做好定位要思考哪些问题呢?

内容的选取。公众号定位决定了我们的内容取向和整体风格。你的目标用户是什么人,你就要思考这部分的用户想看什么样的内容,只有对用户有价值,满足用户的某种需求或者触动用户痛点,才能吸引用户关注。

文章排版。公众号的排版十分重要,美观整洁的排版,能提升用户体验,另外好的排版也是一种视觉强化,如公众号文案策划(epwach)经常发布一些文案广告相关的创意分享和解析。所以文案策划的排版风格从图文的编排和字体都比较简洁统一,并且一旦确定一种风格就会长期保持,强化用户的印象。

还有脑子炸鸡这个公众号,它是一个分享创意类趣味事的公众号,风格有点无厘头,所以他从头像到排版风格配色都明亮,给人积极向上的感觉,还透露出一股二次元气息。

好的配色是排版的关键。一篇文章的配色最好不超过三个,简洁才是王道。另外根据公众号的风格在颜色的选择上也会有所侧重,暖色调有活泼之感,深色系就比较沉静,颜色的搭配就可以看出小编的用心程度了。

---

① 作者:杨惠琴,从事编辑工作4年,一品威客新媒体运营主管,公众号文案策划运营者。

人格化的运营。人格化运营让这个公众号活起来,粉丝感觉这个号是有生命的,仿佛和粉丝对话一样,让用户更有亲切感,运营者可以给自己取一个笔名,而不以小编自称,长期互动,可以提升公众号的活跃度。

2.提升文章的阅读量

文章的阅读量和转发量是新媒体运营的一个重要指标。要提升文章的阅读量和转发量,好内容很重要,一个好标题更是关键。

取一个好标题。好的标题能提升用户的点击率,那么好的标题应该怎么取呢?

数字法。人的本性是逐利的,数据能给人基本的预期,很多装修类的号在取标题的时候都会在标题中体现数字,用户可以第一眼对应到自己的需求,做出选择。

反问法。用反问法取标题,能引导用户对应到自身去思考,引发用户的好奇心,想去点击。

把用户最关心的结果浓缩在标题上。用户看你的文章,是因为你的文章有价值,你把最精华的内容或者读这篇文章的好处是什么在标题中说清楚了,用户就可以很容易判断对自己是否有用,要不要点进去。

取一个好标题需要你有很好的洞察力,好文案都需要更多地去思考用户的心理。正如热门网综"奇葩大会"里面的一集,蜜芽的 CEO 在讲述她在联系投资人徐小平的时候,为了引起他的关注,开启这样一段谈话:"我是一个北大的毕业生,但是我现在在开淘宝店,我的销售额已经有三千万了,但我非常不快乐。"

好文案要能激发用户的好奇心,有冲突感的标题要能吸引人的注意。

3.对热点敏感,多总结多分析,心态平和地面对各种问题

热点是提升文章阅读量的加速剂,蹭得好能大幅度提升文章的曝光度。热点来得快去得快,新媒体运营要保持对热点的敏感度,除了一些节点的提前准备,对于突如其来的热点,就要速度去跟进,时间晚了就等于炒冷饭,没有效果了。

当然借势也有方法,有些热点蹭了反而掉粉。比如一些三观不正或者

政治敏感的话题。另外蹭热点也要考虑到和你所运营的公众号是否符合，如果蹭得不好，触犯了粉丝的情绪，掉粉也是分分钟的事情。

做新媒体运营工作，需要多分析多总结，从数据中了解用户的喜好、传播的规律。运营微信的规则一直在不断地更新，也许今天的好方法一段时间之后就没有效果了，所有需要我们去不断地学习。

除此之外，好的心态也是新媒体运营所需要的。公众号运营要有自己的风格属性，就如你的个人风格塑造，你不可能讨好所有人，偶尔又一两个黑粉也不算什么，网络偶有暴力，认真地运营，你的忠实粉丝会看到你的努力。

自媒体时代——真诚就是最大的套路[①]

销售的第一步是销售自己，你要让自己真实有吸引力地展现在客户面前，客户才会相信你的产品。

自媒体就是个人展现在客户面前，所以自媒体一定需要几个方面：

1.生活

2.工作

3.效益

首先是生活方面。因为我们面对的都是企业客户，都是老总或者部门主要决策人，所以要发一些很真实的生活记录，同时也能展现我们的生活品质，例如周末跟朋友小聚、吃饭喝茶，或者是出去踏青、运动，营造出生活中积极乐观、热爱生活的一面。

工作上面分几点体现：(1)一定要体现公司的实力，如公司的融资、领导的参观，或者偶尔的公司视频，证明我们公司环境还是很好的。(2)展现我们对工作的态度，我们如何服务我们客户的，面对工作，我们所展现的依然

---

① 作者：李晓丹，一品威客旗下有其屋装修事业部商务总监助理兼培训部主管，做过销售、客服和培训等工作。

是把工作当作一份事业的状态。

效益则是让客户预期跟我们合作能得到什么，这时候成功故事是最好的自媒体。例如，我们对已合作客户的服务体现截图，客户对我们服务的夸赞，客户在我们这边得到的最实际的利益体现，也就是盈利了，这些是最能打动客户的。

总结起来，就是我们所要展示的不是一个纯工作的机器人，我们是一个有血有肉的真实的人，用我们积极乐观的能量感染引导客户，让客户觉得跟我们合作很有信心，跟你这个人合作很开心。

自媒体运营，提升客户认可度最好的方式①

大家如有加我微信，都知道小青我很喜欢刷微信朋友圈。其实我会做自媒体是入职公司之后的事。因为我有加黄总（一品威客网创始人、CEO黄国华）的 QQ，经常看他发的一些信息。看了后，我觉得挺好玩的，然后就慢慢去开始接触自媒体运营。

想想看，我们中国人数量很多，也有一些共同点。比如喜欢八卦，喜欢接触新鲜的事物，人都是有好奇心的。所以说，我觉得利用微信朋友圈来进行分享，可以发挥作用，吸引客户。这样的话，也是一种价值的提升。所以我从 2015 年开始，坚持做自己的自媒体的运营，并获得了不错的效果，自己有收获，也为公司创造了价值。

接下来，我会和大家分享平时在朋友圈都会发哪些内容，来引发客户、朋友以及公司同事对我的关注，从而提升客户对我们的认可度。

---

① 作者:林燕青，一品威客网金牌售后。曾从事三年的幼教工作，有亲和力，沟通能力比较强，有责任心，对人真诚，对工作认真负责。加入一品威客网两年多时间，不断学习与成长，与客户真诚交流沟通，成功打动优质服务商与雇主，拿下两次售后突破奖，多次收到客户的奖杯、锦旗，获得公司的"优秀员工"称号。"踏实做事，诚实做人"是她为人处世的原则。

现在有很多客户加入一品威客网,但他们对我们的品牌认可度其实还没有很高,都是抱着一种试试看的态度。有时候,大家难免会有一些情绪,作为售后秘书在和他们交流的时候,他们也还不是很信任我们。所以,有时候我会利用朋友圈来发一些对话,以此来证明我们的服务,证明我们确实有在帮助他们,帮他们找项目,因为每个项目谈下来是有周期的。雇主引进来后,和威客之间是一个陌生的状态,任务秘书的服务过程是怎样的,通过截图进行了很好地展示,从而让客户信任我们。

客户知道我们有一直在帮助他们做事情,他们就会觉得放心多了,也更愿意打开心扉,和售后秘书进行交流。通过展示的服务案例、服务过程,这样可以拉近客户和我们之前的距离,提升客户和我们之间的感知度。

比如我在 2015 年 11 月发的一条微信朋友圈内容,目的是激励某个客户。该客户刚加入一品威客网,是新分到我这里的一个威客。展示的是这个威客从零到有,对一品威客网认可度变得非常高。通过客户的展示案例,从而影响更多客户,创造更多的价值。通过我们的朋友圈,把信息传递给更多的客户,进行潜移默化的影响。

还有一个兰州客户,该客户刚加入一品威客网的时候是来投诉的,当时闹得也很严重。我很冷静地和他沟通,我说:作为一个平台,不管你自己投资哪个产业,或者取买股票,或者晚上买一注彩票,你是不是要先投资。比如买彩票,你要先选好号码,然后投钱去买,而且还不一定中奖。不管做任何事情,都要有一个过程。我跟这个兰州客户慢慢地沟通交流,结合了平时的一些真实情况。这个兰州客户也慢慢意识到,服务雇主承接订单,不是马上一个电话就可以谈成的,这里面需要一个过程。所以我把这个信息发到朋友圈,就是想告诉更多客户,可能我说十遍百遍客户都不相信,但是通过真实客户案例来说话,那可信度就更高。

现在,有很多客户加入一品威客网平台是抱着这样的心态:购买了 VIP 商铺,投资在你们平台,你们理所当然要帮谈单拿下项目。我心里想,我自己买一个面膜,也希望有功效,没有的话肯定会有情绪,可能以后就不会再使用这个牌子的面膜。如果我的朋友告诉我,这个面膜要怎么样的使用过程才能达到怎么样的功效,可能我的心态就会不一样了。还有我平时也会发一些产品培训等内容在朋友圈,就是想让不同层级或者暂时有情绪的客户看到:我们更高版本的产品,服务是不一样的,功能也是不一样的,不同的版本会有区别。

朋友圈内容什么时间发会更好呢?我发朋友圈的时间大概都是在晚上或者一大早上班前。为什么我会选择这两个时间段发朋友圈?因为如果我上班的时间去发朋友圈,那客户可能会认为:小青,你有时间发朋友圈玩手机,没有时间搭理我。这样的话,我们可能会造成一部分投诉,或者说是给客户的感知度不好。

在早上或者晚上发朋友圈,因为我们都有一个惯性在里面。早上睡醒的时候,很想去打开朋友圈,看别人有没有发一些新鲜的东西,因为就像之前说的,我们都有好奇心。此外,很多人都是晚上才有时间,在休息前的时候也会刷刷朋友圈。晚上你发布内容出来,那就有可能让更多的人看到。如果你在任何时间都发朋友圈内容,可能就会没人关注到,那你发布的内容就没有意义,也就没有什么价值。所以说,大家做自媒体运营,发微信朋友圈的时候,时间点要把握好,这样才会有更好的效果。

最后,我将社会化媒体提升创客品牌的一些有效招数做了一些汇总[①]:

策略 1:持续聆听,获"赞"关键

在社会化媒体中,聆听是最重要的技巧。

实战招式:

1.写下五句人们会使用的句子,让你能辨认他们是否可能成为你的潜在客户。

2.使用微博、人人、优酷等这类网站去搜寻你的品牌、竞争对手、产品和服务。

---

① [美]戴夫·柯本.超赞营销:社会化媒体擦亮品牌[M].中国人民大学出版社,2012 年。

策略 2：清晰设定目标客户

实战招式：

1.写下一段理想目标客户的描述。尝试非常精准地定义你的顾客或潜在客户。尽量详细地描述顾客的外貌，还有你希望他们的样子。

2.一旦定义了你的客户，开始在社交网络上找他们。看看有多少人符合你写下的条件。如果你是在 B2B 的平台里，用 LinkedIn 的职位名称或行业寻找，利用其他的平台去寻找你认为顾客会谈论的事。

策略 3：想客所想，将心比心

你可以制造一些人们确实想收到的信息，而不是制造困扰。发出每个信息前再问自己：

接受信息者是否觉得这些真的有价值，还是会觉得不耐烦和困扰？

如果我是消费者，希望接收到这些信息吗？

实战招式：

1.写下典型客户所喜欢的事情。关注他们喜欢你或业务的理由，焦点要放在他们的兴趣上。如果你是消费者，看到什么内容你会去点"赞"？写下十个让人喜爱的理由。

2.从你以往的成功营销数据中提取灵感，重新编排，让它更适用于社交网络，使数据变得更有价值、更吸引客户。信息要简短、清晰，而且是你作为雇主时所想收到的，而不是以营销者角度发出的数据。

3.开展创造有价值内容的计划。这些内容不仅适用于社交网络，更适用于所有营销企划和沟通。试着从雇主而不是营销者的立场去思考，你会在邮件推广、直销邮件、网站内容和广告上作出什么改变？所有的沟通中，你能否创造出更佳的内容？

策略 4：寻找头号粉丝

这个标题的潜台词其实更加关键——不要只让顾客去赞你，让他们分享为什么要赞你，记住：一切以他们为主，而不是以你为主。

实战招式：

1.与你的团队一同创造你的价值主张，而不是为了销售业绩，不是为了一个"赞"。雇主为什么要赞你？你能给他们带来什么？你如何把这价值诉求提炼成一句简单易记的行动口号？你能提供给对方什么价值主张？

2.构思一个 15 秒的视频演讲，告诉你的顾客或任何遇到的人，为什么他们要在微博、微信朋友圈里赞你。要确定，在你作为雇主时，这个理由能让你产生共鸣。

策略 5：真诚对话，赢取人心

与粉丝在没有营销产品的环境下对话，将决定你的社交网络的辐射范围有多大。简单来说，就是通过社交网站去建立一段长久的关系。

策略 6：回应劣评，将危化机

正视负面评论，快速反应，永不删除社交网络上的评论，绝对不能置之不理。

应对的方法就是公开回应，私下再跟进。"致歉"不代表承认过错，摸清顾客的网络影响力，将敌人变成粉丝，并且"以惊喜作为补偿"。

策略 7：分享顾客的满意经验

你应该拥抱最快乐的顾客。因为他们提醒你做得好的地方，这就是企业的取胜之道。说"谢谢你"也可以说得很不一样——要用顾客的语言对话。

实战招式：

1.编写一本专门为回应顾客的社交品牌"圣经"，并选择适合企业的品牌个性回应顾客。有趣？严肃？个人化？专业？根据品牌个性，写下几种你对一个快乐顾客说"谢谢"的不同方式。

2.根据你对现有顾客、粉丝、企业追随者人数的了解，安排你所需要的资源，回应每位在社交网络上发问或者发表意见的顾客。你的员工会怎么做？你会请企业内部处理，还是雇佣外面的厂商？晚上及周末应该如何解决？

3.制订一套正式或非正式的奖励计划,去回馈你最忠心和最具影响力的顾客,加强其正面的口碑推荐。你可以提供什么资产？你又有什么期望？你如何能够保证,他们会去让朋友知道,你们的交换条件是什么？

尊重＋惊喜,赢得粉丝心。

策略8:以真诚感动客户

其实这里说的真诚,就是不要用冷冰冰机器一样的语言和人对话,秀出同理心。

策略9:增加透明度,带来信任

不要假扮顾客,只要增加一点点透明度,就可以让潜在客户对你产生信任,并得到客户的长期承诺。可以让企业总裁成为品牌透明度的最佳代表。

策略10:搜集顾客意见

问题更容易引人回应——你随时可以问社群的五大问题:

你想在这里看到什么？

谁对你的启发最大？

你认为我们产品最有趣的地方在哪里？

你何时第一次使用我们的服务？

为什么你喜欢这个网页？

而从问题中创造的营销价值:

——帮助你引导社会化媒体中的对话;

——证明你重视公开、诚实和反馈;

——表明你在乎客户的意见。

实战招式:

1.写下一个顾客经常讨论的主题列表。尝试写出与你的品牌或企业有关的话题。你的雇主喜欢谈论什么？什么可以让他们产生热烈的讨论呢？

2.你会向粉丝提出什么问题来洞察他们的需要？你又可以怎样更好地服务你的顾客？如果你的组织在过去曾做过市场调查、考察或焦点小组测试，你可以考虑如何把这些结果汇总成一幅社会化媒体的路线图。

策略11：免费发放有用的信息

分享你的专业知识，不带任何宣传的味道，可以为自己创造更好的名声。这里有两个关键词，"免费"和"有用"。

5%的折扣是侮辱，而可以发什么有用的信息呢？其实很多的品牌微博和微信都在做的。比如连锁餐厅，分享味道好的餐厅食谱。

地产商，分享房地产信息，从房地产最新文章到法律修改都有。

搅拌机公司，自制搞笑短片。

实战招式：

1.通过头脑风暴，写下所有你认为可以为目标受众提供的有用的内容和方法：什么最能帮到你的顾客？是信息、娱乐、功能还是以上都有可能？

2.写下你的企业最能胜任的计划，从而为你的受众在社交网络上提供有用的内容。这些内容是通过你写的博客文章、视频、游戏或应用程序发布，还是基于一个你特别设置的主题？通过在网上寻找有趣和用的内容来分享。

3.发布几则你认为顾客会觉得有用的内容。可以找一两个朋友来测试一下。

策略12：有趣的故事是社交的本钱

讲述你创业起落的传奇故事，甚至拍摄成微电影。

策略13：鼓励粉丝分享故事

让他们分享自己的故事，奖励表扬。

实战招式：

1.定义你的 WOW 因素,你的产品或服务在哪些方面有真正的讨论价值？如果没有一个 WOW 因素,你将采取什么措施来为你的产品、服务或流程开始构建 WOW 因素？

2.定义你最热情的一个客户小组。他们是谁？他们玩什么社交媒体？你如何能够接触他们？你能够提供什么工具和机会给他们,从而鼓励他们分享自己的故事？

3.决定有没有奖励,如果有的话,可能会带来更多的启发和口碑。是否以表扬和奖励的方式来鼓励顾客分享？竞赛、促销或赠品是否有助于推动人们分享？偶尔个人的、直接的线下互动又如何？

策略14：社交媒体,结合顾客体验

确保你的顾客体验是可以获赞的。比如美国有一家诊所,主打"不用等的体验",鼓励患者们通过 Facebook 或手机程序预约时间,然后点赞并分享给朋友。顾客会因为分享而获得额外的折扣福利。

策略15：善用社交媒体做广告,效果惊人

简单来说,就是精准定位后做广告。如星巴克广告推动销售,把粉丝引至星巴克的实体店铺中。活动日则有免费糕点日、星冰乐欢乐时光、新 VIA 样品等活动。

策略16：惊喜不断,粉丝誓死追随

为你的雇主和潜在雇主带来价值和喜悦,在他们有所需要时会记起你。当别人有所需要时,他们也会推荐你。

实战招式：

制定策略,如何在社交媒体上超越顾客的期望,给他们惊喜？首先,从消费者角度写下五个能令他们感到惊讶的行动。

要让你的创意具有黏性

我们要以提升黏性为目标,创造出特定的创意。《让创意更有黏性》一书的作者希思兄弟研究了数百条具有黏性的创意,发现有六项原则在发挥作用[①]。

原则一:简单(simplicity)

如何才能找到观念的根本核心? 一名成功的辩护律师指出:"如果你从10个角度去辩护,即使每条论点都有理有据,但陪审团进了休息室后,一条也记不住。"要让它剥去层层外壳,直至核心议题,我们必须精通舍弃之道,必须毫不留情地区分主次。简单,并不是一味追求至简,甚至断章取义,而是努力提炼精要箴言。我们必须让表达既简短又深刻。例如孔子的"己所不欲,勿施于人"这句话,可谓简单的最佳范本,简短八个字,深刻到值得让人用一生的时间去体会怎样力行。

原则二:意外(unexpectedness)

如何才能吸引听众注意到我们的想法? 如何在叙述过程中维持对方的兴趣? 我们必须打破人们的期待,违反直觉。比如:一袋爆米花对身体的危害程度相当于摄入一整天的油腻食物量! 我们可以出奇制胜,利用对方的惊讶来提升警觉性和关注度。不过,单靠惊讶并不能持久,要让想法延续下去,我们必须激发他人的兴趣和好奇心。如果让你来教本学年的第48堂历史课,你要怎样才能吸引学生的注意力呢? 要长时间保持听众的好奇心,我们可以先系统地给学生挖下一系列知识的"缺口",然后再逐一填满。

原则三:具体(concreteness)

如何才能把自己的观点表达清楚?

---

① ［美］奇普·希思,丹·希思.让创意更有黏性:创意直抵人心的六条途径［M］.北京:中信出版社,2014.

我们必须借用身体行为和感官信息来加以阐释。很多商业领域的沟通正是在这一步上出了差错：宗旨声明、协同作用、战略方针和未来愿景……诸如此类的描述总是模糊到毫无意义的地步。天生具有黏性的观点都不乏具体形象，像是装满冰块的浴缸和藏了刀片的苹果，因为我们的大脑总是乐于记住具体的事物。以谚语为例，抽象的真理每每会编为具体的词句，比如"双鸟在林不如一鸟在手"。将所传达的信息具体化，是确保每一位对象都能真正接收到同样观点的唯一办法。

原则四：可信（credibility）

如何才能让别人相信我们的创意？

美国前公共卫生部长埃弗里特·库普（C. Everett Koop）谈到某项公共卫生议题时，人们多半会毫不犹豫地接纳其说法。但在日常生活中，我们很难享有这等权威。创意要有黏性，必须具备相应的信用背景。我们必须设法帮助他人亲自证实这些构想，也就是观念世界中"先试再买"的行事哲学。我们每次想要论证某个说法时，总会本能地去寻求冷冰冰的数据支持，但这种做法往往并不明智。1980 年，罗纳德·里根（Ronald Reagan）与吉米·卡特（Jimmy Carter）在美国总统大选辩论会上狭路相逢，里根本来可以尽情举出一堆统计数据来证明当时经济不景气，但他没有那么做。里根只问了选民一个可供亲身体验的简单问题："各位投票前请先问问自己，你目前的经济状况有没有比四年前更好？"

原则五：情感（emotions）

如何才能让别人关注我们的创意？

必须得让他人有所感觉。在电影院爆米花中，我们让观众对危害健康一事感觉到厌恶，而"37 克"之类的统计数字并不能激起任何情绪。研究表明，人们总是更愿意捐助一个一贫如洗的人，而不是整片的穷乡僻壤；人们更可能产生感觉的对象往往是人，而不是抽象的事物。有时候，困难之处在于引发哪种情绪最有效。举例来说，想劝青少年戒烟，仅用给他们灌输吸烟导致的可怕后果来威慑恐吓，大概很难奏效；但如果激起年轻人对大烟草公司欺诈行径的憎恨之情，就比较容易达成戒烟的目的。

原则六：故事（stories）

如何才能让别人依照我们的创意行动？

我们可以讲故事。消防队员会在每场火灾后交换彼此的故事，因而才积累了救灾经验。长此以往，他们便在脑中建立了更丰富、更完整的危机应急百科大全，以便根据不同情境找到恰当的应对措施。研究显示，在脑中预演某一场景有助于我们在现实环境中表现更佳。同理，听故事也类似于一种心理上的飞行模拟器，让我们在回应时更快速也更有效。

这便是创意得以成功的六项原则。归纳起来，就是我们用于打造成功观点的六项检查表：简、奇、具、信、情、事，亦即简单、意外、具体、可信以及带情感的故事。眼尖的读者或许已经发现，黏性创意六大原则的英文单词首字母可以缩写为 SUCCESS（成功）。好吧，这等巧合当然纯属"无心插柳"。老实讲，第一项原则起初命名为"核心"（Core），但首字母缩写显然不及现在这样好记。

运用这些原则并不需要特殊技能，世上可没有"黏性学家"这种职业执照。再者，好多原则听起来根本就是常识：我们不是单凭直觉就知道应该"简单"，应该多讲"故事"吗？冗长无趣的议论文，读者想必也多不到哪里去。

◎ 第八章

创客的未来——进入创客空间 2.0

在本书的结尾,我们可以对创客和创客空间的未来趋势做一个预测展望。

本书所探讨的创客空间,可以说还是处于 1.0 版阶段——在众创空间 1.0 时代,空间运营者以招募新创孵化项目及复制孵化项目为主。但是,这种模式下,初创或是小微企业生存的概率较低,是无法为众创空间运营者带来大规模的效益。因为众创空间 1.0 的获利模式主要来自短期的服务流程收费及物业空间收费,长期来自资本中介获益(项目获得融资的退佣或是持股的变现)。

为解决经营众创空间运营者未来发展问题,众创空间 2.0 经营模式已经开始酝酿形成。

在 1.0 时代能够做出口碑跟品牌的运营者,看准市场需求,与大型企业的市场发展相结合,形成所谓的订制型孵化模式,也即因为品牌的提升获得规模企业的信任及青睐,把企业业务发展委托给众创空间,协助管理特定下包供应厂商或是把公司未来创新产品的规划交由众创空间经营者有系统地招募项目进行培育。

在此模式下,来自大型企业的资源与资金满足创业项目的初期发展需求(及订单),也有一定的分成或是委托经费提供给空间运营者使用。再进一步的话,经营者如能有效进行资源整合,更能形成所谓的产业群孵化模式。

在各地政府的传统产业升级或是新产业发展政策与经济提升的推动下,主题式的产业园与众创空间管理能力相结合,成长型产业的相关企业同时被吸引入驻,基于供应链的整合,彼此提供了经营所需的资源及资金,也给众创空间经营者提供一定获利来源,这种资源整合的运营模式就是众创空间 2.0 的核心能力。

在此基础上,一品威客旗下的一品创客也从 1.0 的发展模式向 2.0 模式进行升级。

一品创客 2.0 发展模式具有四大特色:1＋N 模式孵化器集群进驻、轻资产运营品牌输出模式、加速器企业集体入驻孵化、与政府联手培育优势产业。

具体来说:着力于引进台湾优质孵化器,批量导入台湾成长型团队和技术,通过孵化基地为台湾青年和台湾科技、现代服务业在大陆的创新创业提供新载体,形成"1＋N"(1 个总体孵化基地＋N 家二级台湾特色孵化器)运营格局,打造全国对台特色创新创业高地。

一品创客已获得国家级众创空间、国家级"海峡两岸青年创业基地"称号,在众创空间行业形成了良好的口碑,培育了众多优秀的科技企业,打造了创新创业品牌。一品创客将通过轻资产的运营模式,进行品牌输出,服务更多的城市创业者。

一品创客打造创业加速器,通过入驻企业筛选,吸引那些年营收超 500 万元、符合加速器定位的处于成长期的科技企业,进行集体孵化。主要为两岸文创产业、现代服务业、TMT、电子商务、物联网、大健康、大教育等优势企业,形成产业集聚。

依据城市产业优势和发展规划,一品创客可以与各地政府进行合作,有计划地导入优秀成长型企业到当地做产业聚落,有效引进各方资本与产品及市场对接。同时,导入双创公共服务平台,共同打造支持创新创业的全新平台和载体,促进优势产业发展。

为此,一品创客在发展中,主要有三大转变。一是由众创空间 1.0 版本(以初创孵化为主)向众创空间 2.0 版本(加速期项目批量导入和聚集,孵化与招商并举)跨越;二是由孵化器单品牌孤军运营向多品牌抱团捆绑发展;三是由单一孵化服务向一条龙、一站式服务"双创"(创新创业)的生态型平台发展。

未来,随着分享经济的发展,很可能还会出现云孵化平台。

云孵化可以突破物理空间的限制,因为云孵化平台是一个综合的网络平台,不需要占用太多的物理空间。

传统的创客空间会受到时间的限制——非工作时间和节假日期间创客能够享受到的各类服务会受到限制。云孵化服务平台则摆脱了传统创客空间的时间束缚。因为移动互联时代下的云孵化平台,其所提供的服务不会受到时间的制约,创客可以全天候、在动态中得到所需要的服务。

云孵化创客空间的管理团队可以来自更多的行业,有着更大的跨界优势,在资本运作方面可以更加灵活高效,它比传统的创客空间的服务水准、专业技能、人力资本方面会更具有优势。

致　谢

感谢碧瑞开软件厦门有限公司的副总经理吴珊林、御天陈艺术顾问有限公司项目经理吕振昆，厦门文江工艺品公司丁文江先生，以及天凡、lxk、红树林、萧冷、Ryan、彪记靓汤－OD&TD、Hayley、春天、张映春、为什么、吴湘娟、一脉香主、林再添、熊卫霞、小乔、枫、行云流水、淡定从容等微信网友对本书众包写作的支持！

一品威客公司内部的很多员工也积极参与了本书的众创，从一品创客空间的很多位创客那里搜集到了不少创业故事，在此表示感谢！

参考文献

1.[美]克里斯·安德森.创客:新工业革命[M].北京:中信出版社,2015.

2.[美]菲尔·麦肯尼.创客学[M].广州:世界图书出版广东有限公司,2013.

3.[美]埃里克·莱斯.精益创业——新创企业的成长思维[M].北京:中信出版社,2012.

4.[美]Ash Maurya.精益创业实战[M].北京:人民邮电出版社,2013.

5.[美]陈一佳.创客法则——顶级创业公司的创新密码[M].北京:中信出版社,2015.

6.[丹]米克尔·斯瓦内、[美]卡莉·阿德勒.创业,从一个小目标开始[M].北京:中信出版社,2016.

7.[美]斯蒂芬·奇.创业,从一个简单的创意开始[M].北京:中信出版社,2016.

8.[美]奇普·希思、丹·希思.让创意更有黏性:创意直抵人心的六条途径[M].北京:中信出版社,2014.

9.[英]肯·罗宾逊.让思维自由:用创造力应对不确定的未来[M].杭州:浙江人民出版社,2015.

10.[日]田中浩也.FabLife迎接创客新时代[M].北京:电子工业出版社,2015.

11.[美]约翰·马林斯.零成本创业——大众创业时代如何向客户融资[M].北京:电子工业出版社,2015.

12.刘志迎、徐毅、洪进.众创空间——从"奇思妙想"到"极致产品"[M].

北京:机械工业出版社.

13.陈严寒.疯狂创客[M].北京:中国财富出版社,2015.

14.李琦晨.互联网之王:孙正义传[M].北京:石油工业出版社,2015.

15.李志刚.九败一胜:美团创始人王兴创业十年[M].北京:北京联合出版公司,2014.

16.苗绿、王辉耀.世界这么大,我们创业吧[M].中央编译出版社,2016.

17.钱颖一.大学的改革(第一卷——学校篇)[M].北京:中信出版社,2016.

18.石毓智.为什么中国出不了大师.[M].北京:科学出版社,2012.

19.《经理人》杂志.互联网+创业[M].北京:红旗出版社,2016.

20.赵中建、卓泽林.创新创业,美国高校这么做.中国教育报,2015-7-8.

21.商业人物.抄袭不了也抄不对,中国压根没弄明白WeWork的核心竞争力.钛媒体,http://business.sohu.com/20160426/n446165139.shtml.

22.笔记侠风尘一侠.脸萌、Faceu创始人郭列:我们凭什么总是第一.搜狐公众平台财经,http://mt.sohu.com/20160303/n439226764.shtml.